读懂大消费

张占斌 —— 主编

湖南人民出版社·长沙

前言

2024年12月，中央经济工作会议召开，对2025年经济工作作出全面系统部署，将"大力提振消费、提高投资效益，全方位扩大国内需求"列为2025年需要抓好的九大重点任务之首，提出包括"实施提振消费专项行动"在内的一系列政策措施。2025年3月，全国两会召开，《政府工作报告》提出，"促进消费和投资更好结合，加快补上内需特别是消费短板，使内需成为拉动经济增长的主动力和稳定锚"。

有效需求不足，特别是消费需求不足，是近几年来我国经济运行的一个突出问题。习近平总书记多次强调，"要建立和完善扩大居民消费的长效机制，使居民有稳定收入能消费、没有后顾之忧敢消费、消费环境优获得感强愿消费"，"要增强消费能力，改善消费条件，创新消费场景，使消费潜力充分释放出来"，"要激发有潜能的消费，扩大有效益的投资"。

从经济发展的普遍规律来看，大国经济的特征都是内需为主导、内部可循环。我国具有全球最完整、规模最大的工业体系，有强大的生产能力、完善的配套能力，拥有超过1.8亿户的经营主体和1.7亿多受过高等教育和拥有技能的人才资源，还有14亿多人口所形成的超大规模内需市场，是名副其实的大国，具有巨大的市场资源优势。

当前，世界经济复苏乏力，贸易保护主义、单边主义和地缘政治冲突带来的外部冲击和外需下降，叠加国内需求不足，使得我国经济运行仍面临不少困难和挑战。与此同时，我国经济从高速增长转向高质量发展阶段，扩大内需有助于增强经济内生动力，充分释放国内消费潜力，推动消费结构升级，促进经济增长。因此，大力提振消费、提高投资效益，全方位扩大国内需求，既是应对外部冲击、稳定经济运行的有效途径，也是增强战略主动、厚植发展优势的长久之策。

全方位扩大内需作为构建新发展格局的关键环节，不仅是推动高质量发展的重要基础，更是实现中国式现代化的必要条件。提振消费则是扩大内需、做大做强国内大循环的重中之重。我们必须坚定信心、实干为先，既要"快马扬鞭"，尽快促使内需成为拉动经济增长的主动力和稳定锚，更要"登高望远"，持续深化体制机制改革、完善治理体系，为中国经济阔步前行注入持久稳定的内生动力。

目 录

上 篇
提振消费的时代背景与战略前提

全面客观冷静看待当前经济形势 / 刘　伟 …………………003

更加积极有为的宏观政策要打好"组合拳" / 张军扩 …………015

准确理解和把握更加积极有为的宏观政策 / 黄汉权 …………024

以全面深化改革破解消费结构升级的结构性矛盾 / 迟福林 …………031

以结构性改革扩消费稳增长 / 刘世锦 …………………………038

预期和信心：健全宏观经济治理体系的着重点着力点 / 高培勇 …………048

以经济体制改革为牵引　推进经济持续回升向好 / 黄群慧 …………057

从发展消费经济入手构建新发展格局 / 洪银兴　韩绿艺 …………064

统筹消费与投资　着力扩大国内需求 / 刘元春 …………………077

扩大内需应努力实现"三个倍增" / 张占斌 ……………………086

扩大内需战略的理论逻辑、时代特征
　　与实现路径 / 丁任重　李晶维　李溪铭……………………094

中 篇
提振消费的内涵、目标和意义

以提振消费为重点全方位扩大内需 / 王昌林………………………119

扩内需、稳增长、促转型 / 王一鸣……………………………………130

扩大内需提振消费的系统化思考 / 贾　康…………………………139

促进消费增速增量向稳向好 / 王　微………………………………155

加快构建以居民消费为主体的内需格局 / 刘　涛…………………161

全方位扩大国内需求 / 齐　昊………………………………………169

大力提振消费　释放经济增长新动能 / 张　鹏……………………176

激发消费潜能　释放内需潜力 / 任保平………………………………184

"稳就业"才能"扩消费" / 程锦锥　王宏淼……………………189

构建以消费驱动为核心的经济增长新模式 / 张　冲　张　明………206

提振消费　增强经济发展活力 / 常兴华……………………………214

下 篇
提振消费的机制举措与政策建议

深化对"五个统筹"的认识 / 赵振华 ·················223

有力有效扩大内需的宏观政策选择 / 张立群 ·················232

扩大国内需求的对策建议 / 慕鲁明 ·················243

完善扩大消费长效机制 / 依绍华 ·················255

供需两端协同发力推动消费提质升级 / 夏杰长　陈　婷　王文凯 ······267

大力提振消费须综合施策 / 杨志勇 ·················274

如何提振消费、扩大内需？/ 闫　衍 ·················281

提振资本市场增强扩大内需动力 / 刘纪鹏　刘　彪 ·················288

多措并举促消费　让居民能消费、敢消费、愿消费 / 吴亚平 ·················300

着力扩大服务消费：趋势特征与政策取向 / 刘　奕 ·················306

充分挖掘释放农村消费潜力 / 陈丽芬 ·················320

后　记　324

上 篇

提振消费的时代背景与战略前提

全面客观冷静看待当前经济形势[1]

刘 伟

中国人民大学原校长、国家一级教授

如何认识当前我国经济形势，不仅是我国经济社会发展中需要深入研究的问题，而且也是世界普遍关注的问题。从2023年12月11日至12日召开的中央经济工作会议对经济形势作出的分析，到2024年4月30日召开的中央政治局会议对一季度经济形势和经济工作的研究，再到2024年7月30日召开的中央政治局会议对上半年经济运行和发展趋势的判断，特别是2024年9月26日召开的中央政治局会议对当前经济形势的研究和宏观政策的调整，根据国内国际经济走势的变化，对我国经济形势作出了全面客观冷静的分析。

---

[1] 本文发表于《中国经济时报》2024年10月9日第5版。

当前我国宏观经济运行总体平稳，稳中有进

主要宏观经济指标表现亮眼，稳步推进。

从GDP增长速度来看，按不变价格计算，2024年上半年同比增长5%，超过61.68万亿元。其中，一季度增长为5.3%，二季度增长为4.7%，符合2024年《政府工作报告》提出的"国内生产总值增长5%左右"的预期目标要求，与世界主要经济体相比也处于领先地位。

从失业率控制来看，2024年上半年，全国城镇调查失业率平均值为5.1%，低于2024年《政府工作报告》提出的预期目标（城镇新增就业1200万人以上，城镇调查失业率5.5%左右）。以我国现阶段GDP增长1个百分点、相应新增200多万个就业岗位的经验看，2024年上半年经济增长5%是使城镇调查失业率总体稳定在5.1%的基础，全年达成5%左右的增长目标是新增1200万人以上就业机会的基本支撑。预计三季度，这一指标将可能有所上升，特别是考虑到大学生毕业季进入就业市场，会对就业统计口径产生结构性影响。从动态上看，2024年一季度，全国城镇调查失业率为5.2%，新增303万个就业岗位，比上年同期下降0.3个百分点；上半年为5.1%，比一季度下降0.1个百分点。

从物价水平来看，近年来，我国物价总体呈下降趋势，2024年上半年，全国居民消费价格指数（CPI）同比上涨0.1%，1—8月，同比上涨0.2%，开始温和回升。全国工业生产者出厂价格虽

然连续多年下降，但是2024年上半年以来降幅逐渐收窄，降幅比一季度收窄0.6个百分点。总体来看，**我国物价指数持续不振，但并不能说已进入"通缩"，因为严格意义上的"通缩"，不仅包括物价水平的负增长，还包括经济负增长和失业率大幅上升。**从我国当前主要宏观经济指标看，并未出现这种格局，更不能说物价持续不振而经济增长率较高的原因在于"通缩"输出。

从国际收支来看，2023年货物和服务净出口为负增长，对经济增长的贡献率为负11.4%，拉动经济增长为负0.6个百分点，经济增长主要依靠内需拉动，内需与外需之间出现较为严重的失衡。2024年以来，这种结构性失衡有明显改善，上半年货物进出口总额同比增长6.1%，其中出口增长6.9%；服务进出口总额同比增长14%，其中出口增长10.7%，进口增长16.4%。同时，进出口结构也发生了变化，传统贸易商品出口额呈现同比负增长，新能源汽车、集成电路等高新技术产品，2024年上半年以来呈现高速增长，进口额增速由负转正，并且伴随国内产业结构调整，对铁矿石、煤炭等上游原材料进口需求相对减少。

从拉动经济增长的需求动力来看，我国宏观经济主要指标之所以能够稳健运行，重要的原因在于超大经济体客观上存在的巨大市场需求规模。从消费需求看，以社会消费品零售总额计，2024年上半年同比增长3.7%，超过23万亿元，在绝对规模上名列世界前茅，拉动GDP增长3个百分点，最终消费支出对经济增长贡献率为60.5%。从投资需求看，以全国固定资产投资计（不含农户），上半年同比增长3.9%，超过24万亿元，拉动GDP增长1.3个百分点，资本形成总额对经济增长贡献率为25.6%。货物和服务净出口对经济增长贡献率为13.9%，拉动GDP增长0.7个百分点。总体来看，**需求动力结构较为均衡，表明我国经济的基本面及市场广阔、经济韧性强、潜力大等有利条件并未改变。**

当前我国经济运行出现的新情况和新问题

2024年9月26日召开的中央政治局会议指出，要全面客观冷静看待当前经济形势，正视困难、坚定信心，切实增强做好经济工作的责任感和紧迫感。2023年12月11日至12日召开的中央经济工作会议概括了六个方面的问题：一是有效需求不足，二是部分行业产能过剩，三是社会预期偏弱，四是风险隐患仍然较多，五是国内大循环存在堵点，六是外部环境的复杂性、严峻性、不确定性上升。2024年4月30日和7月30日分别召开的中央政治局会议在研判经济形势时，对问题的总结又有所调整，尤其是将"部分行业产能过剩"进一步明确为"企业经营压力较大"，把"外部环境的复杂性、严峻性、不确定性上升"调整为"明显上升"。9月26日召开的中央政治局会议则更为全面和深入地分析了当前我国经济运行出现的新情况和新问题。概括而言，**当前我国宏观经济面临的主要问题包括：供给与需求双向冲击，国际与国内风险叠加。**

在需求冲击方面，有效需求不足是突出问题。从GDP平减指数来看，我国实际GDP增长速度已经持续20多个月高于名义GDP增长速度，反映出总需求疲软已经形成一个较为长期的趋势。这一趋势体现了总需求不足带来的价格紧缩效应。

从消费需求增长看，消费需求增长呈现边际递减趋势，2024年上半年，社会消费品零售总额同比增长为3.7%，不仅低于2023年增速（7.2%），而且更低于2023年同期增速（8.2%）。考虑到我国上半年社会消费品零售总额通常会大于下半年，所以2024年下半年这一数据仍可能进一步降低。剔除疫情三年的影响，2024年上半年社会消费品零售总额同比增速是2000年以来同期最低值，消费者信心指数也处于有该数据统计以来的最低水平。因此，2024年要实现预定宏观经济目标，消费需求扩张力度能否予以相应支撑，成为值得关注的问题。究其原因，**消费是收入的函数，消费需求的增长和信心提升，关键在于居民收入水平的提高和对其前景的预期**。2024年上半年，全国居民人均可支配收入20733元，同比名义增长5.4%，扣除价格因素实际增长5.3%，虽然高于同期GDP增长速度（5%），但城乡居民之间存在显著差异，城镇居民人均可支配收入27561元，同比名义增长4.6%，实际增长4.5%，低于GDP增速；农村居民人均可支配收入11272元，同比名义增长6.8%，实际增长6.6%，但由于我国农户不仅是消费者，也是生产者，存在大量生产性支出，收入并不能完全用于消费（包括现期和未来的消费，即储蓄）。**所谓消费需求增**

长对经济增长的拉动作用关键在于城镇居民，而我国长期以来城镇居民收入增速低于经济增长率。累计起来，在国民收入分配的宏观结构上，我国居民部门占国民收入的比重相对偏低，约为37%，比与我国大体处于同一发展水平的发展中国家平均水平低14个百分点以上，比发达国家的平均水平低20个百分点以上。这不仅是生产与消费之间难以匹配的重要原因，也是国民经济循环存在堵点、进而不畅通的重要原因。居民收入增长落后于经济增长，进而收入预期偏弱，导致消费信心不足的重要原因在于就业，尽管总体失业率符合预期目标要求，但一方面在结构上存在问题，2024年8月份，全国城镇不包含在校生的16—24岁劳动力失业率为18.8%，这一年龄组的劳动者主要是大学毕业生，如果失业率较高，不仅对其本人的消费能力和信心产生影响，而且对其家庭的消费能力和信心提振也会产生影响。另一方面，在就业质量上也存在问题，包括就业的稳定性和收入水平及社会保障等方面的质量均有待提升。

从投资需求来看，就总量而言，尽管我国固定资产投资绝对规模较大，而且政策逆周期调节能力较强，也具有体制机制条件，从而更有能力实现逆周期与跨周期调节的结合；但从动态上看，当前资本形成总额在边际上也呈现下降趋势。2024年上半年，固定资产投资同比增长3.9%，虽然高于2023年增速（2.8%），但2024年一季度增长为4.5%。值得关注的是，不仅2024年一季度增速低于2023年一季度增速（5.1%），而且2024年以来呈现下降趋势。虽然2024年上半年与2023年同期相比增速出现小幅上涨，但仍处于历史低位。如果延续2023年边际下降的态势，如何稳定并有效扩大投资是当前宏观经济政策要解决的新问题。就结构而言，在2023年高技术产业（如高技术制造业、高技术服务业）等领域投资增速超过10%的基础上，2024年上半年进一步加强，特别是高技术产业投资同比增长10.6%，其中高技术制造业增长10.1%、高技术服务业投资增长11.7%，这一方面反映出我国投资结构的新变化，体现出新质生产力发展带动的产业结构升级，另一方面也要求投资规模和资本密度及强度大幅提升，而且目前有能力适应这种投资要求的主要是国有企业。2023年国有控股投资同比增长6.4%，明显高于全国固定资产投资（不含农户）增速（3%）；2024年上半年国有控股投资增长为6.8%，高于全国固定资产投资（不含农户）增速（3.9%）。与之形成对应的是，民营企业固定资产投资增长不振，2015—2023年，全国固定资产投资、民间投资和国有控股投资年均增长率分别为5%、3.7%和7.7%，其中2023年民间投资下降0.4%，2024年上半年仅增长0.1%。在存量上，2024年前8个月，民间投资在全国固定资产投资总额中的占比为51%，而前几年这一比例为58%，这表明投资需求的市场力量调动不够充分，占投资额50%以上的民营经济投资能力不足、信心不振，投资需求扩张更多集中在国有经济和政府部门，既难以持续，也缺乏足够的市场竞争性，有可能形成市场软约束下的低效率泡沫。

在供给冲击方面，突出问题在于企业修复偏缓，面临经营压力较大，产业结构性矛盾较为突出。2024年上半年，在经济增长的结构分布中，第一产业增加值同比增长3.5%，第二产业增加值同比增长5.8%，第三产业增加值同比增长4.6%，尤其是全国规模以上工业增加值同比增长6.0%，较2023年提高1.4个百分点，但整体呈现先升后降的趋势，在4月份达到6.7%的高点后，同比增速连续下降，边际衰减迹象明显。中国制造业采购经理指数（PMI）连续5个月低于荣枯线，制造业景气水平有待提高。

一是产业间结构性分化更加突出。在战略性新兴产业迅速发展，特别是高技术产业快速增长的同时，一些传统产业衰退趋势加剧，部分制造业产能过剩矛盾较为尖锐，制造业总体上产能利用率偏低，甚至低于2020—2021年疫情期间的水平。叠加出口增速下降，外需对我国工业生产的支撑力度进一步减弱，工业（制造业）增长对经济增长的拉动作用有可能进一步减弱。特别是房地产市场总体仍处于调整中，2023年房地产开发投资下降9.6%，2024年上半年下降10.1%；2023年新建商品房销售面积下降8.5%，2024年上半年下降19.0%；2023年新建商品房销售额下降6.5%，2024年上半年下降25%。**房地产行业从以往拉动经济增长的重要部门成为拖累经济增长的重要因素。**

二是企业生产经营面临较多困难。宏观经济运行堵点较多，使经济活动节奏普遍放缓，疫情冲击下以时间为单位计价的经济活动成本普遍提高的状况仍有待扭转。一方面，企业盈利能力的修复仍需更长周期，2024年上半年，工业企业营业收入利润率为5.41%，低于近三年平均水平（6.35%）。偏低的利润水平制约了企业投资意愿和信心，从而加剧了需求端的萎缩。另一方面，企业应收未收账款增速较快，企业间由于不景气加剧的相互拖欠，再叠加地方政府债务负担加剧和还债高峰期的到来，制约了企业循环能力的提升，使畅通宏观经济循环的微观基础受到严重冲击。

此外，在面临需求与供给双向冲击的同时，叠加外部环境的复杂性、严峻性、不确定性不断上升，特别是美国自2022年以来为应对2008年国际金融危机后形成的经济衰退，采取持续量化宽松政策，形成一系列经济泡沫和严重通货膨胀，不得不急速紧缩，从2022年3月到2023年3月连续11次加息，使美联储基金年利率达到5.25%—5.50%，形成低效率企业退出与新兴企业进入的激烈对冲，不仅加剧了美国经济的不确定性，而且深刻影响全球经济复苏。在美元加息的背景下，几十个国家央行累计几百次被动加息，加剧了全球经济动荡。2024年以来，随着美国CPI增速逐渐回落到目标值附近，美联储启动超预期大幅降息，并且形成持续降息的高预期，受其影响，美元指数呈现出宽幅波动趋势，加剧了人民币汇率大幅波动的风险，同时加剧全球经济不确定性和不稳定性，使我国外部环境更为复杂、严峻。再叠加国内有效需求不足和供给侧结构性矛盾的双重冲击，我国经济将面临更为严峻的挑战。

加大宏观调控力度，提高经济政策有效性

2024年9月26日召开的中央政治局会议明确指出，要抓住重点、主动作为，有效落实存量政策，加力推出增量政策，进一步提高政策措施的针对性、有效性，努力完成全年经济社会发展目标任务。对此，相关部门提出了一系列具体举措，从需求与供给两端发力，应对供求双向冲击。

第一，加强宏观政策的统筹协调和系统集成，加大财政货币政策逆周期调节力度，以扩大有效需求。一是在财政政策上，2024年《政府工作报告》提出，2024年全国一般公共预算支出为28.5万亿元，较上年年初增加1.1万亿元；财政赤字为4.06万亿元，较上年增加1800亿元，赤字率为3%；地方政府专项债3.9万亿元，较上年增加1000亿元。同时，从2024年起，发行超长期特别国债，2024年为10000亿元，同时要求加快财政政策执行速度。中央政治局会议强调，保证必要的财政支出，发行使用好超长期特别国债和地方政府专项债，更好发挥政府投资带动作用。

二是在货币政策上，2023年我国广义货币增速达到9.7%，社会融资规模增速达到9.5%，均明显高于名义GDP增速，2024年以来，广义货币和社会融资规模增速仍都保持在8%以上的历史较高水平；金融机构加权平均存款准备金率从2022年的8%降至2023年的7.4%，2024年仍保持下调态势；政策性利率（7天逆回购利率）到2023年底已降至1.8%，2024年继续保持下调态势。中央

政治局会议强调，要降低存款准备金率，实施有力度的降息。央行近期也公布了一系列新政策。这些财政和货币政策变化，体现出加大逆周期调节力度的宏观调控倾向和进一步扩大有效需求的目标。

第二，**正视产业、企业面临的困难，强化宏观经济政策的供给效应**。一是在房地产政策上，中央政治局会议强调，要促进房地产市场止跌回稳，加大"白名单"项目贷款投放力度，调整住房限购政策，降低存量房贷利率，抓紧完善土地、财税、金融等政策，推动构建房地产发展新模式。二是帮助企业渡过难关，研究出台保护中小投资者的政策措施，进一步规范涉企执法、监管行为。出台民营经济促进法，为非公有制经济发展营造良好环境。加大引资稳资力度，抓紧推进和实施制造业领域外资准入等改革措施。三是**培育新型消费业态，支持和规范社会力量发展养老、托育产业，完善生育支持政策体系，以产业创新推进产品创新，以产品创新提升消费结构，以高质量的供给创造高水平的有效需求**。

第三，**围绕高质量发展这个首要任务，提高宏观经济政策的有效性**。一是必须明确高质量发展是新时代的硬道理，明确以经济建设为中心，是党在社会主义初级阶段的基本路线的重要要求，在此基础上，坚持统筹协调。二是必须在加大宏观调控力度的同时，提高政策的协调性和一致性，一方面，在加大财政政策力度的同时，要使财政收入与支出保持一致。2023年，我国GDP

增长5.2%，但全国一般公共预算收入增长6.4%，其中税收收入增长8.7%，均明显高于经济增长，表明财政政策具有一定的收紧效应。2024年以来，为提高财政收入与支出的一致性，加大刺激经济力度，又出现了新情况。2024年上半年，全国一般公共预算收入为11.6万亿元，同比下降2.8%，全国税收收入为9.4万亿元，同比下降5.6%，但非税收入为2.2万亿元，同比增长11.7%，表明如何真正有效实现财政政策的一致性，是我们需要处理的新问题。

另一方面，在加大货币政策调控力度时，必须关注货币政策的有效性，防止出现"流动性陷阱"。目前我国累计的广义货币和社会融资规模较大，均已超过300万亿元，尤其是狭义货币与广义货币增速的剪刀差缺口较大，2024年8月末，广义货币余额305.05万亿元，同比增长6.3%，狭义货币余额63.02万亿元，同比下降7.3%，在一定意义上折射出货币供应量的增大并未有效转变为市场需求。进一步加大货币政策调控力度，必须形成有效需求，保持货币供应量同经济增长和价格水平预期目标相匹配，否则不仅难以刺激需求，而且会增大潜在通货膨胀的风险，也会极大地限制货币供应量的扩张。当前，我国广义货币增速已降至6.3%的历史较低水平，在一定程度上已反映出对货币的有效需求不足，限制了货币政策的扩张力度，这表明如何协调货币政策的扩张性与有效性，也是我们当前宏观政策调整必须关注的问题。

更加积极有为的宏观政策要打好"组合拳"[①]

张军扩

十四届全国政协提案委员会副主任、中国发展研究基金会理事长、国务院发展研究中心原副主任

2024年中国经济既回升向好也面临一定下行压力

关于当前经济形势，2024年中央经济工作会议概括性表述为"总体平稳、稳中有进"和"仍面临不少困难和挑战"，这两句话比较准确和客观地概括了当前经济形势的基本特点。

首先，"总体平稳"主要体现在宏观经济指标上。根据国家统计局数据，2024年前三季度与2023年同期相比，我国国内生产总值增长4.8%，其中一季度5.3%、二季度4.7%、三季度4.6%。虽然增速有所回落，但从国际范围来看，我国仍然是全球经济增

[①] 本文根据作者接受《中国经济时报》记者的采访整理，发表于《中国经济时报》2025年1月10日第1版。

速比较快的经济体。另外，从主要实物量指标来看，2024年1—11月，全国全社会用电量同比增长7.1%，与总量指标基本上是匹配的。

其次，"稳中有进"主要体现在经济结构的持续优化、高质量发展继续呈现新亮点上。

从产业方面看，制造业高端化、智能化、绿色化加快推进，新产品新产业新动能继续呈现快速增长。2024年1—11月，高技术制造业增加值增长9.0%，增速快于全部规上工业3.2个百分点；新能源汽车、集成电路、太阳能发电量分别增长37.5%、23.1%和27.8%。

从投资方面看，与结构转型、新动能发展关系密切的新型投资增长相对较快。2024年1—11月，高技术产业投资同比增长8.8%，其中高技术制造业和高技术服务业投资分别增长8.2%和10.2%。高技术制造业中，航空、航天器及设备制造业，电子及通信设备制造业投资分别增长35.4%、8.8%；高技术服务业中，专业技术服务业、电子商务服务业投资分别增长27.9%、12.5%。

从出口方面看，新动能新产品出口继续保持较快增长。2024年1—11月，中国汽车整车出口额同比增长16.9%，集成电路出口额增长20.3%，自动数据处理设备及其零部件出口额同比增长11.4%。

另外，"稳中有进"还体现在进入2024年9月、10月以后特别是四季度，各项指标呈现显著改善。比如，规上工业增速由8

月的4.5%提升到9月、10月的5.4%和5.3%，社会消费品零售总额增速由8月的2.1%提升到9月、10月的3.2%和4.8%。

关于当前发展面临的困难和挑战，2024年中央经济工作会议主要讲了四条，即国内需求不足、部分企业生产经营困难、群众就业增收面临压力、风险隐患仍然较多。

首先，国内需求不足问题依然比较突出。目前无论消费还是投资增速，均处在历史的低位水平。从国家统计局公布的2024年11月份经济数据来看，11月消费同比增长3%，1—11月累计投资同比增长3.3%，其中民间投资下降0.4%，与1—10月增速相比均有所回落。另外，2024年11月，我国消费价格指数同比上升0.2%，环比下降0.6%，生产价格指数环比上升0.1%，同比下降2.5%。**价格的低迷集中反映了当前需求不足问题依然是比较突出的。**

其次，企业利润下降、效益欠佳。根据国家统计局数据，2024年1—10月全国规上工业企业营业收入同比增长1.9%，但实现利润同比下降4.3%，其中9月、10月分别下降27.1%和10%。

再次，群众就业和增收面临压力。2024年10月以来，我国居民就业和收入预期状况呈现一定改善。但无论消费者信心指数、消费者就业信心指数，还是消费者收入信心指数，都处在历史的低位水平，需要进一步提升，巩固基础。

最后，风险隐患仍然较多。按照2024年中央经济工作会议精神，房地产和中小金融机构风险是下一步防范化解风险的两个重点领域。

总体看，2024年中国经济既有回升向好的一面，也面临不小的下行压力。特别是，**宏观数据与企业、消费者微观感受之间，还存在一定的温差。**要进一步促进经济回升向好，需要深刻分析影响当前经济增长的深层次原因，并采取更加有效的应对措施。

需要关注和解决三个方面的中长期深层次问题

对当前经济持续稳定回升构成影响的，既有短期市场波动性因素，更有阶段性结构性深层次原因。**促进经济持续回升向好，需要关注和解决短期波动性问题，更需要关注和解决中长期深层次问题。**中长期深层次原因主要有三个方面，一是发展阶段和结构性的，二是体制与政策性的，三是外部冲击性的。

首先，发展阶段原因最突出的方面，就是房地产供需形势的显著变化及其对内需的深刻影响。

近年来，为了稳定房地产市场，从中央到地方，出台实施了一系列政策举措，正在逐渐显现成效。房地产市场走出困境、真正实现"止跌回稳"的关键，是前期积累的结构性矛盾的基本化解和新发展模式的基本形成。从当前市场总体表现来看，仍然处在调整过程当中，实现"止跌回稳"还需继续付出努力。

消费需求的持续不振，在很大程度上也是阶段性因素综合作用的结果。**扩大消费既要着力增强消费能力，也要努力提升消费**

信心。短期来讲，通过扩大政府财政支出，用于鼓励和促进居民消费，或者用于完善社保体系，减轻居民消费后顾之忧等，对于增强消费能力和提升消费信心都能够产生积极效果。而从根本上讲，则要靠居民就业状况的改善和收入的增加，要靠居民资产状况的改善和财富效应的增强，这些又都有赖于经济整体的回升向好，因此需要一个相互促进和逐步累积的过程。

其次，体制和政策环境原因，包括中央提出的"坚持和落实'两个毫不动摇'""坚持致力于为非公有制经济发展营造良好环境和提供更多机会的方针政策"还有待进一步细化、优化，增强其针对性和有效性，提升市场主体的获得感。**政府与市场的关系需要进一步理顺，执法行为需要进一步规范，特别是中央提出的建立稳定透明可预期的政策环境的任务需要进一步贯彻落实。**营商环境方面也还面临一些深层次问题，都有待于通过采取进一步更加有效的政策措施，切实加以解决。

最后，外部环境严重恶化也严重影响预期。保护主义、单边主义、遏制打压的不断加剧，以及地缘政治博弈背景下的供应链重构，不仅对我国对外贸易的稳定性造成冲击，也造成中国制造业订单大规模转移，推动了一些中国企业的产业链外迁，对中外企业预期信心产生了比较大的影响。

宏观政策要长短兼顾、标本兼治，打好"组合拳"

2024年中央经济工作会议提出，2025年要继续坚持"稳中求进、以进促稳"的方针，实施更加积极有为的宏观政策；要注重各项政策的系统集成和协调配合，打好政策"组合拳"；要进一步全面深化改革，扩大高水平对外开放，发挥改革牵引作用，推动经济持续回升向好。会议还从9个方面部署了2025年的重点工作任务，这需要我们深入学习、系统把握、全面贯彻落实。

一是宏观加力、综合施策，全方位扩大国内需求。2024年中央经济工作会议将"扩大国内需求"列为2025年首项工作任务，凸显了中央对扩内需工作的重视，也说明扩内需对于2025年进一步推动经济回升向好的极端重要性。会议强调，2025年要全方位扩大内需，就是要综合施策、协调配合、形成合力。相信通过这些政策的实施，将会对2025年内需的进一步扩大发挥更加有力的推动作用。

会议同时提出，2025年要实施更加积极的财政政策和适度宽松的货币政策，要加强经济政策与改革开放举措之间、经济政策与非经济政策之间的协调配合，打好政策"组合拳"，并就"提高财政赤字率""增发超长期国债""适时降准降息"等市场高度关注的问题作出明确回应，预示着2025年财政、货币政策逆周期调控力度将会更大。相信在这样的宏观调控取向下，各项扩大内外需求、支持经济恢复政策的力度不仅不会放松，而且会在已经取得成效的基础上，进一步充实、完善和加强，进一步增强其针对性和有效性，从而为2025年经济进一步回升向好提供更为有利的宏观政策环境。

二是加快形成与创新发展、新质生产力成长相适应的制度和政策环境。关键是要在深化改革、扩大开放、优化监管中，处理好三个重要关系。其一，在科技创新体制环境建设上，在继续深化科技管理体制改革的同时，更加重视科学发展大环境的优化。其二，在科技攻关模式上，要更加充分激发和利用企业、社会、市场化创新力量，加快建设一个充满活力的创新生态系统，让更多前沿技术从中源源不断涌现出来。其三，处理好自主安全与开放合作的关系，在保障安全的前提下加强开放创新。在应对各种各样挑战当中，要避免过多增加"自我设限"。面对逆全球化与科技打压的新形势，如何处理好安全、自主与开放、合作的关系，如何形成一套能够处理好这二者关系的原则、体制和政策框架，需要不断在实践中探索创新。

三是推动标志性改革举措落地见效，发挥改革牵引作用。党的二十届三中全会就进一步全面深化改革和推进高水平对外开放部署了300多项举措。**加快推动这些改革开放举措落地见效，既是当前稳预期、提信心的需要，也是经济长期持续高质量发展的根本保障。**2024年中央经济工作会议从深化国有企业改革、建设全国统一大市场、开展规范涉企执法专项行动、促进平台经济健康发展、增加地方自主财力、打通中长期资金入市卡点堵点等方面，提出和部署了2025年要着力推进的六个方面标志性改革举措，都是十分重要的。关键是要切实落实到位，增强市场主体的获得感。比如会议提出的"开展规范涉企执法专项行动"，就非常有针对性，对于当前稳预期、提信心也十分重要。下一步深化改革，要按照党的二十届三中全会提出的既"放得活"又"管得住"的要求，进一步规范政府执法行为，明确政府作用的边界。

四是着力打造透明稳定可预期的制度环境。2024年中央经济工作会议强调要"稳定预期、激发活力"，持续优化营商环境。**透明、稳定、可预期的制度环境有利于企业家形成长远眼光，进行长期投入，壮大耐心资本，促进科技进步**。政策的调整，一方面，要在充分调研论证的基础上，做好新旧政策的衔接，给相关企业的调整留下一个必要、合理的过渡期。另一方面，要尽可能明确各项政策调整的规则、程序、细则，减少调整的随意性和自由裁量权，增强政策调整的可预期性。

打造透明稳定可预期制度环境的另一个重要方面，就是要进一步贯彻落实"把非经济性政策纳入宏观政策取向一致性评估"的要求。2024年中央经济工作会议更加强调政策统筹与协同配合，更加强调要"打好政策'组合拳'"，更加明确指出要"把经济政策和非经济性政策统一纳入宏观政策取向一致性评估，统筹政策制定和执行全过程，提高政策整体效能"等，都十分具有针对性。为此，一方面，需要进一步明确政策一致性评估的相关细则，增强其可操作性；另一方面，也应根据实际需要进一步明确相关负责机构的职责，增强其权威性。

五是以更加主动的姿态扩大高水平对外开放，不断塑造对我有利的外部环境。面对日趋复杂的外部环境，习近平总书记多次强调，必须主动塑造于我有利的外部环境。**在逆全球化潮流不断发展、美国遏制打压愈演愈烈的背景下，我们必须保持战略定力，以更加主动的姿态，以我为主，有序扩大自主开放和单边开放。**更加主动对接高标准国际经贸规则，稳步扩大规则、规制、管理、标准等制度型开放，以高水平制度型开放促进制造业外资准入改革落地见效，以高水平制度型开放进一步提升我国服务业开放水平，以高水平制度型开放促进形成具有全球竞争力的开放创新生态。更加注重处理好释放内部需求潜力与扩大开放、自主创新与开放创新的关系，在内外互动、合作共赢中形成良性循环的新发展格局。

2024年中央经济工作会议再次强调，在看到问题矛盾、风险隐患的同时，也必须看到，我国经济基础稳、优势多、韧性强、潜能大，长期向好的支撑条件和基本趋势没有变，要看到发展正是在迎接挑战和克服困难中实现的。只要按照中央要求，保持战略定力，深化改革开放，在加强和改善宏观调控的同时，持续优化政策和体制环境，就一定能够推动经济持续回升向好，并为长期持续高质量发展奠定良好基础。

准确理解和把握
更加积极有为的宏观政策[1]

黄汉权

中国宏观经济研究院

（国家发展和改革委员会宏观经济研究院）院长

2024年中央经济工作会议明确提出，实施更加积极有为的宏观政策。准确理解和把握更加积极有为的宏观政策的内涵和要求，对全面贯彻落实中央经济工作会议精神具有重要意义。

成绩来之不易

2024年是实现"十四五"规划目标任务的关键一年。一年来，中国经济波动前行，呈现"前高、中低、后扬"走势，前三季度经济增长4.8%。2024年9月下旬以来，面对国内外形势的新变化、新挑战，党中央沉着应变、综合施策，迅速出台实施一揽

---

[1] 本文发表于《解放日报》2025年1月21日第14版。

子增量刺激政策，叠加前期存量政策效果的持续释放，提振了市场信心，改善了社会预期，激发了市场活力，多项经济指标好转，预计全年经济增长速度在5%左右。同时，就业目标圆满完成，全年物价水平保持稳定，国际收支在基本平衡中保持顺差，经济社会发展主要目标任务顺利完成。

根据相关国际组织预测，2024年世界经济增长预计在2.7%至3%之间。从中国的表现看，2024年经济增速在全球主要经济体中仍将位居前列，仍是世界经济增长的主要引擎和稳定器。在世界经济增速放缓、地缘政治冲突加剧、全球产业链重构的背景下，我们取得这样的成绩来之不易。

传递强烈信号

尽管中国顺利完成2024年经济社会发展主要目标任务，但也应该看到经济运行中存在内需不足、部分行业企业经营困难、部分群众就业收入面临压力、重点领域风险隐患较多等困难，加上外部环境更加复杂多变带来的不利影响，给2025年经济工作带来了严峻挑战。

2025年是"十四五"收官之年。做好2025年经济工作，对高质量完成"十四五"规划目标任务，增强全社会信心和预期乃至有效应对大国博弈至关重要。实施更加积极有为的宏观政策，这个基调既延续了加大逆周期调节力度的表述，也体现了宏观政策持续用力、不断加力的要求，是对2025年国内外形势作出科学判断后提出的应对之策。

宏观政策种类很多，财政政策和货币政策是其中最关键的两大支柱。同时，就业、产业、区域、贸易、环保、监管等政策也很重要。**实施更加积极有为的宏观政策，不仅要体现在财政政策和货币政策上，也应落实到就业、产业、区域、贸易等政策上。**具体而言，其内涵和要求主要体现在以下方面：

一是实施更加积极的财政政策。财政政策的基调有三档，依次为收缩性财政政策、中性财政政策、扩张性财政政策。积极的财政政策显然属于扩张性财政政策。以前中央经济工作会议关于财政政策基调的表述为"积极"，这次用"更加积极"的调子意味着扩张性财政政策的实施力度会更大。

在总量规模上，将提高财政赤字率、增加发行超长期特别国债、增加地方政府专项债券的发行使用，中央预算内投资规模也会有所扩大。在使用方式上，增加地方政府专项债券发行使用，扩大投向领域（如用于置换隐性债务、回收闲置存量土地、收购存量商品房等）和用作项目资本金范围，更好地发挥撬动社会资本的杠杆作用。在支出结构上，**把惠民生和促消费结合起来，全方位扩大内需**，包括优化财政支出结构，提高资金使用效益，更加注重惠民生、促消费、增后劲，兜牢基层"三保"底线。通过多渠道筹集和安排资金，加大财政支出力度，形成对经济增长的有力拉动。

二是实施适度宽松的货币政策。货币政策基调由紧到松，依次可划分为"从紧""适度从紧""稳健""适度宽松""宽松"等五个区间。上一次使用"适度宽松"定调货币政策还是2008年，当时是为了应对国际金融危机冲击提出的。此次货币政策基调调整，既顺应了全球流动性环境的变化，也考虑了扩大内需、推动物价合理回升和防范金融风险等国内发展的需要，是根据实际情况作出的必要的、可行的调整，有利于为经济持续回升向好提供宽松的流动性环境，向市场传递稳增长的强烈信号，有利于提振信心。

适度宽松的货币政策，从"量"上讲，就是保持流动性充裕，使社会融资规模、货币供应量增长同经济增长、价格总水平预期目标相匹配；从"价"上讲，就是根据情况变化适时降息，降低资金成本，更好满足企业和居民的融资需求。同时，还要探索拓展中央银行宏观审慎与金融稳定功能，创新金融工具，维护金融市场稳定。

三是打好政策"组合拳"。**打好政策"组合拳"体现了系统观念，目的是确保各项政策同向发力、形成合力，提高政策整体效能。**特别是，要加强财政、货币、就业、产业、区域、贸易、环保、监管等政策和改革开放举措的协调配合，完善部门间有效沟通、协商反馈机制，增强政策合力，把经济政策和非经济性政策统一纳入宏观政策取向一致性评估，统筹政策制定和执行全过程。

形成"正反馈"

根据2024年中央经济工作会议的部署，解决内需不足问题、畅通国民经济循环是2025年宏观政策的着力点。

其中，全方位扩大内需排在首位，既针对经济循环呈现供给强需求弱、外循环表现好于内循环的特点，也抓住了当前经济运行中的主要矛盾，即内需不足的问题。其他问题，如部分行业企业经营困难、部分群众就业收入面临压力、重点领域风险隐患较多等，亦与此密切关联。这也符合2024年中央经济工作会议提出的不断深化对经济工作的五个规律性认识之一，即"必须统筹好总供给和总需求的关系，畅通国民经济循环"。

经济循环畅通是高质量发展的内在要求和必要条件。**新形势下，必须聚焦经济循环存在的卡点堵点，从供需双侧找准发力点，促进经济循环更加高效、更加畅通，形成螺旋式向上发展的"正反馈"良好格局。**

在需求侧，要针对内需不足的问题，全方位扩大国内需求，特别是大力提振消费。应以实施提振消费专项行动为统揽，双管齐下提升居民消费能力、意愿和层级。

一方面，千方百计扩就业、增收入，落实好保障居民收入与GDP同步增长的要求，稳步提高居民收入水平，推动中低收入群体增收减负，适当提高退休人员基本养老金，提高城乡居民基础养老金，提高城乡居民医保财政补助标准等，让居民有能力消费、敢消费。

另一方面，**服务消费、数字消费、绿色消费既是消费升级的大方向，也是提振消费的重要增长点**。要大力支持扩大服务消费，促进文化旅游业发展，积极发展首发经济、冰雪经济、银发经济，创新多元化消费场景，让居民有地方消费。

投资和消费不是非此即彼的对立关系。投资是当下需求，在未来会形成供给。投资可以带动就业和增收，有利于促进消费。应通过更大力度支持"两重"项目、加力扩围实施"两新"政策、加强财政和金融的配合、适度增加中央预算内投资、大力实施城市更新等措施，综合施策提高制造业、房地产、基础设施建设等投资效益，扩大服务业投资，以政府投资有效带动社会投资特别是民营企业投资。

2024年，中国外贸出口表现亮眼。2025年，外部环境变化带来的不确定性影响预计会增多。应持续推进扩大制度型开放，特别是稳步推进服务业开放，扩大电信、医疗、教育等领域开放试点。**通过有序扩大自主开放和单边开放，以高水平对外开放的确定性，应对外部环境的不确定性。**

在供给侧，要以科技创新引领新质生产力发展，建设现代化产业体系，持续推动产业升级。**产业升级和消费升级相互促进、相得益彰。以产业升级促进消费升级，是高质量发展的题中应有之义。**

要围绕因地制宜发展新质生产力、提高供给体系质量和效益,加快推动科技创新,加强国家战略科技力量建设,加强基础研究和关键核心技术攻关,促进前沿性、颠覆性技术创新不断涌现,并为其大规模应用创造新场景。

要抢抓人工智能技术快速发展的机遇,开展"人工智能+"行动,加速人工智能赋能千行百业形成新质生产力。为此,应创新金融政策工具,支持和引导长期资本发展成为投早、投小、投长、投硬科技的耐心资本,促进更多资金投向科技创新、产业升级、绿色发展等有利于培育新质生产力和推动经济高质量发展的领域,培育未来产业,壮大新兴产业。

以全面深化改革破解消费结构升级的结构性矛盾[1]

迟福林

中国（海南）改革发展研究院院长

当前，我国城乡居民消费结构正在发生重大变化，蕴藏经济增长的巨大潜能。习近平总书记指出，"要建立起扩大内需的有效制度，释放内需潜力"。扩大内需重在释放城乡居民的消费潜力。从经济增长的趋势看，经济的确定性很大程度上取决于消费结构升级的确定性，高质量发展的着力点在于尽快形成消费主导的新增长模式。无论是从经济增长潜力还是经济增长趋势看，都需要适应城乡居民消费结构升级的趋势，不断释放消费对拉动经济增长的潜能。未来5—10年的经济可持续增长，需要更多地依靠城乡居民消费结构升级带来消费市场的扩大。

---

[1] 本文发表于《学习时报》2024年7月1日第1版。

以全面深化改革破解投资与消费的结构性矛盾

我国进入消费新时代，其主要特点是14亿多人的消费结构已向服务性消费转变。过去10年，全国城乡居民服务性消费支出年均增速为7.91%。适应消费新时代的历史性变化，需要以全面深化改革破解长期存在的投资与消费的某些结构性矛盾。

消费结构升级蕴藏着巨大增长潜能。服务性消费成为主导性消费是我国经济增长的大趋势，并已成为各方关注中国市场的一个重要指标。从国际经验看，当人均GDP超过1万美元时，服务性消费需求将大幅增加；当人均GDP超过1.5万美元时，服务性消费将成为主导性消费。服务性消费需要加快服务业市场开放。从加入世界贸易组织到2020年，我国累计进口服务4.7万亿美元，年均增长15.2%，这些服务进口成为城乡居民服务性消费的重要供给，也成为拉动服务贸易发展的重要动力。与制造业相比，服务业市场开放仍有相当大的空间。2021年在22个服务贸易行业中，我国有12个行业的服务贸易限制指数超过了经济合作与发展组织（OECD）统计的50国限制指数平均值，直接影响了服务业市场开放进程、服务标准与服务质量的提升。2024年3月份商务部发布的两份跨境服务贸易负面清单，对服务贸易市场开放有重要的促进作用，但与国际高标准经贸规则相比，仍有进一步压缩的空间。这就需要加大服务业市场的开放力度，有效打通服务领域内外循环，进而形成以服务业市场开放的活力释放经济增长活力、以服务贸易较快发展形成高质量发展的重要动力。服务性消费需求的扩大，带动服务进口的较快增长，14亿多人的消费结构升级已成为全球共享中国大市场的重点领域。

新发展阶段消费与投资关系已经发生深刻变化。一要处理好投资与消费的关系。短缺经济阶段，有多少投资就有多少增长，投资决定消费，投资决定增长；消费新时代，消费潜力的释放对投资具有决定性作用。缺乏消费基础的投资，其产出效益将持续下降。当前，**投资与消费关系的突出矛盾是服务性消费的投资需求明显增大，而服务业投资占比有所下降**。在全社会固定资产投资中，2020年服务业投资占比为68.7%，到2023年占比下降到65.8%。二要以消费结构升级促进投资结构调整。消费是生产的生产，是投资的归宿。从现实看，投资结构调整滞后于消费结构转型升级进程，加大了服务性消费"有需求、缺供给"的矛盾。消费结构升级已对投资体制改革、投资结构优化提出现实而迫切的需求。三要通过消费为新投资创造空间性。在传统投资增速下滑的同时，服务性消费如教育、医疗、养老、社区建设等领域的投资空间仍然较大。**我国正处于经济社会转型的关键阶段，投资结构与政策调整，不是要不要加大投资，而是要寻求有效的投资空间；消费主导形成新的可持续增长，不是要减少投资，而是要适应消费结构升级趋势，创造更大的新的投资空间。**

促进消费结构升级成为全面深化改革的重大任务。主动适应我国城乡居民消费结构升级的趋势，加快推进全面深化改革与政策调整。对不利于结构转型，尤其是消费结构升级的某些政策予以调整，减少对宏观经济政策的某些干扰；全面清理现有不利于消费释放，尤其是服务性消费释放的各类限购、限贷、限价等相关政策；整合支持消费的相关举措，着力解决现实经济社会生活中供需错位等问题。以新的消费需求形成拉动经济增长的新亮点，以消费结构升级带来巨大的市场需求。

以全面深化改革破解增长与分配的结构性矛盾

从现实情况看，能否拉动消费、形成良好的消费预期，很大程度上取决于国民收入分配结构调整的重要突破，取决于收入分配改革的重要突破。促进消费结构升级，特别是释放服务性消费潜力，要以全面深化改革破解国民收入分配格局不合理的突出矛盾。以富民为优先导向，优化国民收入分配格局、调整国民收入分配结构已成为全面深化改革的重大任务。

提高劳动者报酬占比。我国国民收入分配格局中，劳动者报酬占GDP比重长期偏低，客观上制约了消费潜力的释放，尤其是制约了收入弹性较高的服务性消费潜力的释放。目前，我国劳动者报酬占国民可支配总收入的比重约为50%。通过调整初次分配结构，争取到2030年提升到55%以上，人均可支配收入与人均GDP的比值提升到50%左右。

加大积极扩大就业的政策力度。居民就业收入增长面临较大挑战。稳消费，重在稳企业、稳就业。在就业压力加大、房地产市场与资本市场仍面临调整压力的情况下，居民收入增长面临的压力较大。要完善就业服务体系，提升就业质量。**消费和收入都是就业的函数，要以服务业发展为重点，持续实施就业优先战略和积极的就业政策。**没有服务业发展，很难吸纳不断增长的就业人口。国际经验表明，第三产业的就业带动效率比第二产业高出20%左右。为此，要高度重视发挥服务业对吸纳就业、激活就业的重要作用；重视中小企业在扩大就业中的主体地位；完善灵活就业者的相关社会政策与制度，维护劳动者基本权益保障，提升劳动者可持续就业能力。

充分发挥政府在消费结构升级中的作用。**公共消费既是优化国民收入分配格局的重要条件，也是居民安心消费的重要保障。**总体看，公共消费有较强的现实需求、有较大的增长空间，对居民服务性消费有较大的带动作用。为此，要加大财政对民生的支出力度，逐步提升财政在教育、社保、就业、医疗、卫生等领域的支出比重。

以全面深化改革破解城市与农村的结构性矛盾

工业化创造供给，城市化创造需求。当前，我国总体上进入工业化后期，但城市化水平仍滞后于工业化水平，并由此形成消费结构升级的突出掣肘。

城市化进程滞后于工业化进程的结构性矛盾突出。户籍人口城镇化率严重偏低。目前，我国常住人口城镇化率稍高于世界平均水平的56.2%，但低于高收入经济体和中高收入经济体的81.9%、68.2%。突出的问题在于，我国户籍人口城镇化率严重偏低。2021年，常住人口城镇化率为64.7%，但户籍人口城镇化率仅为46.7%，低于常住人口城镇化率18个百分点，近3亿农民工未能有效融入城市。因此，要充分挖掘农民工的消费潜力。释放新生代尤其是"90后"农民工的服务性消费需求，根本之策在于推动农民工融入城市，让有意愿的进城农民工在城镇落户，推动未落户常住人口平等享受城镇基本公共服务。尤其是保障农民工在城市的住房、教育、医疗等基本公共服务，重点加大职业技能培训和再教育，推动农民工劳动报酬同步提高。

深入推进户籍制度改革，全面提升市民化质量。我国户籍制度改革滞后于人口流动趋势，人地挂钩机制不完善、基本公共服务不均等问题依然存在。有研究表明，城镇化后的居民边际消费倾向比城镇化前高出14.6%。如果深化户籍制度改革，建立健全经常居住地提供基本公共服务制度，促进农业转移人口全面融入城市，提高市民化质量，推动未落户常住人口平等享受城镇基本公共服务，可以使新进入城市的人群人均消费水平大幅提高。

强化农村公共服务体系建设。受服务性消费供给、消费环境、消费设施等影响，农村服务性消费的潜力尚未有效释放。要真正落实社会保障的兜底功能和保障功能，推动城乡基本公共服务均等化；在不增加居民负担的前提下，提高新型农村合作医疗保险的补偿标准，提高农村养老保险补贴、农村高龄补贴标准等。

以结构性改革扩消费稳增长[①]

刘世锦

十三届全国政协经济委员会副主任、国务院发展研究中心原副主任

近两年来中国经济在疫后复苏进程中虽历经波折，但总体上展现出回升向好的态势。然而，宏观经济也面临着总需求水平持续下降的压力。其中一个重要指标——GDP平减指数，也就是总体价格水平已连续7个季度呈现负增长，这一状况在以往是从未出现过的。鉴于此，中央对当前经济形势予以了高度关注，2024年12月召开的中央经济工作会议更是将提振消费列为九项重点工作之首，此前相关部门也密集出台了一系列扩需求、稳增长的政策举措。2024年10月份之后部分数据开始有所好转。

在这样的形势下，我们必须把需求不足所引发的各类问题与需求不足的深层原因加以区别。中国现阶段的消费需求不足，与经济合作与发展组织（OECD）国家相同阶段的均值相比，偏

[①] 本文根据作者2024年12月18日在《经济观察报》主办的2024年度金融发展论坛上的主题演讲整理。

差达到1/4至1/3，不是平均水平上的偏差，而是一种"结构性偏差"。所以，**当我们探讨需求不足这一议题时，必须明确需求不足并非投资不足，实际上在某些领域投资已经呈现过度的态势，真正不足的是消费，尤其是服务消费。**因此，我认为现阶段若要扩大消费需求，就必须精准定位重点与关键痛点，主要涵盖以下三个方面：

第一，是以基本公共服务为依托，包括教育、医疗卫生、保障性住房、社会保障、文化体育娱乐、金融服务、交通通讯等领域，我将其定义为以发展型消费为核心的服务消费；第二，是以农民工群体为重点的中低收入阶层；第三，是以人为核心，推动发展权利平等的城市化进程以及促进城乡融合发展。

究竟是什么因素导致了我国消费的这种"结构性偏差"？其原因是多方面的。

首先，长期以来我国存在着重投资轻消费的体制机制以及政策导向。

其次，我国基本公共服务均等化水平严重滞后。城市居民在近年来忧虑和困扰的是教育、医疗、住房这所谓的"三座大山"，但实际上在这些方面缺口最大的并非城市居民，而是农村居民，特别是近3亿的农民工群体，其中有近2亿的进城农民工。

再者，我国城市化的比重与质量均处于较低水平。在与我国处于相同发展阶段时，OECD国家的城市化率普遍在70%甚至

80%以上，而我国目前的常住人口城市化率仅为66%，户籍人口城市化率更是不足50%，仅为48.3%。在此，我要着重说明一下城市化水平的重要性，因为相当一部分消费，尤其是服务消费，与城市化水平有着密切关联，例如教育、医疗以及一些文化娱乐服务，如果居住在农村地区或者人口聚集程度较低的县城，这些服务消费的可获取性很低，难以达到较高水平。

此外，从宏观背景来看，我国现阶段的收入差距相对较大。衡量收入差距的基尼系数，一般认为在0.4以下时，收入差距处于较为合理的范围，而根据前些年的官方统计数据，我国基尼系数大致在0.45或者更高。具体而言，我国目前的中等收入群体规模约为4亿人口，仅占总人口的约1/3。这就导致了我国消费市场出现了增长断层的现象，在宏观层面上表现为整体消费动力不足。这与我国当前的收入结构有着直接关系。

在这样的经济形势下，为了防止短期内经济出现过快下滑的局面，采取适度规模的刺激措施是必要的。关于这一点，我个人也曾发表过相关见解。但在此我要强调的是，刺激政策并非规模越大越好，因为刺激是需要付出代价的。欧美国家近年来推行量化宽松政策，从财政角度而言，他们也设有财政的中期平衡框架，即要求在数年时间内实现财政收支的平衡。我们实施刺激措施，短期内是为了稳定经济，更重要的是为了给推动一些更具根本性、能够从源头上解决问题的结构性改革争取时间与空间。

所以，**我们既要重视刺激政策的短期效应，更要深刻认识到**

改革的长远意义与紧迫性。不能仅仅关注刺激政策而忽视改革，那种认为改革是一个长期过程、短期内难以见效的看法并不符合实际。事实上，部分改革措施一旦实施，其效果能够迅速显现，短期内就能产生积极影响。因此，**我们必须清晰地理顺刺激与改革之间的关系，运用"刺激加改革"的协同策略，在较短时间内集中精力解决制约消费需求，尤其是服务消费需求扩张的深层次结构性与体制性难题**。

关于扩大消费的思路与方法，我们可以借鉴治理污染的理念来进行阐释。

一种方式是末端治理，例如"直升机撒钱"式的发放消费券，也就是在消费水平较低时，直接向社会大众无差别地发放消费券或者现金。这种方式在短期内确实能够起到一定的作用，比如在发放消费券的当月，消费数据可能会出现明显增长。但是，这种增长能否持续？下个月又会怎样？消费券能否精准地发放到低收入阶层手中本身就是一个挑战。即使消费券能够顺利发放到他们手中，固然他们可以用其购买一些商品，然而，他们所面临的更为关键的是住房问题、子女教育问题、医疗保障问题、社会保障问题等，这些深层次的难题是发放消费券无法有效解决的。

另一种方式是中端治理，比如在处理债务负担问题时，由于大量债务是向银行借贷形成的，如果将刺激性资金直接用于偿还债务，那么相当一部分资金将会回流到银行体系，而银行要把这些资金贷出去也是有难度的。当然，在债务化解过程中，有一部分资金能够用于解决企业拖欠费用的问题，其中部分资金会转化为员工工资，从而在一定程度上带动消费，但是这种带动效应的规模究竟有多大是不确定的。当相关机构的债务负担减轻重新推动增长时，很有可能会再次选择扩大投资、上马大型项目的传统路径。如此一来，我们就会发现投资规模持续扩大，而消费状况却依然没有实质性改善，这将导致供需之间的矛盾进一步加剧。

那么，究竟什么样的方式才更为有效？我认为**应当采取源头治理的办法，即将资金重点投入到能够最大程度扩大消费，尤其是服务消费需求效应最为显著的人群与环节之中。并且，这不仅仅是一次性简单救助，更为重要的是要"花钱建新制度"，进而形成一种长期可持续、能够有效解决我之前所提及的消费"结构性偏差"的制度性安排**。这才是解决问题的根本之道。

从改革的视角出发，依据党的二十届三中全会所提出的重要精神，我们需要深入学习并切实将其贯彻落实到实际行动中。例如在完善市场经济基础制度方面、推动中央与地方财政关系改革方面、加强农民工基本公共服务保障方面以及深化农村土地制度改革方面，均提出了众多具有针对性的改革要求与部署。当前的关键是如何将这些改革举措真正落到实处。基于此，我认为在扩大消费需求，特别是服务消费领域，可以着力推动以下三个方面的结构性改革。

第一，以扩大中央政府基本公共服务均等化事权为切入点，

全面加强社会保障体系建设并提升人力资本水平。

在中央与地方基本公共服务事权划分方面进行合理调整与优化。诸如养老医疗保障的基础部分，例如养老保障的第一支柱（即基础部分），以及义务教育范围的拓展（如当前正在探讨的是否将其扩大至高中教育阶段）等事项，应当划为中央政府事权。而社会保障的其他方面，比如养老保障的第二支柱和第三支柱、保障性住房建设、教育培训等则可主要由地方政府负责。

具体而言，应当大力提升以进城农民工为主体的新市民群体在保障性住房、教育、医疗、社保、养老等基本公共服务领域的保障水平。例如，继续推进政府收购滞销住房并将其转化为保障性住房，然后以租赁或者出售的方式提供给新市民。

农民要由进城打工转为在城市家庭团聚、安居乐业。增加保障房供应可以扩大房地产的有效需求，住房改善可以带动装修、家具、家电等消费，家庭团聚可以带动教育医疗养老等需求，完善社保可以降低后顾之忧，降低预防性储蓄。与此同时，适当降低个人和企业缴费水平，减轻企业和个人负担，促进企业增加投入、个人扩大消费。相应减少地方政府基本公共服务事权，缩小其事权财权不平衡缺口。

与此相关的一个重要问题是如何充实社保基金。可以考虑从当前的刺激计划资金中拨出一部分，专项用于低收入阶层养老金的发放。我国目前城乡居民基本养老保险覆盖的人口总数接近5.5亿人，其中95%为农村居民。实际领取养老金的人数约为1.7亿人，人均每月养老金仅约为200多元。如果从当前的刺激计划中拿出1万亿元资金，专门用于提高这5.5亿人的养老金待遇，那么按一年的周期计算，这部分人群的人均养老金领取水平可从目前的200元左右大幅提升至500元左右。

更重要的是应抓紧探索较大规模的国有权益资本划拨至低收入阶层的社保基金。从理论上说，国有资本在某种意义上可以看成是全国人民的社保基金。2023年国有资本权益总额102万亿元，国有金融资本权益总额30.6万亿元，两项合计132.6万亿元。可以考虑分步稳妥地把较大规模的国有金融资本划拨到城乡居民基本养老保险，减少居民缴费，提高居民养老金收入，在一个不太长的时间内，明显缩小与城镇其他群体的养老金收入差距。城乡居民低收入阶层预防性储蓄高，同时边际消费倾向也高，把国有资本划拨至低收入人群养老保险，将会把大量预防性储蓄转化为现实的消费能力，直接增加消费需求。

从国际经验看，典型发达经济体都曾经历过这一转变。这是超越"罗斯福新政"的国家治理体系和治理能力现代化的重大进展，也是社会主义国家集中力量办大事的重要体现。争取用5—10年时间，逐步缩小并基本消除城乡之间、城市内新老市民之间在基本公共服务水平上的差距，实现基本公共服务在适宜水平上均等化的目标。

第二，以城乡接合部农村土地市场化改革为突破口，推动城乡之间人员、土地、资金等要素双向流动、融合发展，带动中国的第二轮城市化浪潮。

在城乡接合部开展城乡居民土地权利均等化、土地资源市场化配置利用的改革试点，在符合土地用途和建设规划的前提下，允许农村宅基地在集体组织之外流转，允许小产权房以合理方式进入市场，允许城乡居民入市交易。形成可行做法和经验后更大范围推广。同时试点开征房地产税，作为地方税制改革突破口，在增加农民财产性收入的同时，为提升农村居民社保水平筹措资金。农民可以进城，城市居民可以下乡，给城乡居民双向创业就业置业以更大空间。

以这一改革为牵引，加快都市圈范围内中小城镇建设，进而形成中国的第二轮城市化浪潮。我国城市核心区建设已达到较高水平，还出现了一定程度的拥堵。从国际经验看，城市群、都市圈范围内的核心城市通常占城市人口的30%左右。核心城市之外的中小城镇还有巨大的发展空间，可容纳60%以上的城市人口，其中既包括原有城市疏解人口，更多是农村和其他城市的流入人口。这一区域也适合制造业和中低端服务业的集聚，基建和房地产还有一定的增长空间。

通过提高城镇化的比例（达到75%以上）和质量（缩小以至消除城乡居民基本公共服务水平差距），力争用10年左右时间，实现中等收入群体倍增的目标，由现阶段中等收入群体4亿人口增长到8—9亿。提出并推进实现这一目标，对延长中速增长期，打破需求约束对经济增长的不利影响具有重要意义。

第三，以调整经济活动中所有制属性界定范围为突破口，促进社会主义市场经济基础制度的创新完善，创造更多的较高收入就业机会。

适应现代企业和市场环境的变化，调整经济活动中所有制属性的界定范围，从企业层面退出，回归投资者层面。具体地说，投资者（企业出资人）可以划分为中央国有投资者、地方国有投资者、机构投资者、个人投资者、境外投资者等。企业不再按照所有制分类，而是按照规模（大中小等）、行业（工业、服务业等）、技术特点（劳动密集、技术密集等）等分类。

这一调整符合现代企业制度演化规律，符合现阶段我国企业和市场发展的实际状况。在真实的市场经济中，要找到纯粹的国有企业或民营企业越来越困难，不同形态的混合所有制成为常态。

现代企业中，出资人提供的资金，只是企业投入的多种要素（还有劳动力、土地、技术、管理、数据等）中的一种，把多种要素组合起来形成竞争力的是企业家。按所有制划分企业，把出资人摆到企业的首位，低估了企业家的功能，不利于认同、尊重、保护企业家在企业发展和创新中的核心地位和关键作用。

这一调整应成为完善社会主义市场经济基础制度的重要突破口，带动促进各种所有制投资者平等保护、各类企业平等发展的体制机制政策和行为规范调整，有利于形成创新的长期预期，并带动创新驱动的能力建设。同时也有助于各类企业的公平竞争，促进技术进步，提高附加值，创造更多的高质量就业机会和较高收入的就业岗位，进而全面提高劳动者收入水平，为稳定持续扩大消费打牢基础。

预期和信心：健全宏观经济治理体系的着重点着力点[①]

高培勇
中国社会科学院学部委员、原副院长

中国经济运行中的主要挑战在变，预期和信心变化成为重点

根据各位专家对形势分析和政策选择两个维度的解读，我的突出感受就是一个"变"字，经济运行格局在变，政策选择的范围和内容也在变。的确，疫情三年加上疫后恢复一年半，在将近五年的时间里，无论是宏观经济领域的专家分析，还是普通百姓生活中的实际体验，大家的一个共同感受就是在"变"。

要论"变"，不管是经济形势还是政策选择，不同的人可以

[①] 本文根据作者 2024 年 7 月 20 日在香港大学经管学院中国经济研究所（ICE）与中国人民大学中国宏观经济论坛（CMF）联合主办的 2024 年中国与全球经济论坛上的主题演讲整理。

从不同的角度做出自己的判断。重要的是，在大家所感受到的各种变化中，有没有最重要、最主要、最关键或者说最具核心意义的变化？如果有，那又是什么？

在做学生和在大学教书时，我们所接受的经济学基本训练，似乎可以概括为一种思维定式：其一，凡遇经济波动，不管是经济下行还是经济过热，我们都把它归结为供求失衡。经济波动是由供求失衡所引致的。不管经济波动是周期性的波动还是突发性、临时性的波动，我们总是不由自主地从供求失衡当中找原因。其二，在归因于供求失衡后，该怎么办？我们能够想到的，甚至是已经形成肌肉记忆的应对之策，就是逆周期调节。"面多了加水，水多了加面"，需求不足就加需求，供给出问题就调结构。这可以说是我们过去已经形成的思维定式。

现在的问题是，当我们把这一套思维定式应用于新的情景时，是否需要做出调整？比如，观察今天的经济形势，我们也可以依旧归因于供求失衡导致的经济下行。但是，如果进入到下一个步骤，怎么去操作？我担心的是，当沿用原有的操作思路行事时，其政策效果和以往所经历的会不会有所不同？事实上，近五年来，我们一直在做这方面的努力。比如宏观政策的扩张，不管是财政政策还是货币政策，今天的扩张力度是前所未有的。但是，它的政策效果的确在呈递减趋势。能否把造成这种结果的原因简单归结于边际效益递减规律？除了边际效益递减之外，其背后可能还有药不对症的问题。在目前所看到的经济下行压力的背后，我们可以将之归结为有效需求不足。但不妨再深问一句：有效需求不足的背后还有没有其他方面的因素？

事实上，有效需求不足的背后，更深层次的原因可以进一步归结为预期和信心的变化。请注意，我用的是"变化"二字，而不是"弱""转弱"或者其他表述。如果这样的说法大致方向不错，立刻可以得到一个基本判断：简单搬用以往的老做法、老套路、老思路，其效果肯定和以往有所不同。所以，就当前形势的判断和当前政策选择所面临的困难来说，我们的认识不能停留于形势分析和政策选择难度加大，或者严峻性和复杂性提升这样一个层面。而应当在此基础上深入一步——做出规律性的概括。这种规律性的概括，其实就是一句话：**当前中国经济运行中的主要矛盾和矛盾的主要方面已经越来越集中于信心和预期的变化，当前中国经济运行中所面对的主要挑战已经由或者正在由以往总供求失衡引致的经济波动延伸为由预期和信心变化引致的经济波动。**

宏观经济治理的底层逻辑在变

那么，问题接踵而来。如果当前中国经济运行中的主要矛盾和矛盾的主要方面变了，所面对的主要挑战变了，那么我们该做什么？又能为此做些什么？

从纲举目张的角度讲，大家要达成共识。如果我们所归结的问题除了有效需求不足之外，还添加了其背后的预期问题和信心问题，那么，整个政策选择都要做相应的调整。如同人的身体虚弱，而身体虚弱的背后是心血管病。这显然就需要标本兼治。在这种背景下，我们应该采取什么对策呢？

令人欣慰的是，在2023年12月举行的中央经济工作会议以及2024年全国两会围绕经济工作所做出的一系列部署中，有一件事颇具战略调整意义，那就是用"稳预期、稳增长、稳就业"替代了原来的"稳增长、稳就业、稳物价"。如果把原来的"三稳"称为老三稳，今天的"三稳"称为新三稳，新老三稳之间出现的最大变化有两个。一是，用"稳预期"替代了原来的"稳物价"，"稳物价"在新三稳中没有了。二是，"稳预期"没有停留在排位第三的位置，而是在进入新三稳之后，先后跨越了"稳就业、稳增长"，居于新三稳之首。这种调整体现了底层逻辑的变化，它意味着，在"稳预期、稳增长、稳就业"这三稳所形成的关系链中，"稳预期"是基础，是关键。

这实际上给我们传递了一个非常重要的信息，那就是，伴随着中国经济运行中的主要矛盾和矛盾的主要方面的深刻变化，已经烂熟于心甚至已经形成思维定式的那一套逆周期的操作不再像过去那般适宜，至少不再像过去那般有效了。

怎么办？那就是"稳预期"成为应对各种困难和挑战的重头戏。不仅如此，随着宏观经济治理的聚焦点由总供求的失衡延伸至预期和信心变化，总供求失衡不再是唯一聚焦点，而是由此延伸到了预期和信心变化。显然，预期和信心与总供求之间是有密切联系的。正是在这样的背景下，"稳预期"越来越成为宏观经济治理的重头戏。其间的道理不难理解，只有居民和企业的预期稳定、信心增强，消费和投资需求不足的矛盾和问题才可随之化解，源自需求和供给两翼的矛盾和问题才可随之减轻，进而巩固和增强经济回升向好的态势才会有相应的基础和保障。

紧盯预期和信心，加强预期管理是关键

必须承认，预期管理或者说围绕着预期和信心问题的预期管理对我们来讲是个新课题。这并不是说我们以往在宏观经济学教材和相关研究中从来没有涉及过预期问题，而是，无论如何，相对于需求管理和供给管理，我们在预期管理方面所投入的精力和时间还不是很多。所以，操作起来并不像需求管理和供给管理那样轻车熟路。

正是在这样的背景条件下，党的二十届三中全会公报中，对于宏观经济治理和宏观经济调控至少有两次提及：一次用的表述叫作"健全宏观经济治理体系"，另外一次的表述是"完善宏观调控制度体系"。这说明什么？

可以观察到，随着宏观经济治理和宏观调控底层逻辑的变化，健全宏观经济治理体系和完善宏观调控制度体系的意义在上升。因此，当我们回顾2024年上半年工作和前瞻下半年工作的时候，宏观经济治理体系的健全和宏观调控制度体系的完善都是一个非常重要的问题。

问题在于，健全宏观经济治理体系和完善宏观调控制度体系的着力点和着重点应当放在哪儿？它不应当是一般意义的"健全和完善"。"健全和完善"这样的字眼过去常常使用，但是今天谈这个话题，应当有不同于以往的着重点和着力点。我认为，至少目前能够确认的是，这个着力点和着重点离不开预期和信心，或者准确地讲，离不开预期管理。

宏观经济治理也好，宏观调控制度也罢，如同医生用药治病，对症是关键，只有坚持对症下药，才能达到药到病除之效。倘若开错了药方，导致药不对症，不仅治不好病，还极可能产生副作用。所以，今天我们讨论宏观经济形势、布局宏观经济政策时可能要追加一个问题，那就是什么样的举措不仅和需求、供给有关，而且还和预期、信心有关，或更多的是与预期和信心有关。提出任何问题，都要厘清它与预期和信心之间的关联度如何。**无论采取哪方面的举措都要确保其有助于稳预期、强信心，最终目标都是奔着稳预期、强信心而去的。**盯住预期和信心，奔着强信心和稳预期而去，恐怕是当前在健全宏观经济治理体系和完善宏观调控制度体系方面必须关注的一点。

驱动政策和改革的"双引擎"

对于稳预期、强信心，没有现成的路径可循，甚至没有成形的理论支撑。但有几点应当是大家所认同的：

第一，稳预期、强信心离不开宏观政策的支持和支撑，因为宏观政策总是我们的常规选项。但是，必须注意到一条，一旦宏观政策的聚焦点除了弥补有效需求不足、扩大有效需求这一点之外，还要延伸到预期和信心层面，其有效性和有限性便同时并存。我们不能光看到它的有效性，还要看到它的有限性，因为它针对的病根和过去不同了。

第二，围绕着稳预期、强信心，当我们认识到宏观政策的有限性时，就必须要依靠另一个系统，那就是二十届三中全会所强调的改革，以改革与政策为双引擎。需要确认的是，不管是双引擎还是单引擎，它们都是奔着解决预期和信心问题而去，而双向发力。也就是说，在政策和改革举措布局中，不能指望用政策解决需求问题，以改革解决预期问题和信心问题。

第三，在政策和改革双引擎同时发力于信心和预期问题的时候，我们还必须清醒地认识到，这两者的功效不是等价的，而是有强有弱的。宏观政策在扩大需求方面确实有效，但是相对于改革而言，在稳预期、强信心方面则主要起辅助性作用。所以，可以预期，改革的作用越来越凸显，改革越来越成为宏观经济治理体系中的主要砝码和主要要素。

只有通过进一步全面深化改革，为经济发展提供体制机制保障，夯实体制机制基础，才能激发全社会创业、创新、创造活力，才能为推动高质量发展、加快中国式现代化建设注入强大的动力。实际上，这也契合中国改革开放46年来的基本轨迹。46年来，我们在经济领域所取得的奇迹就是经济快速发展。当探寻经济快速发展的原因时，我们要问，我们比别人多做了什么？又做对了什么？实际上，我们在这46年中多做的、做对的就是一件事，那就是不断深化改革，不断以改革为经济发展提供不竭的动力。

预期和信心变化频繁，需加快健全宏观经济治理体系

可以用一句话来概括我今天发言的中心思想。这就是，准确把握预期管理、需求管理、供给管理的异同点，避免将稳预期、强信心的相关操作简单等同于逆周期调节的操作，是当前经济工作的关键之所在。

此外，还需要特别提及两个方面的基本事实：第一，当我们用"世界百年未有之大变局"来描述今天的时代特征，当我们关注地缘政治冲突加剧，叠加新一轮科技革命和产业变革，从而使不稳定性、不确定性、不可预见性显著增加的时候，要注意另外一个结果，那就是，在这个处于变化中的背景条件下，由此带来的预期和信心的频繁变化，很可能是大概率事件。预期和信心的变化绝对不是限于一时或短期的变化。因而，**如何通过宏观经济治理中的各种对策来对冲预期和信心的频繁变化，从而实现稳预期、强信心的目标，将越来越成为考验宏观经济治理成效的关键因素。**

第二，随着中国社会主要矛盾的历史性变化，人民对于更高层次、更广范围的美好生活的需要替代了过去对物质文化生活的需要。在这种替代中，最重要的变化体现在精神生活层面，人们对于民主法治、公平正义、安全环境等方面的需求日益增长。这一变化反映到经济工作中意味着什么？大家已经体会到了，人们对于经济运行状况的关注度和敏感度在不断上升，普通人都在谈论经济运行问题，而且具有交互作用，人们的预期和信心变化也越来越成为左右经济运行状况的敏感因素。所以，**如何通过宏观经济治理上的各种对策，及时回应大众关切，引导并稳定社会预期，也在很大程度上影响着宏观经济治理成效。**

应当说，中国的宏观经济形势分析和宏观政策选择实践，实际上越来越要求我们加快健全中国的宏观经济治理体系，加快完善中国的宏观调控制度体系。

以经济体制改革为牵引　推进经济持续回升向好[①]

黄群慧

中国社会科学院经济研究所研究员

2025年，我们将全面完成"十四五"规划。2024年中央经济工作会议提出，要发挥经济体制改革牵引作用，推动标志性改革举措落地见效。这对于充分利用我国经济基础稳、优势多、韧性强、潜能大的支撑条件，稳定预期、激发活力，有效应对外部环境不利影响和经济运行的挑战、推动经济持续回升向好具有重大意义。

稳定预期和激发活力是推动经济持续回升向好的关键

当前外部环境带来的不利影响加深，我国经济仍面临不少困难和挑战。一方面，我国微观主体预期偏弱的状况较为明显。

---

① 本文发表于《人民政协报》2025年1月13日第3版。

2022年4月以来，我国消费者信心指数始终处于较弱区间，绝大多数月份都低于90。2022年7月以来，我国制造业采购经理指数（PMI）有20个月处于50以下的收缩区间，占比超过70%。另一方面，各类经营主体的内生动力和创新活力还有待进一步激发。微观主体预期偏弱和活力不足，企业就不愿通过增加负债进行投资以追求更多利润，居民消费也将偏于保守，导致消费和投资增速下降，造成宏观经济下行压力。而宏观经济下行又进一步影响预期稳定和企业活力，从而形成一个相互加强的下行压力循环。这表现出我国经济面临国内需求不足、部分企业生产经营困难、群众就业增收面临压力、风险隐患仍然较多等困难和挑战。

但是，我国经济基础稳、优势多、韧性强、潜能大，长期向好的支撑条件和基本趋势没有变。因此，我们需要把握稳定预期、激发活力这个关键，实施更加有为的财政货币政策，扩大国内需求，努力把各方面积极因素转化为发展实绩，从而推进经济持续回升向好。2024年9月26日中央政治局会议果断部署一揽子增量政策，使社会信心有效提振，经济明显回升。2024年10月以后制造业采购经理指数（PMI）连续3个月处于50以上的扩展区间。

充分发挥健全宏观经济治理体系的改革牵引作用

2024年中央经济工作会议提出，要实施更加积极有为的宏观政策，包括更加积极的财政政策以及适度宽松的货币政策。**要使这些宏观政策更加有效、达到全方位扩大国内需求的目标，必然要求打好政策"组合拳"，增强政策合力，提高宏观政策取向一致性，提高政策整体效能。**这就给宏观经济治理体系提出了更高要求，必须按照党的二十届三中全会的要求，充分发挥健全宏观经济治理体系的改革牵引作用，通过完善宏观调控制度体系，统筹推进财税、金融等重点领域改革，增强宏观政策取向一致性，实现科学的宏观调控、有效的政府治理。

具体而言，一是要完善国家战略规划体系和政策统筹协调机制，增强国家战略宏观引导、统筹协调功能，围绕实施国家发展规划、重大战略促进财政、货币、产业、价格、就业等政策协同发力，优化各类增量资源配置和存量结构调整。二是要深化财税体制改革，健全预算制度，健全有利于高质量发展、社会公平、市场统一的税收制度，尤其是要建立权责清晰、财力协调、区域均衡的中央和地方财政关系，建立全口径地方债务监测监管体系和防范化解隐性债务风险长效机制，使政府债务与经济发展、政府财力逐步匹配，形成化债和发展的良性循环，有效降低地方政府债务风险。三是要深化金融体制改革，探索拓展中央银行宏观审慎与金融稳定功能，畅通货币政策传导机制，完善金融机构定位和治理，开展多元股权融资，加快多层次债券市场发展，提高直接融资比重，打通中长期资金入市卡点堵点，健全投资和融资相协调的资本市场功能，增强资本市场制度的包容性、适应性。

充分发挥完善高水平社会主义市场体制的改革牵引作用

高水平社会主义市场经济体制是中国式现代化的重要保障，是全社会预期稳定、内生动力和创新活力的制度基础。**一个更加公平、更有活力的市场环境，更有利于实现资源配置效率最优化和效益最大化，更有利于国民经济循环的畅通无阻，从而有利于经济持续稳定向好**。也就是说，推进经济持续回升向好，不仅仅需要更加积极的宏观政策，还有赖于市场经济体制的持续完善，有赖于既"放得活"又"管得住"的市场经济秩序。为此，2024年中央经济工作会议指出，要发挥经济体制改革牵引作用，将高质量完成国有企业改革深化提升行动、出台民营经济促进法、开展规范涉企执法专项行动、制定全国统一大市场建设指引、促进平台经济健康发展等作为标志性改革举措，要求推进落地见效。

这些举措对于完善高水平社会主义市场经济体制具有重要意义。高水平社会主义市场经济体制要求保证各种所有制经济依法平等使用生产要素、公平参与市场竞争、同等受到法律保护，促进各种所有制经济优势互补、共同发展。一方面，要通过国有企业改革深化提升行动，进一步完善管理监督体制机制和明晰不同类型国有企业功能定位，深化分类改革，推进国有经济布局优化和结构调整，深化国有资本投资、运营公司改革，完善中国特色现代企业制度，建立国有企业履行战略使命评价制度，健全国有企业推进原始创新制度安排，增强核心功能和核心竞争力，做强做大做优国有资本和国有企业。另一方面，要通过制定全国统一大市场建设指引、出台民营经济促进法和开展规范涉企执法专项行动，推动解决公平竞争问题，破除市场准入壁垒，推进基础设施竞争性领域向经营主体公平开放，支持有能力的民营企业牵头承担国家重大技术攻关任务，优化新业态新领域市场准入环境，保证民营企业依法平等使用生产要素、公平参与市场竞争、同等受到法律保护。尤其是要推动解决拖欠账款问题，强化失信惩戒，推动落实解决账款拖欠问题长效机制，有效维护好民营企业、民营企业家合法权益，着力为各类经营主体营造安全稳定的发展环境。

充分发挥健全和保障民生制度体系的改革牵引作用

全方位扩大国内需求的重中之重是大力提振消费。消费是我国内需的短板，总体而言消费对经济发展的基础性作用还需要进一步有效发挥。根据世界银行数据，2019年中国最终消费率为56.0%，相比于同期经济合作与发展组织（OECD）国家平均72.5%以及中等偏上国家平均81.6%的水平有非常大的差距，在全球有消费率统计数据的177个国家中，中国排在第167位。同时，提振消费并不仅仅是消费本身的问题，投资推动就业、就业产生收入、收入和收入预期决定消费、消费又会进一步牵引投资，这是一个国民经济循环问题。也就是说，高质量的充分就业机制、完善的收入分配制度和健全的社会保障体系对扩大消费发挥着重要体制机制支撑作用。因此，大力提振消费一定要和完善民生保障制度结合起来。由此，2024年中央经济工作会议提出2025年将通过加大财政对终端消费直接投入、提升社会保障水平等多种方式，推动居民收入稳定增长。

在发展中保障和改善民生是中国式现代化的重大任务。**加大民生领域改革力度，尤其是深化收入分配制度改革，优化收入分配格局，持续改善居民收入预期，既是提振消费、扩大内需、推进经济持续回升向好的必然要求，也是满足人民日益增长的美好生活需要的基本要求。**按照党的二十届三中全会精神要求，要构建初次分配、再分配、第三次分配协调配套的制度体系，以完善市场化机制为重点持续完善初次分配制度，完善劳动者工资决定、合理增长、支付保障机制，健全按要素分配政策制度；要推进人本导向的再分配制度改革，完善税收、社会保障、转移支付等再分配调节机制；以完善社会组织建设深化第三次分配体制机制改革，支持发展公益慈善事业，强化三次分配制度的系统性与协同性。研究表明，国民经济中消费占比与居民收入在国民收入分配中的比重、劳动报酬在初次分配中的比重两个比重直接相关。针对我国劳动报酬在初次分配中的占比、居民收入在国民收入中的占比纵向和横向对比均偏低的情况，在2025年实现居民收入增长和经济增长同步的基础上，"十五五"期间力争稳定实现"两个略高"——居民收入增速略高于经济增速、劳动报酬增速略高于劳动生产率增速，从而显著提高"两个比重"，这不仅有利于稳定预期、激发活力，改善国民经济循环，推进经济持续回升向好，也有利于加快构建新发展格局、把握未来发展主动权。

从发展消费经济入手构建新发展格局

洪银兴　南京大学原党委书记
韩绿艺　西南财经大学经济学院讲师

构建新发展格局推动高质量发展对实现以内循环为主体提出了增强国内大循环内生动力和可靠性的要求。国内大循环可靠的内生动力是什么？是扩大国内需求，其中最为重要的是扩大最终消费。而直接影响供给能力的投资需求很大程度上也是由消费需求带动的，体现了消费需求对供给的牵引作用。因此扩大消费需求成为构建以内循环为主体的新发展格局的可靠的内生动力。进一步的研究表明，拉动经济增长并顺畅内循环的消费需求不是孤立的消费，是与消费密切相关的经济活动包括消费、分配、流通等协同形成的消费经济。因此，**构建以国内循环为主体的新发展格局需要着力扩大消费需求，其基本路径就是发展消费经济。**

---

① 本文发表于《湘潭大学学报（哲学社会科学版）》2023年第1期，收入本书时注释从略。

充分发挥消费对经济发展的基础性作用

构建新发展格局,扩大消费需求是基础。按照马克思的再生产理论,国民经济循环包括生产、分配、流通和消费四个环节。国民经济循环既有正向的,也有反向的。其中,正向循环是以生产为起点、消费为终点,其间经过分配和流通环节的循环;反向循环是以消费为起点、生产为终点,其间经过分配和流通环节的循环。对于一个摆脱了短缺经济的快速增长的经济体来说,反向循环即以消费为起点的顺畅循环特别重要。"消费在观念上提出生产的对象,把它作为内心的图象、作为需要、作为动力和目的提出来。"就是说,在再生产循环中,消费环节的作用表现在为供给提供生产的目的和动机。因此以最终消费来带动的需求对供给有显著的牵引作用。**没有消费就没有生产,居民消费水平的提升直接带动生产水平的提升。**

党的二十大报告指出,构建新发展格局,要增强消费对经济发展的基础性作用。这个基础性作用主要体现在两个方面。其一,消费需求对经济增长的贡献率明显提升。我国自2011年起,消费需求对经济增长的贡献率开始超过投资需求,2021年达到了65.4%。相比于投资需求,消费需求增长的潜力更大。2011—2021年,最终消费支出占GDP的比重由50.6%提升到54.5%,且2021年最终消费支出占GDP的比重高出资本形成总额占比11.5个百分点。消费已成为经济稳定运行的压舱石。其二,日益增长的中等收入群体引领了中国消费需求的增长。我国目前拥有世界上规模最大、最具成长性的中等收入群体。当前我国中等收入者人数超过4亿，这个数量高于任何一个发达国家的人口数量。不仅如此，目前我国还是低收入群体占大多数的金字塔型居民收入阶层结构。中国到2035年基本实现现代化的一个重要指标是中等收入者的人数要显著增加，预计达到8亿。对于中国这样一个人口大国来说，人口数量决定了消费人口的基数，尤其是中国的中等收入群体将成为人数最多的阶层，这个群体的消费需求是最为旺盛的，是引领消费的。其三，在现代化的进程中消费需求具有增长的趋势。罗斯托的经济成长阶段论所提出的经过起飞以后进入现代化阶段的一个阶段性特征就是进入高额群众消费阶段；库兹涅兹在现代经济增长理论中谈到的现代化的表现之一就是总收入中消费支出快于储蓄的增长，也就是边际消费倾向递增。可以说，现代化的一般理论都是把提高消费需求作为现代化的基本标准。中国式现代化以人民为中心，边际消费倾向递增将更为明显。特别需要指出的是，在短缺经济背景下，经济增长的主动力是投资需求，而在摆脱短缺经济以后，增强消费需求就成为经济增长的内生动力，相比投资创造的GDP，消费所形成的GDP是最为可靠的。

当前，我国全面建成小康社会并开启了现代化建设的新征程，中国式现代化以人民为中心，其重要表征就是人民收入和消费水平的提高。党的二十大报告中以专门篇章擘画了"增进民生福祉，提高人民生活品质"的蓝图，把生活品质的现代化景象描述为，幼有所育、学有所教、劳有所得、病有所医、老有所养、住有所居、弱有所扶，建成世界上规模最大的教育体系、社会保障体系、医疗卫生体系，人民群众获得感、幸福感、安全感更加充实、更有保障、更可持续。**居民高品质的生活是中国式现代化的本质要求，其基础是人民收入水平和消费水平的显著提高**。可以认为居民消费水平的提高对中国式现代化起着巨大的推动作用。

现代化为增强消费需求创造了新的条件和机会。居民消费需求的增加不仅表现在需求数量的增长上，还表现在其消费升级上。罗斯托所讲的进入现代化的另一个阶段性特征就是追求生活质量阶段。所谓"追求生活质量阶段"，涉及自然（居民生活环境的美化和净化）和社会（教育、卫生保健、交通、生活服务、社会风尚、社会秩序）两个方面，尤其是与医疗、教育、文化娱乐、旅游有关的服务部门加快发展成为主导部门。

据现有统计数据分析，我国居民的恩格尔系数已经从1980年的59.9%下降到2021年的29.8%，食品支出总额占个人消费支出总额的比重明显下降，这就给居民在医疗保健、教育、文化娱乐等层面的消费释放出更大的空间。党的十九大报告中曾经把中高端消费作为新发展阶段所要培育的新增长点和发展的新动能。不同于低收入阶层居民所追求的基本的衣食住行等基本生活消费需求，是注重数量的消费需求，中高端消费对品牌、品质、档次、个性、环保、安全等更为重视，是更关注质量的消费需求。特别是在数字经济时代，随着互联网、大数据等新技术的运用，产生了更多的个性化、定制式的消费需求，助推了消费结构的优化升级。尤其是中等收入群体是我国消费升级的主力军，引领着中国未来的消费趋势，中等收入群体对消费的效应对产业升级具有强大的拉动力。此外，受攀比文化的影响，低收入人群也会产生中高端消费的需求，进而产生"由俭入奢易，由奢入俭难"的棘轮效应。因此，我们把中高端消费作为需要培育的新增长点和推动现代化的新动能是经济发展阶段使然。

以中高端消费为核心的消费升级对我国现代化的作用主要体现在消费升级拉动产业升级上。中高端消费是与人民美好生活需要相关联的。中高端消费之所以能够成为我国经济增长的新增长点、新动能，关键在于倒逼生产环节的创新突破，以需求牵引供给侧优化升级。因此，实现居民消费升级的有效消费需求不仅仅是满足人民对美好生活的追求，也是构建新发展格局、顺畅内循环，实现经济高质量发展的引燃点。

扩大消费需求依托消费经济的发展

重视最终消费对经济增长的拉动作用，绝不意味着只是最终消费环节影响国民经济的循环。习近平总书记指出，构建新发展格局，"我们要牢牢把握扩大内需这一战略基点，使生产、分配、流通、消费各环节更多依托国内市场实现良性循环",这就是说,拉动经济增长的不仅仅是消费本身,还要考虑最终消费从哪里来,消费力是如何提高的。消费需求扩大的同时也需要依靠再生产其他环节的作用,因此再生产其他环节对国民经济环节的影响是不容忽视的,消费增长是再生产循环中各个环节共同作用的结果。这就提出了发展消费经济的问题。

所谓消费经济,是指与消费相关的消费方式及与分配和流通相互联系的经济。它不是一个孤立的消费环节,而是与社会生产再循环中的分配、流通环节紧密联系的。扩大消费需求需要发展整个消费经济。

首先是消费与流通的协同。消费需求是消费同市场结合以后才产生的。按照马克思的理论,流通即社会总产品的实现。社会总产品的实现是社会再生产实现的核心问题,国民经济的循环即社会再生产的实现,这就涉及社会总产品市场上实现的价值补偿和物质替换。马克思认为流通领域是商品生产者关系的总和,因此畅通国内经济循环所需要的最终消费需求的增长,离不开市场的有效作用。消费需求实际上指的就是市场需求,市场到哪里,哪里就会产生新的消费需求;市场扩大就是消费需求的扩大。因此,研究消费经济就必须研究市场对消费需求的决定性作用。

市场对消费需求的决定因素主要有两个:一是市场价格,市场价格影响到居民的消费力和购买力,价格越高,购买力越弱,反之亦然。因此,稳定消费需求的关键是稳价格。二是市场竞争,市场竞争不仅仅包括生产者和消费者的竞争,还包括消费者之间的竞争。竞争越是充分和公平,消费者需求的满足程度就越高。

构建新发展格局特别要关注畅通市场流通和流通成本的问题。党的二十大报告中提出,要加快发展物联网,建设高效顺畅的流通体系,降低物流成本。流通体系涉及供应链畅通的问题。当前,供应链在国内经济乃至全球经济发展中的作用越来越凸显。供应链一头连着生产,一头连着消费,如果中间出现栓塞或者出现马克思所说的"价值革命",都可能直接影响消费需求的实现。比如当前美国出现的经济衰退在很大程度上就是供应链问题导致的。我国前段时期受新冠疫情等影响,也出现过供应链断裂的问题,导致了部分生产的停滞。从整个内循环来看,供应链的断裂影响的不仅仅是生产和消费,对整个国民经济循环的影响都很大。因此,对消费需求的研究不能忽视对供应链的研究。

其次是消费与分配的协同。消费需求是指有支付能力的需求,而支付能力取决于分配。社会生产循环中分配环节的作用就是培育消费力。在马克思的理论中消费力与生产力同等重要。只谈生产力而不谈消费力是不完整的。马克思在《资本论》中提出了"消费力"的概念,所谓消费力,是指在一定时期内消费者的消费能力。他说:"发展生产的能力,因而既是发展消费的能力，又是发展消费的资料。消费的能力是消费的条件，因而是消费的首要手段，而这种能力是一种个人才能的发展，一种生产力的发展。"从理论上说，消费力可以分为个人消费力和社会消费力两种。个人消费力是由其收入水平决定的，而社会消费力则取决于社会的分配关系。"社会消费力既不是取决于绝对的生产力，也不是取决于绝对的消费力，而是取决于以对抗性的分配关系为基础的消费力；这种分配关系，使社会上大多数人的消费缩小到只能在相当狭小的界限以内变动的最低限度。这个消费力还受到积累欲的限制，受到扩大资本和扩大剩余价值生产规模的欲望的限制。"所以，消费力的影响因素主要涉及两个方面：一是分配关系，二是积累与消费的关系。**培育消费力就是要解决居民无钱可花的问题，其中提高低收入群体的收入和消费水平是重点，低收入者的消费弹性最高，增加的收入大部分都将进入市场消费。**当下，我国坚持以按劳分配为主体，多种分配方式并存的收入分配方式，增加居民收入不仅仅要提升低收入者的劳动收入，还要增加低收入者的要素收入。党的二十大报告中提出："努力提高居民收入在国民收入分配中的比重，提高劳动报酬在初次分配中的比重。坚持多劳多得，鼓励勤劳致富，促进机会公平，增加低收入者收入，扩大中等收入群体。完善按要素分配政策制度，探索多种渠道增加中低收入群众要素收入，多渠道增加城乡居民财产性收入。"因此，增加中低收入群体的要素收入就是要让劳动者增加知识、技术、管理和数据等要素并获取相应的要素收入分配，其途径除了让劳动者加强教育和技术培训外，还要给劳动者提供宽松的创新创业空间，为低收入群体提供向上流动的通道和条件。除了收入分配关系的调整，在宏观上调整积累和消费之间的比例也非常重要。我国过去在相当长的时间内靠实行高储蓄、低消费政策来实现经济高速增长，这是不可持续的。进入新发展阶段，要改变过去"高积累、低消费"的政策，以提高消费力来满足人民美好生活的需要，实现高质量发展。

与提高居民消费力密切相关的是就业问题，就业是民生之本，充分就业是扩大居民消费的基础。实施就业优先战略需要支持和规范发展新的就业形态，使人人都有通过勤奋劳动提高自身收入和消费水平的机会。现阶段贯彻就业优先战略需要处理好两个关系：一是资本与就业的关系。在市场经济条件下，没有资本就没有就业，稳就业就是稳资本。二是数字技术与就业的关系。产业数字化不仅替代就业岗位，而且会替代整个就业行业。体现就业优先要求，数字技术的应用不应该偏向替代劳动，而应更多地偏向推动产业。同时要让教育与技术赛跑，克服数字鸿沟，让劳动者在数字经济中找到就业和充分发展的空间。

最后是个人消费和公共消费的协同。消费不仅仅指居民个人消费，还包括公共消费。公共消费除了政府本身在国防、安全、行政管理等方面的消费外，还包括居民享受到的公共服务方面的消费。在社会主义制度和举国体制背景下，居民所能享受的公共消费内容更广泛，水平也更高。因此，公共消费应该成为消费经济的一个组成部分。**发展消费经济应扩大公共消费，公共消费的增加会在很大程度上增强居民的消费需求。**党的二十大报告中提出要"健全基本公共服务体系，提高公共服务水平，增强均衡性和可及性，扎实推进共同富裕"，其内容包括提高用于科学、文化教育、卫生保健、环境保护等方面的消费比重。这里有三个方面需要特别重视：一是健康中国建设，不仅仅是提高人民的健康水平，还要加大力度使生物技术和医疗技术进步成为经济发展的新动能。二是健全政府为主导的社会保障体系，扩大社会保障的覆盖面。尤其是随着老龄化社会的到来，各类养老服务机构和设施的建设都将成为扩大公共消费的重要内容，同时也会让居民无后顾之忧，扩大当前消费。三是随着区域差距和城乡差距的扩大，要推进基本公共服务区域、城乡均等化，使农村基本具备现代生活条件，使不发达地区能够享受到同等的公共服务方面的消费，提升低收入群体的消费水平。

创新消费业态与扩大消费需求

居民消费业态的丰富和创新直接影响消费需求的扩大和消费经济的发展。消费与服务密切相关，一般来说，消费与服务不可分：服务网点到哪里，哪里就会创造出相应的消费需求；服务有哪些层次，消费就有相应的层次；服务达到什么质量，消费需求就有什么样的质量。从这一意义上来说，消费经济就是服务经济。因此，**发展消费经济就要发展和完善多层次的服务市场，提高服务市场质量，并规范服务市场的秩序**。进一步说，消费业态的创新在很大程度上反映服务市场的创新，进而从广度和深度上扩大消费需求。

首先是进入中上等收入阶段的消费业态创新。在低收入阶段，居民的消费业态基本上是满足温饱需求，主要是物质消费，服务消费所占比重很小。在全面建成小康社会并进入中上等收入阶段后，消费发生了改变，信息消费、绿色消费、旅游休闲消费、教育文化体育消费、养老消费、健康消费、家政消费等成为主要的消费方式，在消费需求中的占比也越来越大。原先进入国际市场的中高端消费也会转向国内。所有这些新消费业态会牵引供给结构进行优化调整。

其次是数字经济时代的消费业态创新。**在数字经济的背景下，消费业态的创新主要体现在市场的数字化和互联网平台上，包括网络消费、共享经济等新消费**。网络购物已经成为我国居民消费的重要渠道，截至2022年6月我国网络购物用户规模已达8.41亿。2011—2021年，我国电子商务交易额从6.09万亿元增长至42.3万亿元，全国网上零售额从0.78万亿元增长到13.09万亿元，我国连续多年保持全球最大网络零售市场地位。随着网上购物平台的发展以及电子支付方式的多元化，网上购物平台也呈现出多元化的状态，由原来的单一购物App发展成"社交+购物"App，例如抖音、小红书等，提升了网上购物的体验感。与单一线下实体商店相比，网络购物打破了线下商店时间和空间的约束，推动了国内统一大市场的建设，提升了市场交易效率。

"互联网+"进入市场的基本功能是提供交易和消费的平台。"互联网+"平台进入市场，不仅代替了部分市场功能，而且产生了新的消费和服务业态。具体地说，"互联网+零售"产生网购；"互联网+金融"产生互联网金融；"互联网+媒体"产生新媒体；"互联网+出租车"产生网约车；等等。互联网平台消费的经济特征可以概括为如下四个方面：一是移动终端。消费者利用移动终端即时购买、消费和支付（平台承担了第三方支付的功能）。二是市场参与者大众化的开放式平台。三是实物产品数字化，如音乐、出版、新闻、广告、服务代理、金融服务等，消费者不用通过购买实物产品而是通过手机等移动终端直接交易和消费这些产品和服务。利用互联网平台的电子商务，甚至可以跨境交易和消费。这就在很多方面颠覆了传统市场理论。首先，市场不再是个实体场所，而是随时随地可以进入的平台。消费者在实体店获得商品的展示和消费体验，在互联网上购买，再加上网络直播，缩短了供应链，明显降低了信息成本。其次，依靠移动终端即时购买、消费和支付，供求不再受时间和空间的限制，降低了交易成本。再次，互联网依靠大数据和云计算服务在很大程度上可以克服市场信息不完全的问题。在互联网上可以为用户提供充分的市场信息、充分的选择机会，也可为用户提供个性化的定制服务，为用户创造更大价值，"消费者是上帝"的营销服务理念得到真正体现。最后，平台代替实体市场后，互联网平台和社交软件平台传播的信息在很大程度上替代了广告宣传，销售不再需要销售人员各地奔波，通过网络寻找市场，大大降低了交易成本，凭借节省的费用降低了商品和服务的价格，以低价吸引消费者，进一步刺激了消费。

总之，适应新时代的消费趋势，从发展消费经济入手全面促进消费，加快消费提质升级是扩大内需中最为可靠的，它有利于增加高品质的消费品和服务的供给，从而畅通国民经济循环，促进经济高质量发展。

统筹消费与投资　着力扩大国内需求

刘元春

上海财经大学校长

2023年中央经济工作会议指出，要着力扩大国内需求，激发有潜能的消费，扩大有效益的投资，形成消费和投资相互促进的良性循环。党的十八大以来，我国以习近平新时代中国特色社会主义思想为指导，在深度参与国际产业分工的同时，不断提升国内供给质量水平，着力释放国内市场需求，促进形成强大国内市场，内需对经济发展的支撑作用明显增强。在外部环境复杂性、严峻性、不确定性不断上升的背景下，坚定实施扩大内需战略、培育完整内需体系，是加快构建以国内大循环为主体、国内国际双循环相互促进的新发展格局的必然选择，是促进我国长远发展和长治久安的战略决策。

---

① 本文发表于《经济研究》2024年第1期。

当前国内外市场需求形势

当前全球经济复苏进程缓慢且不均衡，外需持续不振。在新冠疫情长期影响尚存、地缘政治冲突加剧、国际局势复杂变化的大环境下，西方国家饱受通胀困扰，新兴经济体缓慢复苏，欠发达国家面临债务危机。国际货币基金组织（IMF）于2023年10月10日，下调全球经济预期，将2024年的全球经济增速下调0.1个百分点。IMF预计，全球经济增速预计将从2022年的3.5%放缓至2023年的3.0%和2024年的2.9%，远低于2000年至2019年间3.8%的平均水平。这意味着对未来全球经济的前景预测比2008年金融危机和2000年互联网泡沫破裂时期还要黯淡。目前，美欧等发达经济体的核心通胀水平仍处于高位，预计实际利率水平短期内仍难下降，对其经济的负面影响以及对全球经济的外溢效应也会较长时间存在，从而制约2024年全球经济复苏。受美联储持续加息和国内通胀水平一直居高不下的影响，美国个人消费大幅上升，使得美国2023年第三季度GDP增长率为4.9%。尽管这一成绩看似不错，但随着居民超额储蓄逐步耗尽、高利率抑制企业投资意愿、利息支出压力约束财政支出等因素相互叠加影响，美国经济增长动能将持续缩减。欧元区的情况也不容乐观，经济合作与发展组织（OECD）在2023年发布的最新经济展望报告中预测欧元区2023年经济增速为0.6%，这一数据显示欧洲经济复苏进程仍然不及预期。其主要原因是欧洲经济仍受到高利率以及2022年因乌克兰危机导致的能源价格上涨等因素的不利影响,导致居民消费和企业生产的成本飙升,经济仍不能摆脱衰退的阴影。

尽管全球经济恢复不及预期,但我国2023年国内经济发展稳中向前。根据国家统计局的数据,我国2023年GDP增长5.2%,增速在全球主要经济体中继续保持领先。2023年,中国货物贸易进出口总值达到41.76万亿元,外贸回稳态势持续巩固,推动全球进出口贸易复苏。然而,在我国2023年GDP稳定增长的背后,我国居民消费价格CPI仅上涨0.2%,大幅低于2022年的2%,工业生产者出厂价格PPI却同比下降3.0%。各类数据显示,消费需求仍然面临巨大压力,线下消费随着服务业采购经理指数(PMI)高点回落、CPI降幅扩大、居民信贷不及疫情前同期水平、社会消费品零售总额2021—2023年月均增速为0.28%,需求状况与我国回升向好的经济形势还不够匹配。**需求压力加大的背后,是经济动能切换带来的震荡。**受房地产市场走弱的影响,2023年民间固定资产投资同比下降0.4%,严重低于同期国有控股固定资产投资6.4%的增速。提振内需,促进民间投资是经济回升向好的基础,是当下我们要解决的燃眉之急。

扩大内需成为高质量发展的迫切需要

扩大国内需求,形成投资和消费的良性互动,是构建新发展格局的战略基点。党的二十大报告提出"着力扩大内需,增强消费对经济发展的基础性作用"。受到新冠疫情、俄乌冲突、巴以冲突、国际能源价格上涨、欧美国家通货膨胀、逆全球化加深等因素的影响，外部环境的不可控性增加，世界市场需求下降，经济发展应该从过去的主要依赖外需转为扩大内需，将扩大国内需求作为构建新发展格局的战略基点，增强国内大循环的主体地位，保障产业链供应链韧性和安全水平。2023年中央经济工作会议提出"形成消费和投资相互促进的良性循环"，当前中国经济下行压力主要是有效需求不足、部分行业产能过剩、社会预期偏弱，通过"减税降费"等措施刺激国内投资需求的效用正在降低，经济下行周期市场主体的决策趋于保守，致力于减少债务、增加存款，而不会将新增利润用于扩大生产和增加就业岗位。**应当充分发挥超大规模市场优势，加快培育完整内需体系，统筹好供给和需求、消费和投资，增加高质量产品和服务供给，满足人民群众需要，促进人的全面发展和社会全面进步，推动供需在更高水平上实现良性循环。**

扩大国内需求以达到供求平衡是经济真正持久增长的拉动力量。马克思在《〈政治经济学批判〉导言》中写道："产品在消费中才得到最后完成。一条铁路，如果没有通车、不被磨损、不被消费，它只是可能性的铁路，不是现实的铁路。没有生产，就没有消费，但是，没有消费，也就没有生产，因为如果这样，生产就没有目的。"**供给不会独立于需求而存在，需求亦不会抛开供给而独自发挥作用。**在20世纪初，凯恩斯提出以需求管理为主要特征的国家干预主义政策。当有效需求中消费需求和投资需求两个变量互为因果的逻辑关系出现无序性，从而出现非均衡，导致总需求小于总供给时，政府政策等应发挥积极作用，以扩大内需，从而在不同程度上改变有效需求不足。

扩大国内需求才能更好推进高质量发展，才能为供给侧结构性改革提供良好的宏观环境。扩大国内需求的重点是扩大国内消费需求，是学界对宏观经济核心问题的共识。**推动国内消费需求总量的增加与层次的提升，才能为新兴产业的发展、新科学技术的运用提供市场，为产业结构升级、新质生产力的培育提供内生动力，更好推动经济的高质量发展，实现发展动能的转化。**在扩大国内投资需求方面，在经济下行周期更要发挥国有企业的投资带动作用。在新型基础设施建设、战略性新兴产业和重大科学研究方面，要进行前瞻性投资，推进重大区域发展战略。财政和货币政策要同向发力，引导支持社会资本进入新兴产业，减少生产过剩部门的投资，增加新产业的投资，促进新业态的培育，扩大有效供给，适应我国居民部门消费结构升级进程加快的趋势。在外部环境明显变化的当下，畅通国内大循环，增强我国的生存力、竞争力、发展力、持续力，在战略上尤其显得重要。

构建消费与投资相协调的扩内需方案

在有限的政策扩张空间里，有限的财力很难保证投资和消费实现更大规模的同时扩张，很难在结构上协调投资与消费在财政分配上的冲突和在动态平衡上的冲突。考虑到消费与投资资金的分配问题，就要求我们在优先恢复和扩大消费的前提下，实施与消费相融的投资，构建消费和投资相协调的扩内需方案。

1. 把恢复和扩大消费摆在扩大内需优先位置

进入新发展阶段，扩大内需仍大有可为。整个宏观政策的着力点发生了变化，从传统的投资主导向消费和投资并行的模式转变，拉动消费快速回升是推动内需回暖和经济稳步恢复的关键。而内需拉动主要来自以下两方面：第一，整体宽松的宏观政策定位会产生拉动效应；第二，社会秩序处于一个相对稳定的状态，消费会明显修复。

因此，应使宏观政策定位于着力扩大国内需求，促进消费需求和投资需求的充分释放，全面恢复财政政策的积极性，并采用与之相配套的货币政策，实现经济工作的重点向有效需求快速扩展转变。**要加大扩内需力度，特别是促消费和提升民间投资的力度，在消费和投资两端形成一个相契合的刺激政策方案。**

另外，消费的主体是人，扩大消费的关键是要让居民具备消费能力，而支撑消费能力的就是收入。经历了三年新冠疫情，许多中低收入群体的资产负债表受到比较严重的冲击，负债率达到较高水平，对扩大消费造成阻碍。所以，要把消费优先落实到位，就必须要在财政补贴、转移支付以及民生上出台相关政策，改变居民收入短期持续下滑的状况，修复中低收入群体的资产负债表，这样才便于多渠道增加居民收入，重新提振消费信心。

2. 保市场主体是稳消费和稳投资的核心前提

大部分的消费意愿来自永久性收入和未来预期，如果出现大范围的企业倒闭，失业大幅度攀升，消费一定是保不住的。因此，保消费在中国社会体系中很重要的就是保就业，而要保就业就要保市场主体。消费刺激的前提条件是市场主体稳定，保市场主体是在保供给，但同时也是在保消费。实践证明，近几年我国通过"保企业"来"保就业"的途径是有效的。

因此，要进一步加强对中小企业的减税降费，推出专门的促进政策来支持接触性服务业的复苏。目前来看，一些必要的服务业活动有所恢复，但是一些精神层面、娱乐层面的服务业恢复有待进一步加强，这方面可能需要国家有专项的启动资金来支持。此外，国有企业的融资成本偏低，导致一些国有企业进行利差套利，这些现象不利于民营企业复苏。这就要求对于中小民营企业的融资，要有针对性的扶持政策，为民营企业资产负债表的修复和企业战略布局提供各种便利。

而针对农民工和大学生就业问题，应建立专项就业基金。投资一批专门分类的以工代赈项目，落实就业优先战略。目前，这一问题是稳消费的最大难题，如果大量的农民工和年轻人失业，不仅社会问题严重，同时大规模的消费需求提振也很难启动，因为他们是边际消费倾向最高的人群。因此，建立以工代赈的项目，有利于劳动力市场的稳定，同时也能解决投资不足的问题。

3. 稳房地产是稳消费和稳投资的核心抓手

大量的消费需求是围绕着房地产行业的，如装修、家居、耐用品。稳房地产是稳消费和稳投资的重要基础，但目前一系列的政策还略显不足，特别是在稳投资方面。

整体来看，房地产销售、投资和各类与宏观经济密切相关的参数要实现整体辉煌，仅通过市场自我调节是不够的，因此就更需对房地产行业的投资在政府端进行加力。政府可以更多地进行存量盘活，更多地进行保障房建设，更多地解决中低端收入人群的住房问题，同时启动与保障性住房投资相关联的消费类刺激政策。比如，通过大量廉租房、公租房、保障性住房的供给，一方面能带动扩大投资，另一方面能使购房成本下降，让农民成功转为市民。解决住房和就业问题，有助于推动这一人群消费水平平均增长一倍以上。因此，要扩大消费，就要掌握好这个核心抓手，不能简单沿用发放购物券等老路来刺激消费。

除此之外，当前扩大居民装修的消费需求同样是一个可以考虑的方面。20世纪90年代末商品房改革以来，居民装修的周期一般在10年到12年，目前处于新一轮装修的时间节点。基于此，建议地方不宜把过多精力放在补贴汽车消费上，可以考虑对城市低收入群体，包括中等收入群体改善型住房装修，给予一定的补贴。整个家装产业链维系着建材、家具、家电等大量的行业，和房地产密切关联，可以带动多个行业的复苏。

4. 着力改善消费预期，充分激发消费潜能

消费和收入的预期来源于对未来经济形势和收入趋势的判断。目前经济运行整体好转，居民收入预期已有明显改善，要推动消费预期的进一步改善，既要充分激发消费潜能，也要从政策方面推动。

经过2023年的扩大消费措施，后疫情时代的消费修复取得了基本的成功，特别是一些必需品的消费，已经恢复到了疫情之前的水平。**消费修复要让位于消费扩张，消费扩张不能仅仅依赖于一些传统必需品的拓展，而是要充分激发消费的潜能**。消费潜能主要存在于两个方面：一是收入上的消费能力尚未变成支付能力，二是新供给创造出新需求。因此，数字消费、绿色消费、健康消费应该是消费升级、消费扩展的重点方向，还需要积极培育智能家居、文娱旅游、体育赛事、国货"潮品"等新的消费增长点。另外，还要聚焦于大宗消费，即民众在疫情冲击、资产负债表调整过程中一些消失的耐用品和大宗商品，比如新能源汽车、电子产品等，可以通过提升标准、以旧换新等措施来恢复这些消费的增长。

扩大内需应努力实现"三个倍增"[1]

张占斌
中共中央党校（国家行政学院）中国式现代化研究中心主任、国家哲学社会科学一级教授

实施扩大内需战略既是构建新发展格局的关键环节，也是推动高质量发展的重要基础，更是实现中国式现代化的必要条件。党的二十大报告强调："我们要坚持以推动高质量发展为主题，把实施扩大内需战略同深化供给侧结构性改革有机结合起来，增强国内大循环内生动力和可靠性，提升国际循环质量和水平，加快建设现代化经济体系。"2023年中央经济工作会议强调，2024年"要激发有潜能的消费，扩大有效益的投资，形成消费和投资相互促进的良性循环"。2024年《政府工作报告》提出，从增加收入、优化供给、减少限制性措施等方面综合施策，激发消费潜能。2024年中央经济工作会议把全方位扩大内需摆在首位，强调

---

[1] 本文发表于《中国经济时报》2024年4月10日第5版，收入本书时进行了补充修订。

"大力提振消费、提高投资效益,全方位扩大国内需求"。

新发展阶段实施扩大内需战略需要理顺全体人民共同富裕与中国经济持续增长的重大关系,科学把握居民收入水平和扩大内需之间的正向关系,对于构建新发展格局、推动高质量发展至关重要。根据我国经济发展的未来前景,我们提出"三个倍增"行动。"三个倍增"行动具体为:到2035年,我国城乡居民人均收入实现倍增,从2020年的32189元增长到2035年的64378元;我国中等收入群体规模实现倍增,从4亿人增长到8亿至9亿人;我国市场经营主体数量实现倍增,从2020年的1.4亿户增长到2035年的2.8亿户。实施"三个倍增"行动能够优化我国经济要素的组合力,有效激发国内消费潜能,畅通国内大循环,增强我国经济社会发展动力、活力,夯实推进中国式现代化的经济基本盘。

实现"三个倍增"对扩大内需具有战略意义

实施"三个倍增"行动,是实施扩大内需战略的必要之举,对于我国经济持续发展、加快发展新质生产力具有重大战略意义。

一是实施"三个倍增"行动,是实现人民对美好生活向往的关键一步,是激发我国居民消费的重要基础。"三个倍增"行动涵盖我国城乡居民收入、中等收入群体规模等重要概念,是中国式现代化进程中实现经济持续增长的核心命题。在新发展阶段,无论是畅通国内大循环，还是更好地参与国际循环，扩大内需都是构建新发展格局的战略基点。从长远来看，消费需求是内需的基础，消费需求不扩大，内需就无法可持续地扩大。实施"三个倍增"行动能够通过增加居民人均收入和扩大中等收入群体两个层面为消费需求的扩大提供坚实支撑，有利于巩固和增强超大规模市场优势，有利于畅通国内大循环，有利于培育新形势下我国参与国际合作和竞争的新优势。

二是实施"三个倍增"行动，是缩小城乡差距的重要一步，是激发我国居民消费的必备条件。党的二十大报告强调，到2035年，"人均国内生产总值迈上新的大台阶，达到中等发达国家水平"，这实际上已经明确提出了到2035年居民收入倍增的目标。根据国家统计局的数据，2010年，我国居民人均可支配收入为12520元，到2023年已经达到39218元，增长了2.1倍左右，远远超过既定目标。如果从2020年开始计算，到2035年实现居民人均收入倍增，到那时我国居民人均可支配收入将需要达到64378元，年均名义增速需要略超4.7%。随着居民收入增长和经济增长的同步性越来越强，完全有可能利用15年时间实现居民人均收入倍增目标。**我国城乡居民人均收入实现倍增，将极大地提升全国农民的收入水平，激发农村消费需求；有利于进一步缩小城乡收入差距，更好引导城乡经济要素的良性流动，有效扩大城乡消费的整体需求。**

三是实施"三个倍增"行动，是坚持和发展社会主义市场经济的坚实一步，是激发我国居民消费的重要保障。"三个倍增"行动涉及我国经济发展的市场经营主体，是我国社会主义市场经济健康发展的重要基础。在建设中国式现代化的过程中，市场经营主体要参与我国经济活动中的生产、交换、分配和消费各环节。实现市场经营主体数量的倍增有利于推动和完善社会主义市场经济的大发展，提高我国居民收入水平、增强经济发展信心，为实施扩大内需战略提供重要支撑。

实施"三个倍增"行动需充分认识"三对关系"

实施"三个倍增"行动，激发居民消费需求，保障我国经济持续增长，需要充分认识三对重要关系。

首先，要充分认识"以经济建设为中心"和"以人民为中心"的辩证关系。一方面，"以经济建设为中心"是改革开放以来党对"什么是社会主义、怎样建设社会主义"这一基本问题的深刻认识。党中央基于我国当时生产力落后、商品经济不发达、人民生活水平低的客观现实作出"以经济建设为中心"的重大决策。**新发展阶段实施扩大内需战略，仍需继续聚焦"以经济建设为中心"的发力点，从"量"和"质"两方面优化我国经济发展结构，推动经济实现高质量发展。**另一方面，"以人民为中心"的发展思想是习近平经济思想的价值主线，是中国特色社会主义政治经济学的核心范畴。党中央基于新时代我国社会主要矛盾的转化，深刻回答了"新时代坚持和发展什么样的中国特色社会主义、怎样坚持和发展中国特色社会主义"这一基本问题，提出了"坚持以人民为中心的发展思想"。当前，我国仍处于并将长期处于社会主义初级阶段，经济建设仍然是全党的中心工作。**以经济建设为中心与以人民为中心是相统一的，二者都是党基于历史唯物主义对中国特色社会主义政治经济学的深刻认识。**让发展成果更多更公平惠及全体人民，是扩大内需战略的价值目标。统筹二者之间的辩证关系，能够有效激发居民消费需求，有力驳斥"中国经济见顶论""中国崩溃论"，更好畅通国内大循环。

其次，要充分认识政府和市场之间的重要关系。党的二十大报告强调，要"充分发挥市场在资源配置中的决定性作用，更好发挥政府作用"。新发展阶段，我国经济工作要运用辩证思维方式，把政府和市场的优势都充分发挥出来，通过政府和市场两方面的作用增加居民收入，增强市场经营主体活力，激发中等收入群体的消费需求，才能更有效地体现社会主义市场经济体制下实施扩大内需战略的优势。

最后，要把握好公有制经济和非公有制经济的关系。公有制经济和非公有制经济都是我国社会主义市场经济的重要组成部分，二者构成社会主义基本经济制度的重要内在因素，都关乎中国经济繁荣富强的发展大局。实施"三个倍增"行动，要继续坚持两个"毫不动摇"，深刻领悟非公有制经济的三个"没有变"，促进非公有制经济健康发展和非公有制经济人士健康成长。只有把握好二者关系，才能增强经济发展的信心，稳定居民消费心理，更好地实施扩大内需战略。

实施"三个倍增"行动需充分调动"四个积极性"

实施"三个倍增"行动，全方位扩大内需，还需要充分调动"四个积极性"。

一是要充分调动广大人民群众的积极性。促进消费是扩大内需的重要方面，是实现"三个倍增"的关键举措。**全面促进消费和实现就业增收是相互促进、相互支撑的关系，居民收入水平直接影响消费购买力。**因此，扩大消费，最根本的就是要促进就业、完善社保、优化收入分配结构，尤其是推动中低收入群体增收减负，从而提升广大群众的消费能力、消费意愿和消费层级。同时，要把扩大消费同提升人民生活品质结合起来，创新多元化消费场景，扩大服务消费，积极发展首发经济、冰雪经济、银发经济等消费新模式新业态，以高质量供给持续释放消费潜力，培育内需新的增长点。

二是要充分调动各类经营主体特别是民营企业的积极性。民营企业是智能家居、文娱旅游、体育赛事、国货"潮品"等新的消费增长点的重要创造者，也是智能网联新能源汽车、电子产品等大宗消费的供给者。**充分调动民营企业的积极性，对以实现"三个倍增"支持扩大内需战略至关重要。**要持续优化民营经济发展环境，加大对民营经济政策支持力度，强化民营经济发展法治保障，促进民营经济人士健康成长，持续营造关心、促进民营经济发展壮大的社会氛围，着力推动民营经济实现高质量发展。

三是要充分调动资本市场的积极性。一方面，要全力以赴抓好全面实行股票发行注册制改革，统筹推动提高上市公司质量和投资端改革，坚守监管主责主业，更加精准服务稳增长大局，巩固防范化解金融风险攻坚战持久战成效。另一方面，要稳步提高直接融资比重，推动培育体现高质量发展要求的上市公司群体，构建具有中国特色的估值体系，更好保护中小投资者合法权益，加快打造"治理、生态、文化"三位一体的资本市场软实力，进一步健全资本市场风险防控长效机制。通过资本市场有效监管，发挥好政府投资的带动放大效应，重点支持科技创新、新型基础设施、节能减排降碳，加强民生等经济社会薄弱领域补短板，增强股民和市场的信心，调动资本投资的积极性，培育壮大长期资本、耐心资本，多方面推动实现"三个倍增"，着力扩大内需。

四是要充分调动领导干部的积极性。一方面，要设计合理的地方政府竞争发展机制。在实施数字消费、绿色消费、健康消费促进政策上，需要优化考核机制，合理设计考核指标，加之必要的顶层牵引，地方政府竞争发展机制仍然可以发挥相应的正向引导作用，完全能够充分释放扩大内需的治理效能。另一方面，要调动地方和基层干部的积极性。在优化消费环境、加强消费者权益保护等层面上，要建立和完善激励与容错的机制，并在实践中推动标志性改革举措落地见效，缓解地方和基层的考核焦虑，切实为基层松绑减负，让"想干事、能干事、干成事"的干部有机会、有舞台、有空间。

扩大内需战略的理论逻辑、时代特征与实现路径[①]

丁任重　西南财经大学经济学院教授
李晶维　西南财经大学经济学院博士研究生
李溪铭　西南财经大学中国西部经济研究院博士研究生

新发展格局下，实施扩大内需战略是畅通国内大循环的重要条件。从理论逻辑上看，内需消费是生产的动力，是生产目的的实现，也是社会再生产过程的发展；从时代特征上看，在新时代新发展格局下，扩大内需战略是实现共同富裕的根本导向，是构建新发展格局的现实基础，是推动高质量发展的重要内容，也是建立现代化产业体系的战略支撑，更是加快科技创新的内在动力。因此，要深刻理解实施扩大内需战略的重大意义，将构建现代化产业体系、优化收入分配格局、深化体制机制改革、持续扩大对外开放作为重要突破口，深入贯彻实施扩大内需战略，促进

---

① 本文发表于《当代经济研究》2024年第12期，原标题为《新发展格局下扩大内需战略的理论逻辑、时代特征与实现路径》，收入本书时注释从略。

我国经济健康平稳可持续发展。

问题的提出

扩大内需不仅是解决新时代我国社会主要矛盾的重要抓手，也是促进经济良性循环的必然要求。一方面，居民消费需求不足是目前经济发展的突出矛盾，事实经验也表明，以消费为支撑的发展方式才能实现经济长期稳健增长，长期有效需求不足不仅会削弱经济社会的供给能力，还会引发系列社会矛盾，所以，要"形成需求牵引供给、供给创造需求的更高水平动态平衡，实现国民经济良性循环"；另一方面，在国际贸易与投资风险日益提升的当下，进出口贸易与外商投资等"外部需求"不仅波动较大且整体趋于疲软，以消费和投资为代表的"内部需求"逐渐成为拉动我国经济增长的关键力量，所以，要"增强消费对经济发展的基础性作用和投资对优化供给结构的关键作用"。以此为背景，2020年10月，党的十九届五中全会提出，"坚持扩大内需这个战略基点，加快培育完整内需体系，把实施扩大内需战略同深化供给侧结构性改革有机结合起来，以创新驱动、高质量供给引领和创造新需求"。这一战略的提出表明了我国政府高度重视扩大内需，加快构建完整内需体系，以提高人民生活水平和推动经济持续增长的决心，这为我国未来经济发展指明了方向。2021年3月，第十三届全国人民代表大会第四次会议通过的《中华人民共和国国民经济和社会发展第十四个五年规划和2035年远景目标纲要》再次强调，"必须建立扩大内需的有效制度，加快培育完整内需体系"。在此基础上，2022年12月，中共中央、国务院印发的《扩大内需战略规划纲要（2022—2035年）》明确指出，扩大内需战略是"构建以国内大循环为主体、国内国际双循环相互促进的新发展格局的必然选择，是促进我国长远发展和长治久安的战略决策"。该战略规划纲要还详细阐述了我国实施扩大内需战略的指导思想、主要目标和重点任务等。至此，**扩大内需战略被纳入我国社会主义建设的全局之中，正式成为开启我国全面建设社会主义现代化国家新征程的重要内容**。

新发展格局下，实施扩大内需战略、培育完整内需体系，不仅有助于增强我国经济的活力和竞争力，而且也能为应对国内外风险做好充足准备。为此，本文将在系统梳理扩大内需战略的理论逻辑基础上，深入分析扩大内需战略的时代特征，并全面探讨扩大内需战略的实现路径。这不仅对新时代马克思主义中国化具有十分重要的理论意义，也对新发展格局下推动我国经济健康平稳发展有着重要的现实意义。

新发展格局下扩大内需战略的理论逻辑

马克思认为，生产、分配、交换和消费是物质资料生产总过程的各个环节，生产是起点，消费是终点，分配和交换则是连接生产与消费的桥梁和纽带，而消费既是社会再生产过程的终点，也是下一轮再生产过程的起点，对社会再生产的良性循环起着决定性作用。因此，**消费不仅是生产的动力和生产目的的实现，还是社会再生产过程的发展，是物质资料生产总过程中必不可少的一个重要环节**。

1. 消费是生产的动力

"没有需要，就没有生产。"生产对象和生产工具是生产的前提和基础，消费作为生产的动力，为生产提供了必要的对象和工具，推动生产的持续进行。

一方面，消费创造出新的生产对象。"人从出现在地球舞台上的第一天起，每天都要消费"，每个人通过消费来维持自己的生存和生活需求，马克思将人的这种需要划分为生存型需要、享受型需要和发展型需要。纵观人类历史发展的演进过程，由最初的衣食住等生存型需要，到娱乐、旅游等享受型需要，再到教育、医疗等发展型需要，呈现出由低级到高级的层次性，当人的生存型需要得到满足后便产生享受型需要，享受型需要得到满足又产生发展型需要，这种需求层次变化反映在社会生产中就是物质生产向精神文化生产的转变。可见，**消费需求决定着社会生产者生产什么，社会生产对象随着消费需求的变化而变化**。正如马克思所说："消费创造出新的生产的需要，也就是创造出生产的观念上的内在动机，……消费创造出生产的动力。"也就是说，消费为生产提供主观形式上的对象，生产则将这种主观形式上的对象客观化，生产出客观存在的对象。所以，**新消费需求会创造出新生产对象，持续的消费需求为生产提供了持续的动力**。

另一方面，消费创造出新的生产工具。**消费需求不仅决定着生产者生产什么，也决定着生产者以什么方式进行生产**，"人们用以生产自己的生活资料的方式，首先取决于他们已有的和需要再生产的生活资料本身的特性"，即生产方式取决于人们对生活资料的需要。马尔萨斯（Thomas Robert Malthus）曾提出，生活资料的生产永远无法跟上人口增长对生活资料的需要，这种论述忽视了生产方式也是随着消费需求的增长而变化的。从人类对衣食需求的变化过程来看，随着需求内容的变化，人类发明了锦衣绣袄、五谷杂粮的生产工具；随着需求数量的增长，人类发展了机械化纺织技术和农业科学技术。所以，人的需求推动了生产工具的发展，**消费者对商品需求类别的变化和需求数量的增长，会使生产者不断创新和改进生产工具，提高生产效率和商品质量**。总之，消费需求不仅会衍生出新生产对象，也会使生产工具迭代改进和多样化，实现人类劳动从简单劳动到复杂劳动的转变。

2. 消费是生产目的的实现

"如果没有消费，生产就没有目的。"马克思认为，消费是生产的目的，社会性质的差异决定了不同的生产目的，资本主义私有制下的生产必然是追求剩余价值增殖，而社会主义以生产资料公有制为基础，其生产目的是满足人的需要、实现人自由而全面的发展和社会全体成员的共同富裕。

首先，人通过消费满足了自身的需要。商品的自然属性决定了商品具有使用价值，即商品能够满足人们某种需要的属性，而"使用价值只是在使用或消费中得到实现"。换句话说，生产最终要服从消费本身的内在要求，商品具有使用价值这一自然属性存在于人与物的消费与被消费的关系之中，商品只有经过消费或在消费过程中才能体现其使用价值，人们正是通过消费商品的使用价值来满足自身的需要，可以看出，社会主义下的商品生产"不仅要生产使用价值，而且要为别人生产使用价值，即生产社会的使用价值"。因此，**生产是以满足人的需要为目的的使用价值的生产，而消费则是消耗这种使用价值满足人的需要的关键手段。**

其次，人通过消费促进了自身自由而全面的发展。马克思认为，劳动是人的本质，人的生活需要劳动，劳动作为人的实践活动，其目的是维持人的生命活动，人通过劳动进行人与自然界之间、人与人之间的物质资料交换，从而维持人的生存、实现人的发展，即人需要消费物质资料以维持自身生存和发展，所以，这种物质资料消费的需要是人参与劳动的原始动机。生产作为社会劳动的一种重要表现形式，决定着一个民族和国家的存亡和发展，正如马克思所说："任何一个民族，如果停止劳动，不用说一年，就是几个星期，也要灭亡。"在社会主义社会中，人的劳动不再是获取剩余价值，而是保证人的"体力和智力获得充分的自由的发展和运用"。这主要体现在：通过劳动，人可以充分展示自己的个性和发展自己的才能；通过劳动，人可以拓宽视野和积累丰富的经验；通过劳动，人可以获得成就感和实现自我价值。所以说，社会主义生产可以激发人们各方面的积极性、自发性和创造性，充分发挥每个人的才能，促使人们不断提升能力，从而实现每个人自由而全面的发展。所以，**生产是以促进人的自由和全面发展为目的的社会劳动，而消费则是人参与劳动来获取物质资料的重要途径**。

最后，人通过消费实现了社会全体成员的共同富裕。在社会主义中，"社会生产力的发展将如此迅速，生产将以所有的人富裕为目的"，全体成员的共同富裕代表着社会生产力的高度发展，表现为社会物质财富和精神文化财富的极大积累，而"使用价值总是构成财富的物质的内容"，即社会全体成员的共同富裕表现为使用价值的极大丰富，使用价值的消耗过程就是实现全体成员共同富裕的过程。所以，**生产是以实现社会全体成员共同富裕为目的的活动，而消费则是消耗这种使用价值实现社会全体成员共同富裕的必要过程**。

3. 消费是社会再生产过程的发展

消费表现为生产的一个要素。劳动力和生产能力的再发展是社会再生产过程不可或缺的力量，消费为社会再生产活动不停地创造出劳动力，并促进社会生产能力的提升，影响着社会再生产的规模和方向，推动着社会再生产的不断拓展和升级。

一方面，消费生产着劳动力。劳动者是社会生产的主体，劳动力的生产是社会生产和再生产的重要组成部分，对社会运行与发展至关重要。**社会生产和再生产过程的不断进行，要求市场上存在着相当数量的劳动力，消费则是维持劳动者循环提供劳动力的关键所在。**其一，个人的消费可以保证劳动者"维持自己和再生产自己"，"这种生活资料的消费是为了再生产现有工人的肌肉、神经、骨骼、脑髓和生出新的工人"，即维持和再生出一定数量的可供交换的劳动力；其二，生活资料的耗费可以"保证他们不断重新出现在劳动市场上"，而这种消费则是为了促进劳动力交换的持续进行，所以说，"个人生产出一个对象和通过消费这个对象返回自身"。

另一方面，消费生产着生产的能力。"发展生产力，发展生产的能力，因而既是发展消费的能力，又是发展消费的资料"，即**消费力的发展是生产力的发展，提高消费力就是提高生产力。**这主要在于，上一循环形成的消费需求会作用于下一循环的生产结构的调整。从量上来看，消费需求数量的增加会刺激生产规模扩大，这会涉及生产线的增加、工厂的扩建等；从质上来看，消费层次的提高会刺激产业结构的升级和转型，这又会涉及科学技术的运用、产品创新、新产业的出现等。所以，消费需求对下一生产有明显的牵引作用，推动着下一轮生产能力的提升。

新发展格局下扩大内需战略的时代特征

中国式现代化不仅要满足我国人民日益增长的美好生活需要，更要在新时代新发展格局下促进我国经济高质量发展。扩大内需战略立足于满足人民日益增长的美好生活需要，致力于激发整合我国巨大的市场潜力，着眼于形成要素畅通循环的全国统一大市场，这恰恰是实现中国式现代化目标的必要路径。具体而言，贯彻实施扩大内需战略在以下五个方面对实现中国式现代化有着不可忽视的作用。

1. 扩大内需战略是实现共同富裕的根本导向

中国式现代化是人口规模巨大的现代化，更是全体人民共同富裕的现代化。马克思指出，在共产主义阶段，"社会生产力的发展将如此迅速，生产将以所有的人富裕为目的"。随着我国物质生产力水平日益提高，生产应以所有人的共同富裕为目的，因此，实现共同富裕就是实现中国式现代化的必要条件。习近平总书记指出："要坚持把增进人民福祉、促进人的全面发展、朝着共同富裕方向稳步前进作为经济发展的出发点和落脚点。"在此背景下，坚持扩大内需战略，满足人民日益增长的美好生活需要就是实现共同富裕的根本导向。一方面，扩大内需以满足人民日益增长的美好生活需要作为根本导向。人民群众是历史的创造者，是社会主义的建设者，更是决定党和国家前途命运的根本力量，习近平总书记也一再强调，"发展为了人民，这是马克思主义政治经济学的根本立场"。新时期，我国社会矛盾演化为人民日益增长的美好生活需要和不平衡不充分的发展之间的矛盾，在这一社会矛盾运动中，扩大内需战略是我国经济发展的基本支撑力，更是"满足人民日益增长的美好生活需要的必然要求"。另一方面，扩大内需以促进就业、提升收入为根本导向。就业是最大的民生，稳定的就业与充足的收入是实现共同富裕的前提。在扩大内需战略实施过程中，不断衍生的"新商品"会以"新需求"的形式带动生产端"新供给"的诞生，进而创造出"新就业"的机会，形成"新商品—新需求—新供给—新就业"的传导机制，最终提升人民收入，推动我国共同富裕目标实现。

2. 扩大内需战略是构建新发展格局的现实基础

新发展格局就是以实现中国式现代化为目的，推动生产、要素、资源在时空配置上实现高质量、高效率以及可持续的过程。为应对当前国际经济形势下日益提高的国际贸易风险与国际投资风险，2020年9月的中央财经委员会第八次会议上，习近平总书记提出："构建以国内大循环为主体、国内国际双循环相互促进的新发展格局。"在新发展格局构建过程中，以国内消费和投资为主的"内循环"是带动这一整体循环系统的关键，而扩大

内需战略就是构建新发展格局的现实基础。党的十九届五中全会指出，在新发展格局构建过程中，要"坚持扩大内需这个战略基点，加快培育完整内需体系，把实施扩大内需战略同深化供给侧结构性改革有机结合起来，以创新驱动、高质量供给引领和创造新需求"。

其一，扩大内需是构建新发展格局的现实物质基础。超大规模的国内市场是经济"内循环"高效运转的前提，我国幅员广阔、资源丰富、人口众多，这是形成超大规模市场的前提条件。但是只有在扩大内需战略引领下，将消费的基础性作用与投资的关键性作用相结合，转化成为强大的社会物质生产能力，才能不断提升我国国内市场的整体规模，形成"内循环"的现实物质基础。

其二，扩大内需是构建新发展格局的现实制度基础。习近平总书记指出，"构建新发展格局的关键在于经济循环的畅通无阻"。扩大内需战略要求我国形成统一开放、竞争有序、制度完备、治理完善的高标准市场体系，要求商品和要素在区域间、城乡间的流动更加顺畅。因此，扩大内需战略的实施就是形成新发展格局现实制度基础的过程。

3. 扩大内需战略是推动高质量发展的重要内容

党的二十大报告指出，高质量发展是全面建设社会主义现代化国家的首要任务，实现高质量发展是中国式现代化的本质要求。在新时代新发展阶段，我国综合实力得以跃升，但是劳动力成本逐渐上升、资源环境约束变大，粗放的发展方式难以继续维持我国经济长期健康发展，必须推动高质量发展，才能形成优质高效多样化的供给体系，使供求在新的水平上实现均衡，据此，习近平总书记作出"高质量发展是全面建设社会主义现代化国家的首要任务"的重要判断。在此背景下，**扩大内需、以内需升级带动供给侧升级就是高质量发展的重要内容，是推动发展方式智能化、绿色化、集约化转型的重要内容**。第一，扩大内需战略是推动发展方式智能化转型的重要内容。随着需求端高端化、个性化定制特色服务的兴起，传统的供给模式已经难以支撑消费者的个性化和品质化需求，取而代之的则是具备智能化特征的产品供给模式。第二，扩大内需战略是推动发展方式绿色化转型的重要内容。扩大内需不仅仅提升了居民的消费水平，其本质还在于提高了居民的消费质量。随着低碳绿色理念的盛行，居民绿色消费需求逐渐形成，并在需求侧推动产品供给的绿色化转型。第三，扩大内需战略是推动发展方式集约化转型的重要内容。扩大内需战略致力于形成生产、分配、流通、消费和投资再生产的全链条拓展内需体系。在此体系下，需求信号明确、供给科学精确从而极大地降低了盲目生产过程中的资源浪费，有助于我国生产方式的集约化转型。

4. 扩大内需战略是建立现代化产业体系的战略支撑

建立现代化产业体系是实现中国式现代化的应有之义。党的二十大报告指出，我国应"建设现代化产业体系。坚持把发展经济的着力点放在实体经济上，推进新型工业化，加快建设制造强国、质量强国、航天强国、交通强国、网络强国、数字中国"。我国产业体系完备，是全球唯一拥有联合国现代化产业体系门类的国家。从当前的国际国内环境出发，进一步加强我国独立完整的现代工业体系，建设现代化产业体系已是提升我国国际竞争力与抗风险能力的必然要求，也是实现中国式现代化建设的应有之义。在此背景下，**实施扩大内需战略就是以需求升级带动供给改革的重大战略支撑**。消费者需求是带动产品升级的主要动力，现代化产业体系的建立离不开需求侧的拉动作用。扩大内需战略以我国消费升级为突破口，致力于以新产品带动新的行业，新商品带动新的技术，进而形成"需求升级拉动供给改革"的局面。在此背景下，积极推动扩大内需战略就是为现代化产业体系搭建产品市场、寻找产业升级目标，是现代化产业体系的重要战略支撑。

5. 扩大内需战略是加快科技创新的内在动力

建设科技强国是扩大内需战略的关键环节。中国式现代化的关键在于科技现代化，当前世界正处于新一轮科技革命浪潮之中，在此背景下，我国应充分发挥科技创新的引领带动作用，实现从以要素驱动、投资规模驱动为主转向以创新驱动为主的发展模式。**充分发挥消费和投资在我国科技创新中的引领作用和支持作用就是扩大内需战略的应有之义。**其一，消费升级是推动生产技术革新的内在动力。当前，消费已成为我国经济增长的主要拉动力，居民消费品质和消费结构优化升级同现代科技与生产方式结合趋势日益明显。为了满足人民日益增长的美好生活需要，就务必提升产品的创新力、竞争力，提高产品的舒适感、体验感。在"产学研"三位一体模式下，以上的产品升级要求最终传导为技术革新的突出需求，进而形成我国科技创新的内在动力。其二，投资引领是推动创新成果落地的内在动力。融资投资是技术创新向产品投放过渡的重要环节。扩大内需战略要求我国以国家战略性需求为导向，优化国家创新体系整体布局，强化以国家实验室为引领的国家战略科技力量。科学项目投资、重大科技基础设施投资以及科技人才培养投资等方式加快了我国科技创新的步伐，进而形成推动我国科技创新的重要动力。

新发展格局下扩大内需战略的实现路径

扩大内需战略是以习近平同志为核心的党中央根据我国面对的新国际环境、新发展任务做出的重要选择，事关经济发展和社会民生，是我国经济发展的主要依托，是解决新时代我国社会主要矛盾的重要举措，也是应对复杂严峻外部环境的必然要求，因此，**扩大内需战略关系到全面建成社会主义现代化强国、实现第二个百年奋斗目标的完成**。如今，我国扩大内需工作已全面展开，要全面疏通经济内循环的堵点，发挥国内超大市场规模的潜力，实现从"两头在外，大进大出"转变为"内外兼顾，优进优出"的发展模式，需要从以下几方面出发，探索新发展格局下扩大内需战略的实现路径，促进经济发展的良性循环。

1. 构建现代化产业体系，开拓内需发展的动力

构建现代化产业体系是新时代扩大内需战略的关键力量。扩大内需战略的主要目标是促进经济长期增长，而现代化产业体系是一个国家实现现代化道路的物质技术基础和力量，所以，发展经济的着力点还是在于实体经济：一方面，先进制造业、数字经济、生物科技等高新技术产业的发展可以促进就业机会增加，提升居民收入水平，从而促进居民消费水平的提高，所以，现代化产业体系建设可以间接促进居民消费；另一方面，扩大内需战略不仅要释放居民的消费潜能，也要使供给能够满足居民的消费需求，包括数量和质量上的需求，即生产要满足居民多层次、多样化、多方面的物质和精神需求，而**现代化产业体系的发展不仅可以提高商品和服务的质量，也可以使商品和服务多样化**，从而满足居民多样化的消费需求。目前，我国产业体系已经覆盖联合国现代化产业体系分类中的39个大类、191个中类和525个小类，是全球唯一一个产业门类全面覆盖联合国产业门类的国家。这表明

我国工业、农业、服务业等各个领域规模巨大，具有很强的竞争优势，能够满足国内外市场的多元化、多层次需求。所以，我国应利用好产业规模优势，积极推进现代化产业体系建设。

第一，应改造提升制造业。制造业是我国国民经济的支柱产业，也是现代化产业体系建设的核心和主体，对促进经济增长、提高国际竞争力和改善人民生活水平具有重要意义。首先，要依靠汽车、光伏、造船等世界领先产业，积聚全球资金和技术，加快核心技术的创新和研发，形成先进制造业集群优势，推动制造业高端化、智能化、绿色化，由产业全球第一发展成产业链全球第一。其次，要从居民内部需求这个落脚点出发，调整生产供给结构，扩大高品质产品和服务生产，协调好各制造业之间与各生产要素之间的匹配程度，依靠创新提升制造业供给的数量和质量，满足多层次需求，实现满足居民需求的产品和服务从无到有、从有到优、从优到强的转变，改善结构性供给与需求失衡的局面，提升制造业的质量效益和核心竞争力。最后，要有序推进国内外产业转移，优化生产力布局，大力支持企业参与全球产业链、价值链分工，促进国内外产业深度融合，从而打牢现代化产业体系建设的产业基础。

第二，应培育战略性新兴产业。党的二十大报告提出，要"推动战略性新兴产业融合集群发展，构建新一代信息技术、人工智能、生物技术、新能源、新材料、高端装备、绿色环保等一批新的增长引擎"。可见，战略性新兴产业是集新技术、低耗能、高环保等特点于一体的产业，是增强新发展动能、获取未来竞争优势的关键点，对经济转向高质量发展起推动作用。所以，要打造一批具有国际竞争力的战略性新兴产业，重点扶持新能源、新材料、新技术、绿色环保等新兴产业，形成战略性新兴产业发展的集群效应，抢占全球产业竞争优势。要坚持科教兴国、人才强国战略，提高劳动者的科学文化知识水平和劳动技能水平，培养重点领域创新型人才，壮大重点领域人才队伍，促进战略性新兴产业发展的良性循环，形成现代化产业体系建设的新支柱。

第三，应繁荣发展现代服务业。要加深和拓宽现代服务业与先进制造业、现代农业融合的深度和广度，依托数字产业，赋能先进制造业在生产研发、采购销售、现代物流、售后服务等方面的延伸，发挥现代服务业与先进制造业相结合的全产业链优势；依托现代技术，带动农产品加工业发展，提高农业生产效率，加快物联网建设，降低农产品流通成本，提高农产品流通效率，拓宽现代服务产业体系建设的新途径。

2. 优化收入分配格局，释放内需发展的潜力

优化收入分配格局建设是新时代扩大内需战略的重要举措。居民收入水平直接决定了居民消费能力，习近平总书记指出，"建立和完善扩大居民消费的长效机制，使居民有稳定收入能消费、没有后顾之忧敢消费、消费环境优获得感强愿消费"，所

以，收入对消费具有支撑作用，是消费的前提条件，也是消费能力的体现。正如马克思所说，"社会消费力既不是取决于绝对的生产力，也不是取决于绝对的消费力，而是取决于以对抗性的分配关系为基础的消费力；这种分配关系，使社会上大多数人的消费缩小到只能在相当狭小的界限以内变动的最低限度"。可以看出，**社会的收入分配关系决定着社会消费能力的大小，优化社会收入分配格局，有利于提高社会消费能力**。目前，我国贫富差距过大、两极分化等民生问题突出，严重阻碍了居民消费能力的提升，因此，只有优化收入分配格局，才能有效扩大内需，释放内需发展的潜力。

第一，要强化就业优先政策，拓宽就业渠道。党的二十大报告指出，"实施就业优先战略"。一是，要扩大社会就业容量，发挥民营经济对稳就业的基础性作用，通过减税降费、简化审批手续、提供贷款担保等方式，降低民营企业的经营成本，增强其市场竞争优势，扩大就业容量。二是，要提升劳动者就业能力，提高劳动者的文化知识和劳动技能水平，相关政府部门机构应积极组织和开展针对低受教育群体的技能培训活动，确保低受教育群体能够获得适当的支持和资源，提高低受教育群体的就业能力，缓解结构性就业的矛盾。

第二，要完善收入分配制度，缩小收入差距。党的二十大报告指出，"坚持按劳分配为主体、多种分配方式并存，构建初次分配、再分配、第三次分配协调配套的制度体系"。一方面，应该提高劳动报酬在初次分配中的比重，构建可以体现知识、技术、数据等创新要素在劳动报酬中所占比例的工资机制，强化以知识、技能为导向的分配政策，保护劳动者的知识、技能劳动所得，充分发挥工资激励的作用。另一方面，应该提高低收入群体收入水平，扩大中等收入群体规模，提高最低工资标准，健全合理工资增长机制，重点关注低收入群体的收入调节效果，加强对中、低收入群体的职业培训和技能提升，提高就业竞争力。此外，还应该从医疗、教育、养老等公共服务方面对中等收入群体进行托底，防止中等收入群体再次滑入低收入群体。

第三，要健全社会保障体系，帮扶弱势群体。社会保障体系是社会的稳定器，习近平总书记强调，"要加快发展多层次、多支柱养老保险体系，健全基本养老、基本医疗保险筹资和待遇调整机制"。因此，健全社会保障体系，首先，要构建多层次的养老医疗保险制度，扩大社会保障覆盖范围，应对老龄化社会的各种挑战，确保社会各个群体能够享受到基本的社会保障。其次，要协调地区和城乡公共服务差距，使基本公共服务向落后地区、农村地区倾斜，有效促进社会公平和公正，使发展成果由全体人民共享。最后，要发挥社会救助和慈善机构的作用，弥补政府社会保障体系的不足，构建更加完善的社会保障体系。

3. 深化体制机制改革，增添内需发展的活力

深化体制机制改革是新时代扩大内需战略的关键环节。"深

化党和国家机构改革，是贯彻落实党的二十大精神的重要举措，是推进国家治理体系和治理能力现代化的集中部署。"一方面，体制机制改革可以通过提高劳动生产率、降低生产成本、优化资源配置等方式，促进经济结构的调整和优化，从而提高居民的收入水平，增强居民的消费能力。另一方面，改革还可以通过减少行政审批、放宽市场准入、优化营商环境等措施，促进全民创业、企业创新，激发市场活力，推动经济增长，进而带动内需的扩大。因此，**要坚定不移继续深化体制机制改革，提高市场活力和竞争力，增加内需发展的活力，推动我国经济社会持续健康发展。**

第一，要坚持"两个毫不动摇"，激发各类市场主体的活力、创造力和竞争力。一是要发挥国有企业的举国体制优势，推动国有企业在制造业提质升级、战略性新兴产业培育、现代服务业发展中发挥战略支撑的作用。二是要强化资产管理，盘活存量资产，优化增量资产，推动资本配置向公共服务、新兴产业、战略安全等关系国计民生的领域倾斜。三是要放宽民营经济参与市场公平竞争的条件，降低市场准入条件，简化市场准入程序，减轻企业税费负担，培育更多的民营经济主体，创造更多的就业岗位。四是要逐步解决民营企业融资难融资贵问题，为民营企业打造优质的市场竞争环境。

第二，要坚持有效市场和有为政府结合，提升政府的治理能力。一是要加强对市场信息的收集和发布，提高市场透明度，促进市场的有效运作和资源配置；要逐步放开要素市场的准入限制，促进要素资源的自由流动和优化配置，调节要素市场价格，形成全国统一的要素大市场。二是要完善市场体系基础制度，营造一流的营商环境，以北京、上海、重庆、杭州、广州、深圳等营商环境创新试点城市为先例，总结典型经验和做法，破除区域分割和地方保护等不合理限制，优化经常性涉企服务，健全开放透明、规范高效的市场主体准入和退出机制，维护公平竞争秩序，持续深化和推广营商环境创新试点改革举措，进一步改善全国整体营商环境。三是要加强市场监管力度，保护消费者的合法权益，要利用"互联网+监管"手段，形成线上线下一体化监管体系，维护市场秩序，打击假冒、伪劣、垄断等市场违法行为，促进市场主体合法经营。

4. 持续扩大对外开放，激发内需发展的扩张力

持续扩大对外开放是新时代扩大内需战略的重要部分。"要主动对接高标准国际经贸规则，扩大制度型开放，打造高水平对外开放门户，增强对国际商品和资源要素的吸引力。"高水平的对外开放不仅意味着可以大量引进优质商品和服务，也意味着国内企业可以吸引更多的外国投资和技术，促进产品质量和竞争力的提高，优化供给结构，满足居民多层次、多方面的需求，从而形成新消费形态。

第一，应该扩大优质商品和服务的进口，满足居民多样化、多层次的消费需求。优质商品和服务的进口是缓解我国社会的主要矛盾的关键举措，也是培育新消费业态的有效方式。所以，应该扩大电信、医疗、药品等服务业的对外开放，大力促进与人民生活相关的优质商品的进口，同时，应该进一步放宽外资的准入限制，简化外商投资准入负面清单，以促进更多外商对国内市场的投资。

第二，应以开放促改革，培育新产业、新消费业态、新消费模式。深层次改革是实施扩大内需战略的必然要求，也是我国实现高质量发展的必由之路。因此，要主动对接高标准国际经济贸易规则，努力营造市场化、法治化和国际化的一流营商环境，为发展新质生产力营造良好的国内国际环境；要大力引进先进科学技术，支持国内产业转型升级所需的技术、设备和零部件进口，以引进技术带动技术自主创新，加快科技自立自强发展。

中 篇

提振消费的内涵、目标和意义

以提振消费为重点全方位扩大内需[1]

王昌林

中国社会科学院副院长、党组成员

内需是经济发展的基本动力。习近平总书记指出："构建新发展格局，要坚持扩大内需这个战略基点，使生产、分配、流通、消费更多依托国内市场，形成国民经济良性循环。"党的二十届三中全会明确提出，要构建全国统一大市场，加快培育完整内需体系。2024年12月召开的中央经济工作会议对2025年经济工作作出系统部署，将"大力提振消费、提高投资效益，全方位扩大国内需求"列为九项重点任务之首。这是以习近平同志为核心的党中央科学把握国内外复杂形势作出的重大战略选择，我们要深刻学习领会、抓好贯彻落实。

---

[1] 本文发表于《求是》2025年第5期。

内需不足是当前我国经济运行面临的突出矛盾

经济发展是供给和需求相互作用的过程。一方面，劳动力、资本、技术等生产要素和制度条件，决定了经济潜在增长水平，决定着需求的对象、方式、结构和水平，新的供给可以创造新的需求；另一方面，需求又反过来引导供给，为供给提供动力，一切经济活动归根结底都是为了满足需求，没有需求，供给就无从实现。马克思主义政治经济学认为，社会再生产包括生产、分配、交换、消费四个环节，只有各环节顺畅衔接、相互促进，才能实现整个经济循环畅通运转。总供给和总需求的动态平衡是经济实现平稳健康发展的基本要求，是宏观经济调控的基本目标。"必须统筹好总供给和总需求的关系，畅通国民经济循环"，这是新时代我们党做好经济工作的一个规律性认识。

党的十八大以来，在以习近平同志为核心的党中央坚强领导下，我国坚定实施扩大内需战略，加快培育完整内需体系，把扩大内需作为加快构建新发展格局的关键着力点，内需对经济发展的支撑作用明显增强。随着近年来国内外形势深刻变化，我国经济发展中内需不足特别是消费不振的问题日益突出。2024年，我国社会消费品零售总额同比增长3.5%，比2023年回落3.7个百分点，增速大幅低于疫情前8%以上的水平。内需对经济增长贡献率为69.7%，其中最终消费支出贡献率为44.5%，较之2023年有所减弱。与此同时，尽管全国固定资产投资比上年增长3.2%，但民间投资比上年下降0.1%，连续两年下降，出现投资增速放缓、企业投资意愿偏弱等现象。**内需不足导致一些领域和行业出现供求失衡、"内卷式竞争"以及物价低位运行等问题，已经成为影响企业发展、居民就业和政府税收增长，造成国内大循环动力不足、循环不畅，制约经济稳定增长的一个主要因素。**出现这种状况，原因是多方面的。从客观因素看，房地产供求关系、人口总量和结构等发生重大变化，导致住房消费、房地产投资以及孕产等相关业态增长趋缓。这是许多发达国家都经历过的发展过程，也是我们发展中必然要经历的阶段。从政策因素看，支持教育、医疗、养老等消费的政策措施还不完善，一些领域的法律法规建设滞后，导致支撑消费升级的新供给不足。从体制因素看，我国收入分配格局还不合理，居民收入在国民收入分配中的比重、劳动报酬在初次分配中的比重仍然偏低，不同所有制、行业和群体的就业人员之间还存在不合理的收入差距，再分配制度对收入差距的调节效果不强，社会保障体系还不完善，第三次分配调节收入差距的作用有限，中低收入群体消费能力和消费意愿不足。目前我国居民消费率为40%左右，不仅远低于高收入经济体70%左右的水平，也低于56%左右的世界平均水平。这也说明我国扩大内需有着巨大潜力。

综合起来看，当前我国经济运行存在的矛盾和问题，既有需求侧的，也有供给侧的。在需求侧，从消费看，部分人群有消费意愿但支付能力不强，部分人群有一定支付能力，但因公共服务和保障水平不足而使得预防性储蓄动机强烈，潜在消费需求难以有效释放；从投资看，投资积累率较高，但缺乏较好的投资项目，大量资金进不了实体经济领域。在供给侧，矛盾主要体现为缺少原创性、颠覆性的科技创新成果，高品质、高性价比的产品和一些领域基本公共服务供给不足，供给创造需求的能力不强。对此，**必须把深化供给侧结构性改革与扩大内需结合起来，着力增强供给侧创新能力，加快补上内需特别是消费短板，形成需求牵引供给、供给创造需求的更高水平动态均衡。**

还要看到，扩大内需不仅是短期应对挑战的重要任务，而且是我国经济稳定发展的长期战略之举。习近平总书记指出，当今世界，最稀缺的资源是市场，市场资源是我国的巨大优势，必须充分利用和发挥这个优势，不断巩固和增强这个优势，形成构建新发展格局的雄厚支撑。从世界经济史看，大国经济的特征都是内需为主导的，特别是在人均国内生产总值超过1万美元后，主要经济体内需对经济增长的拉动作用平均超过70%，其中居民消费的贡献率平均超过50%。当前，世界百年未有之大变局加速演进，各国特别是世界大国围绕市场的争夺更加激烈，个别国家利用自身的市场优势动辄对别国威胁加征关税，我国面临的外部环境不确定性增加。在这样的形势下，**必须高度重视扩大内需，建设强大国内市场，有效化解外部冲击和外需下降带来的影响，使内需成为经济发展的主动力和稳定锚。**

深入认识和把握我国扩大内需的阶段性特征

当前，我国经济正处在加快转型升级步伐、奋力推进高质量发展的关键阶段，扩大内需的基础和条件发生新的重大变化，大力提振消费、提高投资效益面临新的空间和机遇。

扩大内需进入到需要更加依靠扩大消费的阶段。改革开放后，我国形成了高效的投资拉动模式，对促进工业化、城镇化快速发展，迅速提升经济实力、改善人们生活发挥了重要作用，取得了举世瞩目的成就。总体看，经过几十年高强度大规模开发建设后，目前我国大规模投资阶段已经基本完成，近年来投资效益呈下降趋势，国有土地使用权出让收入大幅下降，依靠投资稳增长的空间在减小、难度在加大。由于投资是间接需求，短期可以扩大需求，但从中长期来看，增加的是供给、扩大的是产能。而且投资的扩大往往伴随债务的增加，在地方政府普遍债务较高和企业出口压力加大的背景下，如果继续长期保持较高的投资率，必然带来总供求失衡、产能过剩等问题，进一步增加化解债务的难度。根据国际经验，当一个国家进入工业化、城镇化中后期，投资率呈现下降趋势时，经济发展就必然要转向更多以内需特别是消费需求支撑经济增长的阶段。相关研究结果表明，我国居民消费在全球的占比，不仅低于一些主要经济体居民消费的占比，而且相比我国人口数量、国内生产总值规模、资本形成总额在全球的占比也明显偏低。因此，当前必须更加重视扩大消费需求，增强消费对经济发展的基础性作用。当然，这并不意味着消费重要而投资不重要，而是提醒我们要更好地处理投资与消费之间的关系，补上消费短板是推动我国经济发展的客观要求和必然选择，投资特别是有效投资对于实现我国经济长期持续稳定发展仍然起着关键作用。

消费进入到从小康型向富裕型转变的阶段。随着我国经济发展，巨大的消费需求潜力将不断释放出来。一是传统消费仍有较大增长空间。以汽车为例，2023年我国汽车保有量为3.36亿辆，千人汽车保有量近240辆，与主要发达国家千人平均400—800辆的水平相比仍有明显差距，意味着汽车产业增长空间仍然巨大。又如，目前我国城镇居民人均居住面积超过40平方米，住房条件明显改善，但还有大量新市民需要购买住房，还有相当比例的家庭居住在需要解决加装电梯、停车、充电等难题的老旧小区，房地产刚性需求、改善性需求以及城市更新需求都蕴藏着巨大潜力。二是服务性消费将进入快速增长时期。2023年，我国居民人均服务性消费占比为45.2%，而发达国家在人均国内生产总值超过1万美元之后，服务性消费比重普遍在50%以上。今后一段时期，人民群众对高质量多样化的教育公共服务、医疗健康服务、文化旅游服务等需求将快速增长，首发经济、冰雪经济、银发经济发展潜力巨大。比如，作为美好生活重要内容的旅游业正迎来快速发展期，"90后""00后"群体成为旅游主力军，"银发族"的出游需求大幅增长。又如，截至2023年底，我国60岁及以上老年人口约2.97亿人，占总人口的21.1%，其中，80岁及以上高龄老年人口近4000万人，失能老人超过3000万人，老年人口的增加将对适老化改造、机构养老、社区居家养老、家政服务等提出巨大的需求。三是新型消费将不断拓展消费空间。近年来，以智能家电、新能源汽车、直播电商、即时零售等为代表的新型消费产品和业态快速发展，为消费增长注入了强劲动力。**未来一段时期，人工智能、生物医药、商业航天等深入发展，将深刻改变人们的生活方式，进一步激发人们的消费潜能。**

投资进入到优化投资方向、提高投资效益的阶段。推进新型工业化、新型城镇化、农业现代化，满足人民群众对美好生活的需要，扩大投资仍然有巨大的空间和潜力。在基础设施建设方面，经过长期发展形成了较为完善和超大规模的基础设施网络，但与建成现代化基础设施相比还有较大差距，仍存在区域性、结构性、功能性短板，需要加大对水利、城市地下管网等方面的投资。在科技创新和制造业投资方面，推进科技强国建设，发展新质生产力，推进产业转型升级，需要加大对关键核心技术攻关、产业发展数字化和绿色化转型等方面的投资。以绿色转型为例，据有关研究机构估算，要实现"双碳"目标，今后30多年每年需要投资3万亿元以上，总计将超过100万亿元。在城镇化建设方面，2023年我国常住人口城镇化率为66.2%，户籍人口城镇化率为48.3%，城镇化发展总体上进入从规模增量建设向存量提质改造、增量结构调整并重转变的阶段，进入加快推进城市更新、建设宜居韧性智慧城市的时期，城市改造提升潜力较大，新型城镇化建设具有广阔空间。国际经验表明，在城镇化率达到60%—70%的阶段，城镇化率每提升1%，将带动同期的人均资本存量增加3.5%左右。在民生投资和"投资于人"方面，目前我国在教育、医疗、养老、托育等民生领域还存在不少短板，2023年财政对教育、社保和就业、卫生健康、住房保障支出占财政支出的比重超过40%，仍低于发达国家的平均水平，未来还需切实加大对基本公共服务、保障性住房、生育支持等方面的投入。

深度挖掘扩大内需的结构性潜力

2024年中央经济工作会议对扩大内需作出了全面系统部署，明确要求，紧抓关键环节完成好2025年经济工作重点任务，针对需求不足的突出症结，着力提振内需特别是居民消费需求。我们要深入学习领会习近平总书记关于扩大内需的重要论述精神，认真贯彻落实中央经济工作会议决策部署，采取切实有力措施，着力释放我国巨大的内需潜力，扎实推动经济高质量发展，为全面建设社会主义现代化国家奠定坚实基础。

大力提振消费，推进消费提质升级。从就业、收入、社会保障等关键环节和重点领域入手，坚持分类施策，实施提振消费行动。一是大力促进高质量就业，不断提高人民群众收入水平。**稳住消费、提振消费的关键是促进高质量就业，多渠道增加人民群**

众收入。要进一步加大企业稳岗力度，促进青年人就业，提高劳动参与率。大力发展服务业，支持新业态新模式发展，不断创造新的就业岗位。二是着力保障和改善民生，提高中低收入群体的消费能力和意愿。对教育、医疗、住房、生育和社会保障等存在"后顾之忧"，是当前影响居民消费信心和意愿的重要因素。要坚持尽力而为、量力而行，把促消费与惠民生结合起来，加大财政对教育、医疗等基本公共服务的投入，加大保障性住房建设和供给，健全社会保障体系，出台生育支持政策，切实提升中低收入群体的消费能力和信心。三是增加消费供给，大力发展服务消费。要进一步优化汽车、房地产等消费政策，加力扩围消费品以旧换新，持续提升传统消费。适应消费升级的需求和趋势，扩大文化和旅游消费，增加养老育幼服务消费，提供多层次医疗健康服务，提升教育服务质量，促进群众体育消费，推动家政服务提质扩容，提高社区公共服务水平。把握以数字、绿色、健康等为特征的新型消费发展机遇，支持线上线下商品消费融合发展，培育"互联网+社会服务"新模式，发展新个体经济，大力倡导绿色低碳消费。

优化投资方向，提高投资效益。聚焦"补短板、增后劲"，充分激发民间投资动力，保持投资合理增长。一是更大力度支持"两重"建设。围绕推进国家重大战略实施和重点领域安全能力建设，统筹用好中央预算内投资、超长期特别国债、新增地方专项债等建设资金，加强横贯东西、纵贯南北的运输通道建设，完善交通、能源等跨省区重大基础设施体系，适度超前布局5G、算力、充电桩等新型基础设施建设。加大关键核心技术攻关投资，持续推进产业智能化、绿色化改造。支持创业投资发展，打造人工智能、生物制造、商业航天、低空经济等一批增长新引擎。加强现代粮食和农资仓储物流设施、战略性资源储备基地等建设。**我国民生领域蕴含很大的投资潜力，要着力促进教育、医疗、养老、托育等服务领域投资增长，实施好大规模技能提升培训行动。**二是大力促进社会投资增长。促进社会投资关键是企业投资要有利润回报、资本要能保值增值，这是资本运行的基本特征和规律。要破除市场准入壁垒，稳步扩大制度型开放，实施规范涉企执法专项行动，持续优化营商环境，大力弘扬企业家精神，维护公平竞争秩序，稳定企业投资预期，增强发展的信心。三是加强新型城镇化建设投资。落实党的二十届三中全会部署，推行由常住地登记户口提供基本公共服务制度，加快农业转移人口市民化，这既可以扩大投资，也能提振消费。要围绕建设宜居城市、韧性城市、智慧城市和绿色低碳城市，加强城镇老旧小区和城市危旧房改造，促进城镇化品质提升。

完善扩大内需体制机制，增强内需发展动力。针对制约扩大内需的卡点堵点，加快推出一批标志性改革举措。一是优化投资和消费比例关系。把"投资于物"与"投资于人"更好结合起来，健全民生领域财政支出增速快于财政支出整体增速的机制，加强民生领域投资，提升人民群众的获得感、幸福感、安全感。二是推进收入分配制度改革。围绕"提低、扩中",不断缩小收入差距,壮大中等收入群体。提高居民收入在国民收入分配中的比重,提高劳动报酬在初次分配中的比重。完善税收、社会保障、转移支付等再分配调节机制。不断完善法律法规和配套政策,支持发展公益慈善事业,充分挖掘第三次分配对分配格局的补充调节作用。三是深化投融资体制改革。科技创新、绿色转型、民生发展等投资与传统的基础设施、制造业、房地产等投资不同,对投融资模式提出了新要求,要建立政府投资支持基础性、公益性、长远性重大项目建设长效机制。做好科技金融、绿色金融、普惠金融、养老金融、数字金融五篇大文章。着力打造现代金融机构和市场体系,优化融资结构,疏通资金进入实体经济的渠道。

扩内需、稳增长、促转型[①]

王一鸣

中国国际经济交流中心副理事长、学术委员会主任

中国经济回升向好但有效需求仍然不足

2024年以来，中国经济总体呈现回升向好态势，前三季度经济增长4.8%，全年有望实现5%左右的增长。与此同时，经济运行呈现出供给强于需求、供需强弱失衡的态势。从主要指标看，高于GDP增速的指标多集中于供给端，前三季度工业增加值增长5.8%，高于GDP 4.8%的增速。工业的强劲增长在较大程度上受益于出口的拉动。以人民币计价，前三季度外贸出口增长6.2%，显著高于GDP增速。由此可见，经济增长很大程度上依赖工业和出口的驱动。而在需求端，无论是固定资产投资还是社会消费品零售总额，增速均显著低于GDP增速，分别为3.4%与3.3%。伴随全

[①] 本文根据作者2024年11月30日在中国宏观经济论坛（CMF）年度论坛（2024—2025）上的发言整理。

球贸易格局变化，尤其是美国新一届政府推行加征关税政策，我国外需和出口增速或将趋缓，工业生产也将随之受到影响，进而增大经济下行压力。

当前，经济运行中有效需求不足仍然突出，主要表现在三个方面：

一是消费需求不足更为突出。过去几年受疫情影响，社会消费品零售总额增速大致维持在4%。2024年前10个月，社会消费品零售总额增速仅为3.5%，尚未恢复到疫情前8%的水平，特别是6、7、8三个月仅增长2%、2.7%、2.1%。服务零售额在前期恢复性增长后增速放缓。与此同时，受房地产投资拖累，投资需求持续放缓，前10个月固定资产投资同比增长3.4%，比上半年回落0.5个百分点。

二是需求不足导致价格持续低迷。受价格疲弱影响，2024年前三季度GDP平减指数下降0.7%，已连续六个季度下降。**名义GDP增速走低直接影响居民收入和企业利润，形成市场主体与宏观数据的"体感温差"和"预期温差"**。同时，名义GDP增速走低加上汇率因素，还造成我国与美国以名义GDP衡量的差距明显扩大。

三是需求端走弱可能向供给端传导。需求不足导致产品销售价格回落，企业盈利空间受到挤压。2024年上半年企业盈利状况改善，而前三季度工业企业利润总额同比下降3.5%。**企业亏损面扩大，资产负债表可能出现逆向调整，扩大投资、增加生产**

的意愿将受到影响。这表明，需求端走弱的压力会逐步向供给端传导。

从更长的时间跨度看，我国经济自2012年进入"三期叠加"和经济发展新常态后，在调整中转向新的动态平衡，经济增长的主要约束因素发生变化。过去讲"新常态"，主要是指供给侧潜在增长率下降带来的经济下行，现在总需求不足正在成为经济增长的重要约束条件。疫情三年对需求侧的冲击更大，进一步强化需求不足对经济增长的约束。因此，当前中国经济可能正处在以需求不足为主要约束的阶段。

近年来特别是疫情后，需求端出现了重大调整变化，主要表现在以下三个方面：

一是房地产市场深度调整引发需求收缩。2021年房地产市场达到峰值时，商品房销售额为18.2万亿元，2023年仅为11.6万亿元。2024年前10个月，商品房销售额下降20.9%，按此推算全年销售额可能降至9.2万亿元，相比于2021年峰值，大致有9万亿元的总需求收缩。这种需求收缩效应加剧了需求因素对经济增长的约束。

二是资产负债表受损对需求产生影响。**房地产价格下降带来的资产减损，对居民部门资产负债表形成收缩效应，同时前一时期股市持续低迷影响居民财产性收入，居民消费更趋谨慎。**企业资产负债率上升，导致投资意愿和能力下降。从趋势看，资产负债表修复取决于经济基本面改善和资产价格回暖，有效需求恢复需要一个过程。

三是地方政府债务压力抑制需求扩张。2023年末，地方政府法定债务余额为40.74万亿元，较2010年末增长6.1倍。随着债务持续扩张，付息负担明显加重，部分省份利息支出占财政收入比重超过20%。隐性债务的压力持续增大，随着现金流能够覆盖的项目减少，收益率下降，债务风险加速积累。化解存量隐性债务，坚决遏制新增隐性债务，对需求扩张特别是投资扩张形成制约。

供需失衡是过去较长时期形成的主要依靠投资和出口拉动增长的发展方式带来的。在面临外部冲击和经济下行压力时，往往采取发债上项目，通过扩大投资和产能拉动经济增长，在基础设施和生产能力存在较大缺口的情况下，这种模式是十分有效的。**但随着基础设施投资空间收窄、积累的地方债务压力增大，投资的边际效率下降，这种模式拉动经济增长的效能逐步降低。**投资最终会转化为供给能力，过去制造业规模较小时可以通过扩大出口求得供需平衡，随着中国制造业占全球份额达到30%甚至更高，扩大出口面临的外部压力就会越来越大。如果不加快转变发展方式，会面临越来越多的国家采取贸易限制措施的困难，也将使外部环境更趋复杂严峻。

外部环境变化和经济运行面临的新挑战

2025年是"十四五"规划的收官之年，保持经济平稳运行意义十分重大。一揽子增量政策扭转了经济下行态势，提振了市场信心；资产市场回暖有助于修复资产负债表，改善市场预期；落实党的二十届三中全会改革举措，构建高水平社会主义市场经济体制，有利于增强经济增长内生动力。与此同时，2025年的中国经济也面临新的挑战。

第一，特朗普政府新一轮贸易战带来的不确定性。目前，特朗普政府加征关税的方式、时间、范围，以及持续时间仍存在不确定性。特朗普最近提出对中国商品加征10%关税，与原先提出的加征60%关税和取消我国最惠国待遇是何关系仍不清晰。这些变数均可能对中国经济和贸易增长产生影响。考虑到特朗普政府中持鹰派立场的内阁成员可能加大对中国的施压力度，不仅限于贸易领域，还可能扩展到科技和金融领域。因此，2025年外部环境将面临较大的不确定性。

第二，出口增幅回落叠加内需低迷可能增大经济压力。2024年前三季度，外贸出口较快增长促进了工业和经济增长，净出口对经济增长的贡献率高达23.8%。若2025年特朗普政府实施加征关税措施，中国对美国的出口将明显下降。即使考虑中国产品的价格竞争力、潜在的人民币贬值，以及对非美市场的出口增长，外贸出口的增速仍将下降。如果消费和投资需求持续低迷，三大需求压力就会形成叠加效应。由此可见，**在外需不确定性增加的情况下，扩大内需变得尤为紧迫。**

第三，房地产市场深度调整的外溢效应仍可能持续。**房地产市场的深度调整是造成投资、消费、地方财政和金融信贷增速放缓的重要因素。**2024年前三季度，房地产投资拖累固定资产投资3.3个百分点。2024年以来，房地产指标下跌幅度仍然较大，10月份部分指标跌幅还在扩大，房价仍处在下行探底过程中。因此，2025年仍需关注房地产市场调整可能给消费和投资带来的外溢影响。

统筹扩内需、稳增长、促转型

2025年宏观调控仍面临艰巨任务，**要坚持稳中求进工作总基调，保持战略定力，努力办好自己的事，统筹扩内需、稳增长、促转型，以大力度宏观政策扩大国内需求，以进一步深化改革推动经济转型，以高水平开放应对外部环境不确定性，推动经济持续回升向好，确保经济社会大局稳定。**

《CMF中国宏观经济分析与预测报告（2024—2025）》提出2025年经济增长目标维持在5%左右，这既是对预期的引导，也是信心的体现。我国已确立到2035年基本实现现代化的目标，人均GDP达到中等发达国家水平，2020年至2035年这15年间年均GDP增速需达到4.72%。因此，2025年若设定5%左右的增长目标，将有助于"十四五"期间经济增速保持在5%左右，为未来完成2035年目标预留弹性空间。

1. 以大力度宏观政策扩大国内需求

面对内需不足和经济下行压力，短期需采取更大力度的宏观政策。通过更加积极的财政政策和更具支持性的货币政策，有效扩大国内需求，促进经济持续回升向好，持续推进一揽子增量政策开启的新一轮宏观调控。

积极的财政政策更加积极。积极财政政策的核心要义是对总需求有正向的拉动作用，以确保广义财政支出增速大于名义GDP增速。2024年二季度以来，广义财政收入下降导致广义财政支出未能实现预期目标，积极的财政政策效应未能充分释放。因此，2025年可能需要适度提高赤字率。2020年，因新冠疫情导致经济下行压力增大，赤字率按3.6%以上安排。2023年10月增发1万亿元国债，当年财政赤字率提升至3.8%。2025年的赤字率是否应超过3.8%，值得进一步研究。**加大政策力度的明确宣示有利于提振信心和改善预期。**同时，考虑到给全国性商业银行补充资本金，特别国债规模也可能要扩大规模。若考虑每年从地方新增专项债中安排资金8000亿元，连续五年累计置换隐性债务4万亿元，专项债规模也可适当扩大，并可扩大专项债使用范围，包括用于收储土地和存量商品房，以及支持前瞻性、战略性新兴产业发展。

支持性货币政策加大力度。保持流动性合理充裕，把促进物价合理回升作为重要考量。注重发挥利率等价格型调控工具的作用，在具备条件时，调降利率和存款准备金率。同时，进一步提升货币政策的传导效率。

2. 以进一步深化改革推动经济转型

推动经济转型，关键在于从传统的投资和出口驱动增长的模式转向"政府促进消费、消费引导投资"的新模式。消费是最终需求，扩大国内需求要以提振消费为重点。要优化财政支出结构，增加公共服务支出，以促进扩大消费。当前商品消费相对饱和，应积极扩大服务消费，放宽中高端医疗、休闲度假、养老服务等领域准入限制和价格限制，促进社会投资进入，满足中高收入群体对多样化服务消费的需求。消费主力是年轻群体，可以考虑通过生育补贴等方式激励年轻群体增加消费。加快落实党的二十届三中全会提出的"由常住地登记户口提供基本公共服务制度"，中央财政对常住地政府用于解决农业转移人口社会保险、住房保障、随迁子女教育的支出予以补助，释放近3亿农业转移人口的消费潜力。

3. 以高水平开放应对外部环境的不确定性

2025年应对外部环境的不确定性，就是要针对特朗普政府发起的新贸易战，加强政策储备，研判贸易战动向，及时有效采取应对措施。应对特朗普政府"拉起吊桥"最有效的办法，就是坚持扩大对外开放，加强与欧洲各国、日韩等国的经贸合作。同时，进一步扩大制度型开放，主动对接国际高标准经贸规制，在产权保护、产业补贴、环境标准、劳动保护、政府采购、电子商务、金融领域等实现规则、规制、管理、标准的相通相容，打造更加透明、稳定、可预期的制度环境。

扩大内需提振消费的系统化思考[①]

贾 康

中国财政科学研究院研究员、财政部原财政科学研究所所长

中央现在指导精神的表述是很清晰的："大力提振消费、提高投资效益，全方位扩大国内需求。"我认为这是在目前实施逆周期的超常规宏观调控与跨周期的供给侧结构性改革主线统筹结合而于经济工作中发力的一个总体方针。如果相关联地说到经济工作的"总基调"——"稳中求进"，后面新近中央又加上了特别有意义的四个字——"以进促稳"，那么合乎逻辑的认识，就是我国整个经济运行受到了对于现代化进程"行稳致远"的风险因素、不利因素的威胁，必须化解这种因素。这个"以进促稳"在实际工作中的具体落实，特别要首先理解"全方位扩大内需"。有媒体朋友问这个"扩大内需"为什么加上"全方位"，我说不能理解为原来我们扩大内需不是全面的，但是中央现在更

[①] 本文根据作者2025年1月11日在中信基金会专题研讨会上的发言整理，收入本书时进行了删节。

强调的"全方位",是对接到"系统集成"这个中央已反复强调的思维框架上的。所以依系统论的系统集成思考具体到扩大内需,首先应从消费、投资两大方面形成一个通盘的、有机结合在一起的认识。毋庸讳言,对这个消费和投资的关系处理是明显存在着不同的认识和观点争议的。

如果从学理到实际、实务打通来看,我觉得可首先援引中央原来强调的一个基本判断,就是"消费是基础",而"有效投资是关键"。消费作为所有经济活动的出发点和归宿,这一点是非常清楚的,因为人民群众的美好生活需要就是我们的奋斗目标,落在所有的经济活动最后要满足人民群众的最终消费,那么这作为经济活动的出发点和归宿当然就有一个基础的意义,其实也正是我们人类社会存在的原生动力——人存在,就必须有对自己这种消费需要的满足。当然随着实际的社会发展,这种物质消费还要上升到物质和精神的结合层面,还有更高层的精神追求加入进来(也是一个综合的消费,对现在文化生活等方面的因素是可以这样来理解的)。对这样的"基础"需求实际上可持续地得到满足,是说的供需的互动——需求作为原生动力所引出的看得见摸得着的创新活动,是发生在供给侧的由生产经营主体努力来提供可以使"用户体验"得到提升的有效产品和服务的供给。这就要进一步说到,供给侧的源头是什么,就是投资,而且投资一定要有效。投资的有效性带出的,是经济活动中首先表现出持续的就业,就业的比较充分,是整个社会和谐稳定最根本的支柱——我们现在强调的"就业优先"这样一个政策原则，是这一认知的实际体现。老百姓有相对充分的就业，就有从大面上来看的有所支撑的、不断形成货币支付能力的消费需求能力，即由有货币支付能力的购买力提供需求的满足这种消费活动的源头活水。消费的源头活水是投资——这就使消费与投资联结在一起了，而且这个投资的关键是要有效。容易出现无效的投资，并不能否定投资的重要性，那么引出来的诉求，实际上是千方百计提高投资有效性而尽可能减少无效投资。这个逻辑关系我觉得是很清楚的。

回到中央强调的系统集成的系统论上，我认为由以上这个思维框架引出的全面认识和要领的把握，可以引申到当下很有现实意义的"大力提振消费的基本思路和要领"这方面的探讨。

第一，我觉得在大的战略思维上，还是得强调"做大蛋糕才能分好蛋糕"，消费的提振前面一定是要有经济活力做大蛋糕这样一个可持续的态势，如果说没有这样一个做大蛋糕的发展在前面打底，后面你怎么努力，其实最后都一定会碰到让人捉襟见肘的问题。所以，基本面支撑着的发展硬道理，是非常重要的，而这个基本面靠什么？要靠作为市场主体的这些生产经营的企业，它们能够调动潜力、焕发活力，而且能够对接到所谓"耐心资本"的长期主义行为模式上。这方面作引导的预期管理非常重要，因为实话实说企业现在生产经营较普遍的反映还是有些困难与不愉快。经济学理论联系实际已经形成一种对预期的高度重视，因为人的活动是跟心理状态密切相关的，这个预期，其实是从心理学跟经济学对接起来以后可以特别强调的一个机制：**预期总体而言是有"自我强化、自我实现"的特点，普遍的预期怎么样，可能结果就会怎么样。**所以，一定要特别重视中央现在反复强调的预期管理，而预期管理在当下就不能回避很多企业仍然在喊困难，甚至在讲"躺平"的情况之下，"信心比黄金更重要"。信心从何而来？当然是综合的手段。宣传上讲唱响光明论，那有它的必要性，但更重要的我觉得是要做好实事，让市场主体感觉到经济的回暖，让"长期向好的基本趋势没有改变"这样一种官方媒体所强调的表述，在实际生活体验中可感可及。这方面要做的事情有很多，我这里主要还是从消费的角度来接着往下探讨。

我注意到北京、上海两地2024年11月消费指标发出的警示——这个信息值得高度重视。三年疫情之后不仅没有出现消费"报复性反弹"的势头，没有抚平"疤痕效应"，走到现在，却出现了两个一线带头城市的消费明显下降的现象。这还是在以旧换新政策发力的情况下——以旧换新其实提供了一些新的消费，对冲以后，总的指标却还是下降的。这个事情分析起来有很多的因素，我只是点到为止说一下，就是要重视这样已经在信息方面看到的消费总额下降问题。

原因肯定有很多值得具体分析之处，但我认为还是跟现在社会上弥漫的基本面上的信心不足有密切的关系。大家都在讲消费上要"平替"，不考虑什么升级，不考虑什么名牌了，讲实惠，什么东西能替代咱们就"平替"掉，节衣缩食一点。听到的如果是这儿也不行，那儿也不行，这是有预期上的"传染性"的。

这是第一个层次，概括起来就是**要从战略层面高度重视做大蛋糕和做好预期管理，把握住基本面的支撑**，这在思维的出发点上是值得强调的。

第二个层次，**要务实考虑消费的源头活水主要是以有效投资带出尽可能充分的就业**。这个事情我认为应该特别鲜明地把它强调起来。如果说刺激消费，或者叫作鼓励消费、引导消费，有一定的道理，但也有的学者说，你要想透了，消费是刺激得出来的吗？如果老百姓真的有收入、有钱，你不刺激他不是也有一个消费能力带出来的消费行为吗？这更有一定的道理。但是这当然也不否定在特定的阶段，要注意发力对消费怎么刺激、引导、鼓励，但还是要说，在始发环节上的有效投资形成消费能力的源头活水，我觉得这是一个十分必要、讲系统论时逻辑上环环相扣而从做大蛋糕着眼之后就首先要强调的事情。我后面会专门讲这个"有效投资"的认识，勾画一下现在我国政府可做的有效投资。我一直认为，中国现在政府应该做的有效投资项目"俯拾皆是"。

第三个层次，当然**政府必须对社会给出明确的信号：我们是注意扶助弱势群体的**，这叫"社会政策托底"。做大蛋糕，增加就业，同时不否认社会上必然还有一些弱势群体，他们的消费主要靠什么呢？低保、抚恤、救济。低保标准是不是可以适时提高？该做的抚恤、救济是不是可以做得更加及时到位？而且要有合理的社会上听起来能够使大家感到政府带来温度的那种案例。

第四个层次，就是**还要配上使大众解除消费"后顾之忧"的社保体系和基本公共服务均等化水平方面的提升**。社保体系在我们过去所说的一系列要领上面，涉及基本养老、基本住房、基本医疗的保障，子女就学接受义务教育，还有高校里的助学金提高标准，等等。这些是跟公共服务概念联系在一起的，是解除"后顾之忧"而使大家有当期收入后会以更高的边际消费倾向用于当期消费的配套条件。基本公共服务均等化在中国说了很多年，怎么样做得更好？在中国实际上一个很突出的问题，就是已经在城市区域稳定地工作、生活、居住的现统计上说接近3亿的这些人，仍然被称为"农民工及其家属"。这个说法其实带有荒唐意味，人家早已经脱离了"三农"，在北京等地甚至已经30多年拖儿带女过日子了，就是因为户籍进不了北京，才被这样称呼。为什么户口进不了北京？还是得承认我们发展中的公共服务有效供给水平没到那个份上。我国真实城镇化水平不能看那个常住人口城镇化率，首先要看不掺水的户籍人口城镇化率，现在还只有48%。这方面基本公共服务均等化的提升，就得配套了。一方面，要准备接纳未来还会有好几亿中国人从农村逐步迁徙到中心区域；另外一方面，要积极考虑怎么补上原来已经进城的这些农民工及其家属的"欠账"，这跟消费的提振显然是有密切关系的。

第五个层次，就是**一些商业性定位的消费信贷和保险，这方面也需要进一步的发展**，这与我国金融的多样化发展有关。另外，也要改进政策性的农贷、巨灾保险，多年前就在探讨，这跟我们整个农村人口、"三农"相关人口的消费潜力的释放也有关。

第六个层次，辅助性的消费券是可以用的。前一段时间我听说上海又发了消费券，这可能就是当地管理当局已经意识到消费方面支撑力不足而采取的对应举措。这种消费券在疫情发生时候的运用，当时我观察下来，可以称为政府和商家的合作促销，政府方面是把补贴促销以后经济景气提升所可能收到的增值税的增量，作提前预支而已，这可以说是一个合理的机制。**这种消费券在每个地方怎么用，肯定得定制化设计，没有一个可以拿来到处去套用的方案，但大体上还是这种联合促销**。它主要解决的是年轻白领、中产阶层消费潜力的引导和释放，真正的最低收入阶层，靠这种消费券也调动不了多少消费，要靠前面说到的托底的政策措施给他们保证基本消费。特别有钱的人，他可能也看不上这个消费券。但是毕竟年轻白领、中产阶层的潜力，值得以这种方式来调动。然而总体来说，它是个辅助性的举措，不能指望靠这种消费券能够带来多么大的面上的支撑作用。

还有第七个层次，我认为**阶段性的以旧换新等这种价格补贴，该用的政策还得继续用**。过去就有"家电下乡"这种可总结的经验，这次又有以旧换新的经验，多少能起些辅助性作用，虽然不是主导的作用，但是该用的还是得用。

再有一条，就是如果说到现在很多人主张的能不能考虑"直升机撒钱"，我再讲一下自己的基本观点。美国的"量化宽松"概念之下的撒钱，至少有两批，第一批听说是每个人头两千美元，第二批好像还提升了一些。美国有它特定的底气，就是美元作为全球头号硬通货，它这种自己以货币符号方式给大家撒钱带来的风险因素，是可以由全球持有美元资产的人共同承担和消化的，不会在乎美元币值摊薄对于它国内有多大的影响，所以没有明显的对风险因素上升的担心，但是其国内受到的好处是实实在在的——老百姓的消费能力当然会得到提高，管理上又特别简便，有一个人头，就发一笔钱。这个事情如果到中国来学呢，当然有人说香港、澳门，还有咱们个别的地方（多少年前东莞由时任书记主导对有东莞户籍的居民做过一次这个事）有过先例，但是如果放到全国来看，简单算一下：一个人发一千块钱是不是最低的底线？因为一个人只发几百块钱说不过去，人家美国一发两千美元，你如果发一千块钱，只合一百多美元。但一个人头一千块钱，全中国得发多少钱？1.43万亿。这在2023年破天荒的在第四季度实行预算调整方案增发1万亿国债上面，还要增加将近一半，才能在千头万绪的事情里干成这么一件事。要我看，决策层是无法下这个决心做这种事情的，这是中国面对全局的实际考虑。如果说硬着头皮做这个事情，可能有很多人叫好，但是也会有人批评：你有什么必要给身价上亿的富豪也发一笔钱？那就引出另外一个思路——应该区别对待。讲区别对待，你就得画一条线，人均可支配收入什么水平以下的人，可以得到补助，即区别之后对低端发钱。那怎么发呢？又有两种选择，发差额，这是最精确的，但算得准算不准？不发差额，低到一定的线之下，就发一笔钱，管理上这就简单了，但是这时候又会出现一个政府管理上很麻烦的事，比这个线稍微高一点的人会跟政府说起来没完：他可以说你不了解情况没算准，甚至说我有一个养父，我有一个养女你不知道，你算进来我就得领到这样一笔钱，这又很麻烦。怎么办呢？如果再退而求其次，这是我认为可以想到的合理性可能相对而言最高的，能不能借鉴美国其实一直有的"配给券"的方式，美国人叫"coupon"。我多年前在美国做访问学者的时候，就注意到超市门口有那种黑人女性，很可能是单身母亲，带着好几个小孩，推着两辆车，里面满满装着面包、牛奶、鸡蛋，撕一沓子coupon配给券作结算，这是政府粗线条认定低收入阶层（人均收入水平低到一定程度）就给你发这个券。发这个券没有调动很多人的"积极性"跟政府去争那个现金，美国人的意识上（当然还有其他一些因素），觉得不值得去争这个配给券，这个事情政府就能办得相对平稳。中国如果说真的要给更多的人发钱，我建议能考虑的，首先还是在中国能不能发这种配给券——它不能当现金使用，但是可在政府指定的有资质的商业网点去领基本的食品或者扩大到一些基本生活用品，这样副作用最小。当然也要警惕：中国有这种券，一定会出现一个黄牛市场，这时候管理办法怎么跟上？

我大概想到的，就是这么一套系统化认识。这些我认为至少都要纳入我们应该有的系统集成的系统化思考，来放到全面扩大内需中的消费问题上。

从基本思路到一些可能讨论的要领，最后落在这方面我特别强调有效投资是关键，那么最后要讲讲，这种政府现在要做的可选项目，其具体对象为什么可说"俯拾皆是"呢？我认为，在目前的这个当口上，超常规扩大内需已经出现了"双松"搭配的政策，那么可用资金最极致的情况，是超常规特别国债的50年为期。30年的效应我们已经领教到了：第一批特别国债为期30年，现在都还不用还，到2028年要还的2700亿，当年那个天文数字则只是我们整个财政支出盘子里的零点几个百分点，小菜一碟了。这个"以时间换空间"的正面效应，是非常可观的，要扩大到50年，那更是不得了。**这个腾挪空间是用我们公共部门政策工具箱里安全区的可用工具，来解决全局需要的问题**。资金来源有了，做什么样的项目呢？这时候政府该做的项目，我认为不要一竿子插到那些企业该做的生产经营概念的项目上，要坚持做政府现在说的"两重"这类国家基本的重要的安全条件建设项目、重大的基础设施项目。我想到的，首先就是这些年其实全社会都关心的怎么减灾防灾。比如前年郑州大雨，过后的大水，震动全局的不良悲剧事件；到后来一段时间，咱们又都知道北方有涿州、门头沟等地受了大雨以后的洪灾，再有2024年不断传来从南方到中部，一直到北方，哪个地方又有大雨，来了涝灾……这一系列的冲击。我们还是回到郑州这个案例上，以后怎么在减灾防灾方面积极作为？据说当地政府前面已经做了海绵城市建设，花的钱是很不少的——做海绵城市建设就是天文数字投资，但怎么没能防止出现这样一种悲剧性的事件？往未来看，没有别的选择，就得总结原来花钱的经验教训——花钱为什么没有防范那次悲剧？而未来我们还得继续把这个事情做到位——我觉得这是负责任政府唯一的选择，那么做这个选择，就是得下决心。现在有了资金来源，我们的生产要素又什么都不缺，钢材、水泥、劳动力、技术力量、管理力量、"基建狂魔"的支撑力，我们都有，就得有一个可行的方案，把这套事情落实。郑州的海绵城市建设，非得把它建到位不可。郑州如此，其他一系列受到冲击和可能受冲击的地方，无一例外。

说得直率一点，雄安新区作为千年大计已经投入天文数字的资金，把它初步建成一个新的北京城市副中心了，那以后的分洪，就必须考虑其他方向。那些海拔可能比雄安高一二十米的地方，怎么建海绵城市，怎么承担它的泄洪任务？这不是明明白白的国家战略问题、国家基本安全问题吗？这些天文数字的投资往地底下砸下去，我们的要素一样不缺，建5年、8年、10年、15年，具体多长时间，要由专家团队来研究，来搞定尽可能高水平的可执行方案。但是我作为一个研究观察者，我认为如果要建这种全中国从最关键的中心区域开始的海绵城市，一定要连带着考虑（又是系统思维）：跟着的地下综合管廊必须得建。我前些年就跟住房和城乡建设部建议，新区开发应该有标准化图纸，不按地下综合管廊设计，不许开工，但是一直听不到下这个决心。老区的地下综合管廊那没办法，慢慢想方设法去建，也是天文数字的资源砸到地底下才能建成的，但这显然跟我们现代化的高水平目标，是完全一致的。你要建海绵城市，必然要考虑地下综合管廊，建海绵城市和地下综合管廊，必然要考虑整个水系的整治，必然要考虑跟这个水系整治、国土开发相联系的中心区域的立体化的轨道交通网——像北京，中心区域是地铁，到了周边轨道交通网稀疏一些、地面更可用的地方，降低建设成本可以升到地面变成轻轨（这是纽约的经验）。还要借鉴日本的经验，中心区域的交通网是立体化的，日本东京中心区至少是三层，有些地方是四层。这个立体化的四通八达、密度足够的轨道交通网，在北京非建不可，非建到位不可，否则你没法解释为什么纽约、东京的机动车拥有率比北京高得多，人家不用限号、限行、限路，这跟我们说的中国式现代化的境界差之远矣！最根本的支撑力量，还是公共交通基础设施的有效供给能力可以使老百姓最后达到这个境界：有钱我愿意买机动车就买，买了以后主要是应急和到了周末、到了节假日往外开去享受生活。**大众买车用车跟整个社会生活之间的矛盾，是要靠公共基础设施到位来化解的。**这个事情看得非常清楚。北京如此，中国其他一大批几百万人口规模以上城市，都得解决类似的问题。国际经验就是几十万人口以上就得建地铁。我过去留学的匹兹堡，可以观察的所谓"欧洲阳台"的德累斯顿，都是几十万人口，看它们的地铁，早早就建，德累斯顿的地铁网络，比北京还密。这些都是最基本的公共工程方面必须要做的事情，是追求"正的外部性"这种"综合绩效"的例子。到中国这个事情当然不能一步走、各地都做，但是积极利用现在的机遇、利用长期资金来做，我觉得此其时矣。这个事情一定要在发改委那里破除原来的一些条条框框，什么300万人规模以上，GDP多少亿以上才能建地铁，等等。这个一刀切限制是不符合实际生活中的国际经验和我国现在的现实需要的。如果要做这些，同时又带来什么呢？你还得配套建停车场、停车位。以后要准备老百姓想买机动车就买机动车，越来越多的上班族住在郊外，早上的通勤情况，是开机动车到了政府规划好的平价停车场，存了车，马上进入轨道交通网而安全、准时、少污染、少烦恼地到达目的地。这就是社会上的"现代化高水平"境界了。我们要向这个相距很远的情况逐渐接近的话，还得要靠公共工程建设，把相关的供给能力托起来。有关部门若干年前就说全国缺5000万个以上的停车位，粗算一下，这将是多大的"内需"投资量！

至于说老旧小区改造，我觉得全中国做这个事，10年、15年可能做不完，这是该做的，是使老百姓实实在在感觉生活质量提高的惠民工程。我住的小区，10多年前入住的时候，四层楼不装电梯天经地义，现在感觉不行了，大家都希望能够装电梯。

也很简单，一个玻璃筒子装上去就行了。但是对不起，程序上过不去。为什么呢？要求有百分之多少的住户同意，这四层楼中的人，一层是肯定不同意，这就是25%的不同意了，加上二层如果有一户不同意，整个这个方案就作废。这种事情怎么办？还得以后慢慢找到社会共识，把该做的这些老旧小区改造（不一定真的已特别老旧）做出来。凡是该做的事情，应争取把它做起来。

再对接到的，一定还有我前面说到的水系改造相关的基本农田灌溉体系的升级建设，振兴乡村所需要配套的新区建设。我自己觉得政府可做的项目"俯拾皆是"——从这个着眼点来说，我这里只是说了一部分，还有专家列举了很长的清单。这些事情不敢说哪个地方都可以考虑，但是**具体一个地方辖区里面，该做的事情一定是有的，绝对不像有的人说的中国的投资已经饱和了，地方上找不到合适的投资项目了。**

这方面还得说到一个直接效益的考量问题。肯定在这方面不能完全覆盖直观的财务可行性，要说按照微观主体的成本效益分析，投资就要有回报，不少情况下对不上。这也是常有人批评政府投资效益低的原因之一，如果至少要收回投资，那么这个超长期特别国债50年为期，只要有弱的现金流，可能就解决了还本付息这个闭环，所以它就不体现为赤字。比如地下综合管廊，是要把所有的管网通通放进去的，每一个线、网的主管部门，都得向综合管廊的管理当局交年费，这是弱现金流。它的源头是哪儿呢？就是使用者付费，这是一个很清晰的机制。有地下综合管廊的这样一种弱现金流支持的50年为期做的建设运营，一般情况下，财务的闭环就做下来了。但如果做不下来怎么办呢？我觉得应该有现在已提到的一种政府基金方式，从全局出发，对特定项目适当给予一定支持。青藏铁路我不知道具体财务情况，我估计建出来到现在，投资收回还遥遥无期，依靠现在卖票、运货的收入，可能也未必能覆盖它的运营成本，但它的意义，就在于"正的外部性"，是对于国家的统一、民族的团结，整个国家安全条件建设必不可少的配套，对于抵御"藏独"、对于让西藏人民群众共享改革开放成果，它的"正的外部性"必须充分肯定。虽然这个"正的外部性"的量化，是全世界的难题，但我们知道这块东西是在那里的。综合权衡，在一定的时候能够启动这种大规模项目建设，你要说时点、方案多么精确，谁也不敢打这个包票，但碰到了那个可大体八九不离十的时机，我们就启动了青藏铁路建设，据说现又有川藏铁路建设的考虑。总体是要肯定这种投资的综合绩效，对于全局的贡献，不能因为直观的成本效益分析而全部卡住这样的项目。

此外，综合绩效考虑的还有两个视角：一是公共基础设施的超前性，比如适当超前体现为"要想富，先修路"，这是公共基础设施建设的规律，适当掌握超前量与总体算账的综合绩效水平，是息息相关的；二是政府投资对非政府企业投资和全局景气繁荣的拉动作用，经济低迷企业不敢投资的时候，政府应起的这种拉动经济回暖、引致民间投资跟进而活跃起来的正面效应，是十分重要的综合绩效组成部分。说到底，全部政府投资安排，除了项目本身弱现金流能解决的所有问题之外，可再留一个小的敞口，设有一个国家专门的基金去支持着追求这种综合绩效、"正的外部性"。我觉得对于当下"政府有效投资俯拾皆是"具体的考虑，至少有上述这样一些不能绕开的要点。

促进消费增速增量向稳向好[①]

王 微

国务院发展研究中心市场经济研究所原所长、二级研究员

2024年中央经济工作会议对2025年经济工作作出全面系统部署，强调要坚持稳中求进、以进促稳，守正创新、先立后破，系统集成、协同配合，将"大力提振消费、提高投资效益，全方位扩大国内需求"排在重点任务之首，提出包括"实施提振消费专项行动"在内的一系列政策措施，更加重视发挥消费对经济增长的拉动作用，为积极应对国内需求不足挑战提供了突破口。

消费增量新、韧性强态势明显

2024年，我国经济总体延续恢复发展态势，消费市场加快从疫后回补转向常态化稳定增长。从全年来看，消费逐步企稳向好势头显现。从1至11月经济数据看，社会消费品零售总额442723

[①] 本文发表于《经济日报》2025年1月2日第10版。

亿元，同比增长3.5%，其中9月、10月和11月同比增速逐步趋稳。进一步分析，消费增长趋稳，既得益于消费创新动能持续增强，也得益于以旧换新、主动开放、一揽子增量政策等的持续发力，这些使得消费呈现出增量向新、韧性趋强的态势。

一是服务消费成为增长新动力。近年来，我国消费结构持续升级，服务消费对消费增长乃至经济增长的贡献不断提高。2024年1至11月份，服务零售额同比增长6.4%。前三季度，全国居民人均服务性消费支出9694元，同比增长7.6%，高于居民人均消费支出增速2.0个百分点。居民服务性消费支出占居民消费支出比重为47.0%，比上年同期上升0.9个百分点。从商品消费向服务消费升级的步伐进一步加快。

二是数字消费、绿色消费活力强劲。2024年1至11月份，实物商品网上零售额118059亿元，同比增长6.8%，占社会消费品零售总额的比重为26.7%。直播电商、即时零售等新消费模式继续保持增长。11月，我国新能源汽车产销分别完成156.6万辆和151.2万辆，同比分别增长45.8%和47.4%，以其为代表的绿色消费发展正盛。

三是消费创新加快涌现。近年来，**我国消费领域创新极为活跃，新产品、新品牌、新场景、新服务、新模式加快涌现**，推动了很多新赛道新产业加快成长成熟。2024年前三季度，全国新增消费品1518.5万种。上海、北京、广州、天津、重庆等首批开展国际消费中心城市培育建设的5个城市的首店引入数量持续增加，首发经济发展活跃。特别是国潮新品成为消费创新的新增长点，得到广大消费者特别是青年消费群体的追捧。2024年"双11"期间，国产品牌销售火爆，各类具有中国文化内涵或元素的产品销量普遍提升。

四是主动开放吸引聚集新动能。我国持续优化免签入境政策和外籍入境人员支付便利化等措施，推动国际消费加快恢复。2024年1至11月，全国各口岸入境外国人2921.8万人次，同比增长86.2%；其中通过免签入境1744.6万人次，同比增长123.3%。按人均消费3500元计算，可带动消费近800亿元，全年可带动消费1000亿元。随着"大额刷卡、小额扫码、现金兜底"支付便利化措施不断推出，外籍人员消费体验也在不断提升。

五是增量政策成效显现。2024年，多项促消费政策密集发布，特别是随着一揽子增量政策出台，推动了以旧换新政策、降低存量个人住房贷款利率等措施的加快落地，对提振消费意愿、释放消费潜力发挥了重要作用。2024年，消费品以旧换新政策整体带动相关产品销售额超1万亿元。

注重发挥消费基础性作用

提振消费，既是短期稳增长的首要任务，也是中长期高质量发展的战略要求。应当看到，当前消费对经济增长的拉动作用尚不稳固。2024年前三季度，最终消费支出对经济增长贡献率为

49.9%，拉动GDP增长2.4个百分点。虽然继续发挥了支撑经济增长的基础性作用，但仍较大幅度低于2023年超过80%的贡献率，也明显低于疫情前近60%的贡献率。因此，稳定增长需要更加关注发挥消费的基础性作用，加大力度促消费。

当前，外部环境复杂性、严峻性、不确定性明显上升，消费持续扩大的基础不牢，面临居民收入增速放缓、消费信心偏弱、供求结构性矛盾依然存在等问题，消费持续扩大仍面临困难和挑战。

从中长期看，**消费是国民经济总需求的重要组成部分，是现代化国家建设、实现高质量发展的重要内生动力**。根据国际经验，进入高质量发展阶段，消费增长对经济增长的贡献将进一步稳定上升，最终消费需求对GDP的贡献率及对GDP增长的拉动作用均将超过60%。当前，我国城乡居民消费呈现提质、扩容、创新、转型等新趋势，涌现出服务消费、数字消费、绿色消费等一系列消费新增长点，首发经济、假日经济、银发经济、冰雪经济等为消费增长注入新动能。在此背景下，以政策创新推动消费创新更为重要且十分迫切，不仅可以满足人民群众对美好生活的需要，推动消费提质扩量，而且能够有效推动各产业有序连接、高效畅通，更好发挥超大规模市场优势，从而稳定市场预期，推动经济持续健康发展。

以政策创新推动消费创新

进一步激发和释放消费潜力，促进消费增速向稳、增量向好，需重视通过政策创新推动消费创新。

第一，在一揽子增量政策工具中继续加大对消费的支持力度。重点加大消费品以旧换新政策补贴资金支持力度，扩大补贴覆盖产品类别，提升补贴申领的便利度，更多支持线下实体商业和农村地区开展以旧换新活动，进一步激发家电、家装、数码产品、绿色节能产品等大宗消费品的消费潜能。

第二，以提升服务消费为重点加大对多元化生活服务业的政策支持。支持地方针对服务消费发放消费券，更好释放服务消费潜力。加大对小微服务企业的人力资源培训，特别是针对灵活用工较多的行业领域，提高从业者服务技能，稳定服务业就业规模。有序推进养老、文化、体育、医疗等服务领域进一步对社会资本开放，扩大对外开放，转变服务业监管理念和方式，简化审批流程，优化营商环境，提高监管透明度。

第三，通过合理增收减负提高消费能力。加大对中低收入群体的政策支持，促进这一群体增收减负，同时降低中等收入家庭税收负担。适当上调父母赡养、子女教育等个税专项附加抵扣标准，适当提高退休人员基本养老金，提高城乡居民基础养老金，提高城乡居民医保财政补助标准。加快完善收入合理增长机制，完善工资动态调整机制，提升技术工人、新生代农民工等群体的人力资本。

第四，多渠道增加居民收入。重点是着力稳住楼市股市。改善消费类企业上市融资的政策环境，推动更多优质科技型、生活服务类企业发行上市、并购重组等案例落地。推动稳楼市与一系列宏观政策结合，合理控制土地供给，盘活存量，加力实施城中村和危旧房改造，充分释放刚性和改善性住房需求。推动构建房地产发展新模式，有序搭建相关基础性制度。

第五，完善促消费政策和加强基础设施建设。用好专项资金、贷款贴息、以旧换新等工具，完善现代商贸流通体系，推动流通基础设施建设，加力城乡商业设施、物流配送设施以及一刻钟便民生活圈建设，优化消费环境。

第六，加快完善扩大居民消费的长效机制。**更好把握消费变革新趋势，重点清除阻碍扩大内需的各种障碍，加快完善促消费体制机制。**改进服务消费和市场零售统计调查制度，更为全面真实地反映消费市场发展情况。考虑在国家层面或首批开展国际消费中心城市培育建设的5个城市，加快建立扩大服务消费的领导机制和部门协调机制，增强商务、文旅体教、金融、宣传、科技等部门支持消费创新的政策合力。

加快构建以居民消费为主体的内需格局[①]

刘 涛

国务院发展研究中心市场经济研究所副所长、研究员

党的二十届三中全会明确提出要加快培育完整内需体系，强调要完善扩大消费长效机制，并将其作为构建高水平社会主义市场经济体制的重要内容。贯彻落实党的二十届三中全会精神，加快培育完整内需体系，必须提高居民消费在内需中的占比，着力增强居民消费能力，提升消费意愿，提高多元化商品和服务供给的适应性、创新力，营造便利、安全、放心的消费环境，推进消费基础设施系统化、智能化建设，强化促进居民消费的工作合力。

构建以居民消费为主体的内需格局十分必要和紧迫

从理论上讲，内需包括消费和投资两大组成部分，其中，消费可分为居民消费和政府消费。从世界经济发展历程看，大国

---

① 本文发表于《天津日报》2025年1月17日第9版。

经济的特征都是内需为主导，特别是人均GDP达到一定水平后，居民消费成为整个内需的主体，是拉动经济增长的主要力量。根据世界银行的数据，美国、德国、日本等8个主要发达国家在人均GDP超过1万美元时，居民消费占内需的比重平均为55.7%，在人均GDP达到2万美元时，居民消费占内需的比重平均上升至56.9%。2023年，我国人均GDP超过1.2万美元，居民消费占内需的比重仅为40%，比2019年我国人均GDP突破1万美元时提高0.5个百分点，但相比于前述主要发达国家仍然偏低。差距就是潜力，**加快构建以居民消费为主体的内需格局，是当前和今后一个时期政策发力的重要方向**。

这是构建高水平社会主义市场经济体制的重要内容。党的十八大以来，我们党对社会主义市场经济体制的认识和实践不断深化。党的十九届五中全会首次提出"构建高水平社会主义市场经济体制"，党的二十届三中全会强调"高水平社会主义市场经济体制是中国式现代化的重要保障"，其核心是要处理好政府和市场关系。通过有效市场和有为政府更好结合，创造更加公平、更有活力的市场环境，实现资源配置效率最优化和效益最大化，让更多新业态、新模式推广应用，让更高质量的商品和服务脱颖而出，不断夯实中国式现代化的物质技术基础。构建以居民消费为主体的内需格局，特别是针对文化、养老等居民消费需求旺盛的领域，厘清事业与产业边界，让政府和市场"两只手"各就其位，有利于将14亿多人口所具有的超大规模市场优势和内需潜力充分激发出来，推动构建"放得活""管得住"的高水平社会主义市场经济体制。

这是加快构建新发展格局的内在要求。习近平总书记强调，加快构建新发展格局，是立足实现第二个百年奋斗目标、统筹发展和安全作出的战略决策，是把握未来发展主动权的战略部署。**构建新发展格局关键在于经济循环的畅通无阻，要求各种生产要素的组合在生产、分配、流通、消费各环节有机衔接、循环流转。**还要看到，当前世界百年未有之大变局加速演进，局部冲突和动荡频发，大国博弈更加激烈，外需受到国际上许多不稳定、不确定因素的影响。只有构建以居民消费为主体的内需格局，把发展立足点放在国内，发挥消费对畅通国内大循环的重要引擎作用，促进各类商品和要素资源在更大范围内自由流动，并增强我国消费市场对外资的吸引力，才能以自身的稳定发展有效应对外部风险挑战，塑造参与国际循环的新优势，在日趋激烈的国际竞争中赢得战略主动。

这是更好满足人民美好生活需要的必然选择。习近平总书记指出，民之所盼，政之所向，增进民生福祉是发展的根本目的。当前，我国社会主要矛盾已经转化为人民日益增长的美好生活需要和不平衡不充分的发展之间的矛盾，人民群众期盼有更好的教育、更高水平的医疗卫生服务、更舒适的居住条件、更丰富的精神文化生活。消费作为最终需求，是人民对美好生活需要的直接体现。2024年前三季度，我国居民人均消费同比增长5.6%，其中，人均服务消费同比增长7.6%，服务消费占全部消费的比重为47%，比2023年同期提高0.9个百分点。构建以居民消费为主体的内需格局，特别是扩大发展型消费和服务型消费，有利于提升消费层次，更好满足多样化、个性化、品质化需求，让人民群众有更多、更直接、更实在的获得感和幸福感。

这是推动经济持续回升向好的迫切需要。2024年，我国经济运行总体平稳、稳中有进，但仍面临内需不足特别是消费需求不振的困难。2024年前三季度，我国消费对经济增长的贡献率为49.9%，明显低于2023年同期的水平，投资对经济增长的贡献率为26.3%，比2023年同期小幅回落。只有构建以居民消费为主体的内需格局，实施更加积极有为的宏观政策，切实增强消费拉动经济增长的主引擎作用，才能更好地巩固和增强经济回升态势，推动经济实现质的有效提升和量的合理增长。

多措并举加快构建以居民消费为主体的内需格局

适应居民消费需求变化的新特点和新趋势，综合采取有力、有效、有针对性的措施，提高居民消费在内需中的占比，推动经济持续健康发展，满足人民日益增长的美好生活需要。

着力增强居民消费能力。扩大居民消费、提高其占内需的比重，最根本的是要提高居民收入。根据国家统计局的数据，过去5年，我国居民人均工资性收入年均增长6.4%，工资性收入占可支配收入的比重平均为56%。这就需要首先促进更高质量和更充分就业。强化就业优先导向，进一步稳定就业岗位、改善就业结构，扩大服务业就业容量，发挥民营企业吸纳就业的主力军作用，完善高校毕业生、农民工等重点群体就业支持体系。优化创业促进就业政策环境，支持和规范发展新就业形态，加强灵活用工等非标准劳动关系中的劳动者权益保护。健全职工工资合理增长机制，完善各类生产要素按贡献参与分配的机制，在劳动生产率提高的同时实现劳动报酬同步增长。完善有利于提高居民消费能力的收入分配制度，增加低收入群体收入，扩大中等收入群体规模。还要看到，过去5年，我国居民人均财产净收入年均增长5.7%，增速比居民人均可支配收入低0.6个百分点。这就需要多渠道增加居民财产性收入。促进资本市场健康稳定发展，健全投资和融资相协调的资本市场功能，支持长期资金入市，提高上市公司质量，建立增强资本市场内在稳定性的长效机制，完善上市公司分红激励约束机制，健全投资者保护机制。丰富债券基金、货币基金等基金产品，规范商业银行收费行为。

提升居民消费意愿。教育、医疗、养老、育幼等公共服务支出具有明显的消费挤入效应，既能够降低居民对未来预期的不确定性，减少预防性储蓄，提高边际消费倾向，还能够减轻居民支出压力，起到增强对其他商品和服务消费能力的作用。为此，**要大力优化财政支出结构，增加基本公共服务支出，持续推进基本公共服务均等化，多元扩大普惠性非基本公共服务供给**。同时，健全社会保障体系。完善基本养老保险全国统筹制度，健全基本养老、基本医疗保险筹资和待遇合理调整机制，逐步提高城乡居民基本养老保险基础养老金，加快发展多层次、多支柱养老保险体系，扩大年金制度覆盖范围，推行个人养老金制度，发挥各类商业保险补充保障作用。推进基本医疗保险省级统筹，深化医保支付方式改革，完善大病保险和医疗救助制度，加强医保基金监管。此外，考虑到旅游、文体娱乐等服务消费还受闲暇时间的约束，要更大力度落实带薪休假制度，将带薪休假制度落实情况作为劳动监察和职工权益保障的重要内容。在保证开齐开足国家课程、完成好正常教育教学任务的前提下，制定中小学放春假或秋假的办法，引导职工家庭在适宜出行季节带薪休假。

增强多元化商品和服务供给的适应性、创新力。培育和壮大各类消费供给主体，消除所有制歧视，实行包容、审慎、有效的准入制度，取消文化、体育、医疗、教育等领域不合理和歧视性准入条件，强化公平竞争审查制度刚性，打破地域分割和市场分割。促进汽车、家电和电子产品等更新换代，增强消费体验。大力发展"商旅文体健"融合的消费业态，鼓励企业在产品设计、时尚体验等方面融入国潮元素。在率先开展国际消费中心培育建设的城市，支持开展各类特色消费节庆活动，打造多元化消费场景，积极发展免税零售业态，丰富免税品种和品牌。推进消费品和服务质量、标准、品牌建设。支持企业瞄准先进标杆，实施技术改造和流程再造，补足重点领域和关键环节的质量短板，增强企业的质量竞争动力，推广优质服务管理制度，鼓励应用创新券、培训券方式，扶持中小微企业发展，提升从业人员职业技能。进一步实施企业标准领跑者制度，加强新兴领域的标准化建设，更好引导服务创新。完善品牌保护制度，鼓励金融机构向企业提供以品牌为基础的质押贷款等。合理缩减外资准入负面清单，推动电信、互联网、教育、文化、医疗等领域有序扩大开放，对标国际高水平经贸规则，支持自贸试验区和海南自贸港、服务业扩大开放综合试点、服务贸易创新发展试点等开放平台，加大关键性政策创新试验力度。

营造便利、安全、放心的消费环境。**健全消费者权益保护部门协作机制，畅通消费者诉求渠道，强化对消费者权益的行政保护。**充分发挥消费者协会等组织维护消费者权益的积极作用，针对预付式消费、银发消费、网络购物等重点领域，加强消费者保护教育，通过公共信息服务平台和各类媒体，加强消费维权知识的普及和提供维权咨询。强化消费者权益损害法律责任，扩大适用举证责任倒置服务范围。健全公益诉讼制度，适当扩大公益诉讼主体范围。探索建立纠纷多元化解决机制，完善诉讼、仲裁与调解对接机制。加大消费者个人信息保护力度，加强消费领域信用信息采集、整合和共享，强化评价结果应用。完善多方参与的社会共治，加强与平台企业的数据合作和对接，提升监管效能。构建以服务质量为导向的动态监管机制，在坚持包容审慎原则和坚守安全质量底线的基础上，根据消费新业态和新模式的发展需要，完善必要的准入条件，消除供需双方质量信息的不对称。

推进消费基础设施系统化、智能化建设。以消费升级需求为导向，建立政府引导与市场主导相结合的投资模式，发挥财政资金引导作用，鼓励支持社会力量参与文体、旅游、健康、养老、教育等领域基础设施建设，拓宽多元化投融资渠道，提高投资质量和效益。推进5G、物联网、人工智能等新型基础设施建设，带动下游市场应用，融合部署市政、交通、能源等设施建设和改造。以都市圈为基本单位，顺应人口流动和空间演变趋势，统筹安排消费相关基础设施和公共服务设施建设。推进中西部、农村地区现代流通、信息网络、服务消费等短板领域基础设施建设，允许地方政府专项债券用于消费相关基础设施建设，用途拓展到培育"商旅文体健"融合等消费新场景。

强化促进居民消费的工作合力。促进居民消费是一项复杂的系统工程，涉及面广，除商务部门之外，还涉及多个政府部门，要密切协作联动，整合政策资源，发挥政策合力，完善涵盖商品消费、服务消费的消费领域统计指标体系，更加全面反映居民消费发展情况。推进消费税征收环节后移并稳步下划地方，提高地方促进居民消费的工作积极性。

春菜上新啦 时令尝鲜

当季限定 春菜抢先食 吃定春鲜 品味春天

红香椿
- 时令头茬 春菜尝鲜
- 春季限定 香味浓郁

春笋
- 临安当季现挖笋
- 肉厚稚嫩 清香脆爽

芦笋头
- 取自芦笋嫩尖部
- 可凉拌/香煎热炒

蚕豆
- 颗粒饱满 软糯清甜
- 吃法多样 可炒可炸

板蓝根青菜
- 产自云南 清甜鲜脆
- 特有活性成分 多维营养

盒马推荐
- 早春发芽品"椿"
- 一年45天赏味期
- 叶厚芽嫩 香味诱人

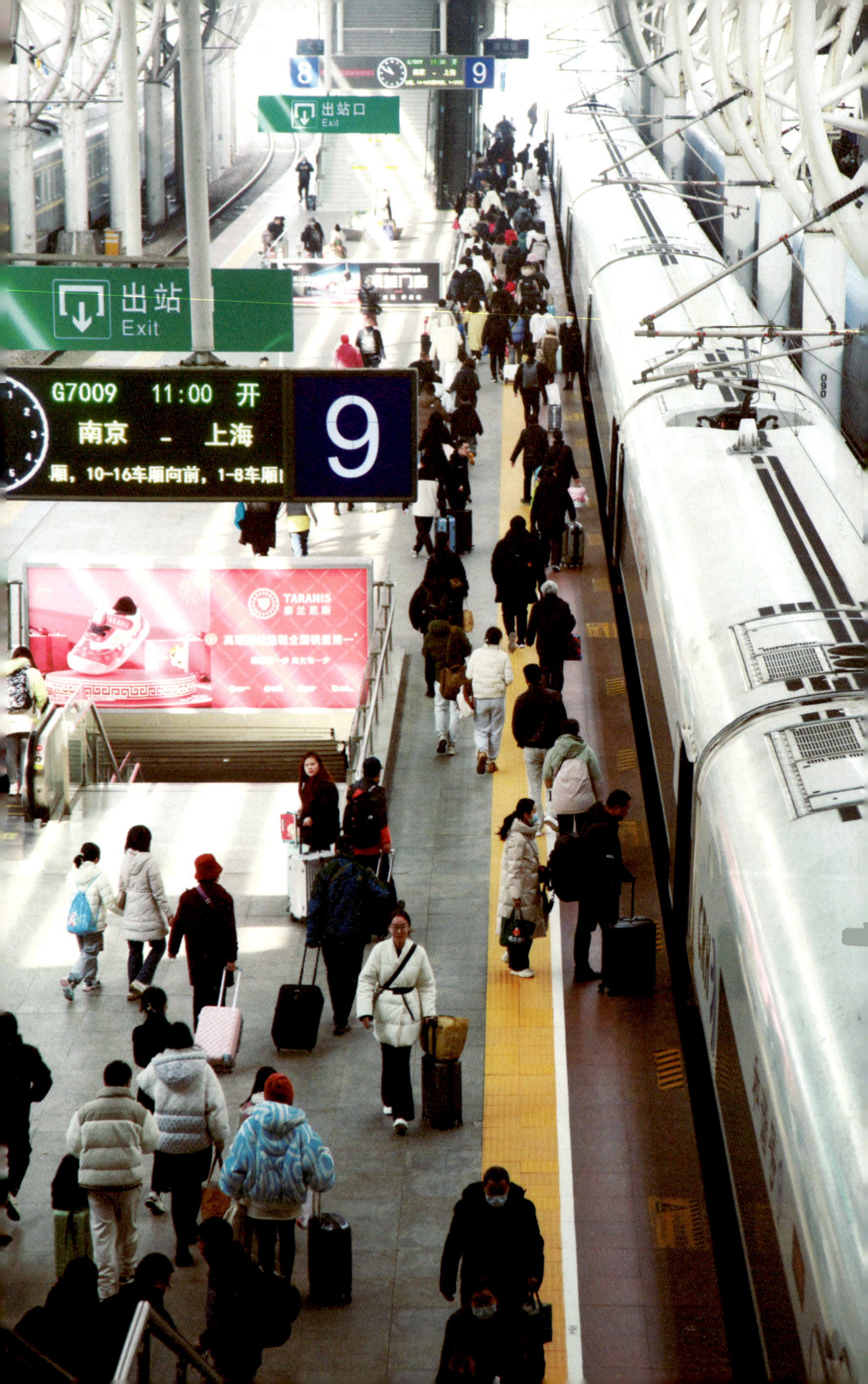

出站口
Exit
出站
Exit
G7009 11:00 开
南京 - 上海
厢，10-16车厢向前，1-8车厢
9
TARANIS

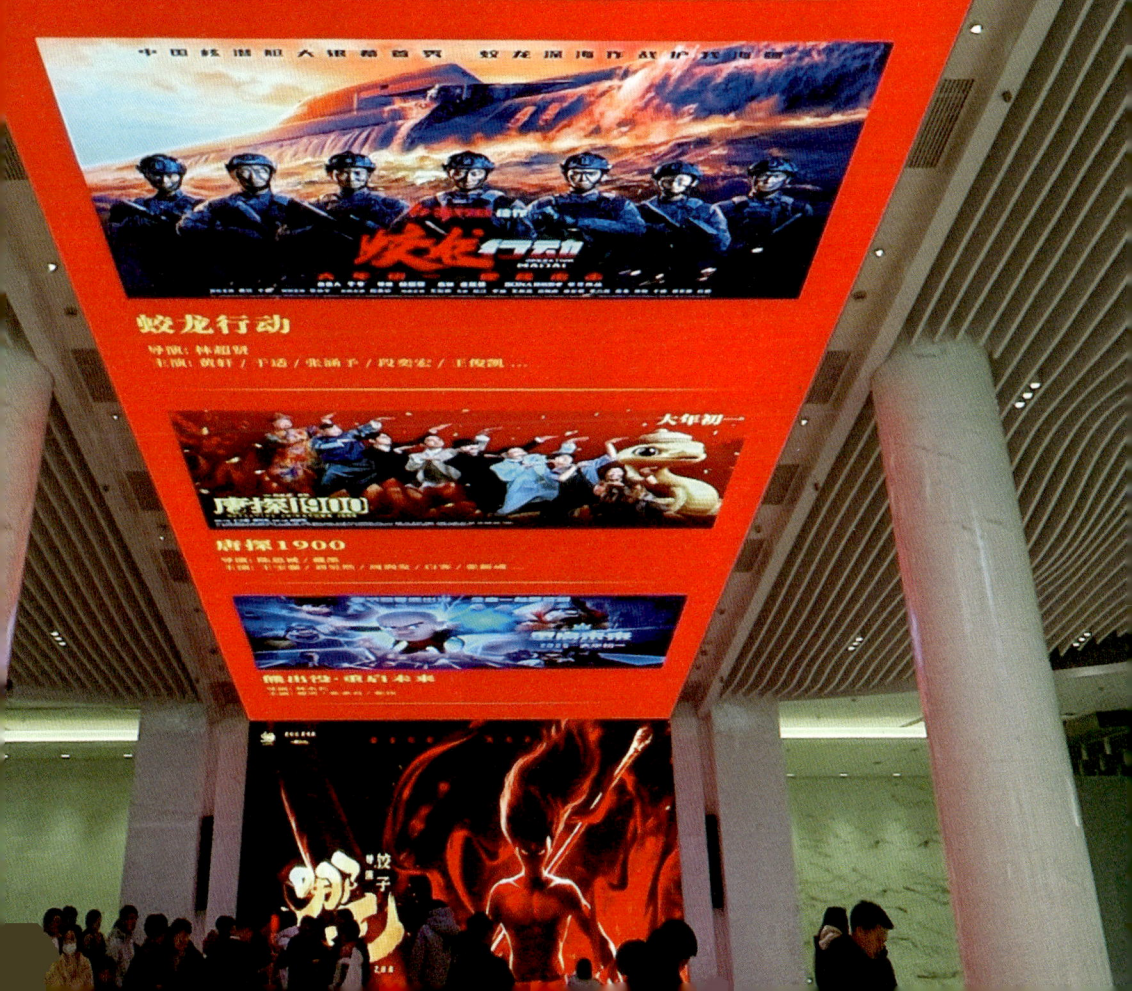

哪吒之魔童闹海
导演：饺子
主演：吕艳婷 / 囧森瑟夫 / 瀚墨 / 陈浩 / 绿绮

蛟龙行动
导演：林超贤
主演：黄轩 / 于适 / 张涵予 / 段奕宏 / 王俊凯……

唐探1900
导演：陈思诚 / 戴墨
主演：王宝强 / 刘昊然 / 周润发 / 白客 / 张新成

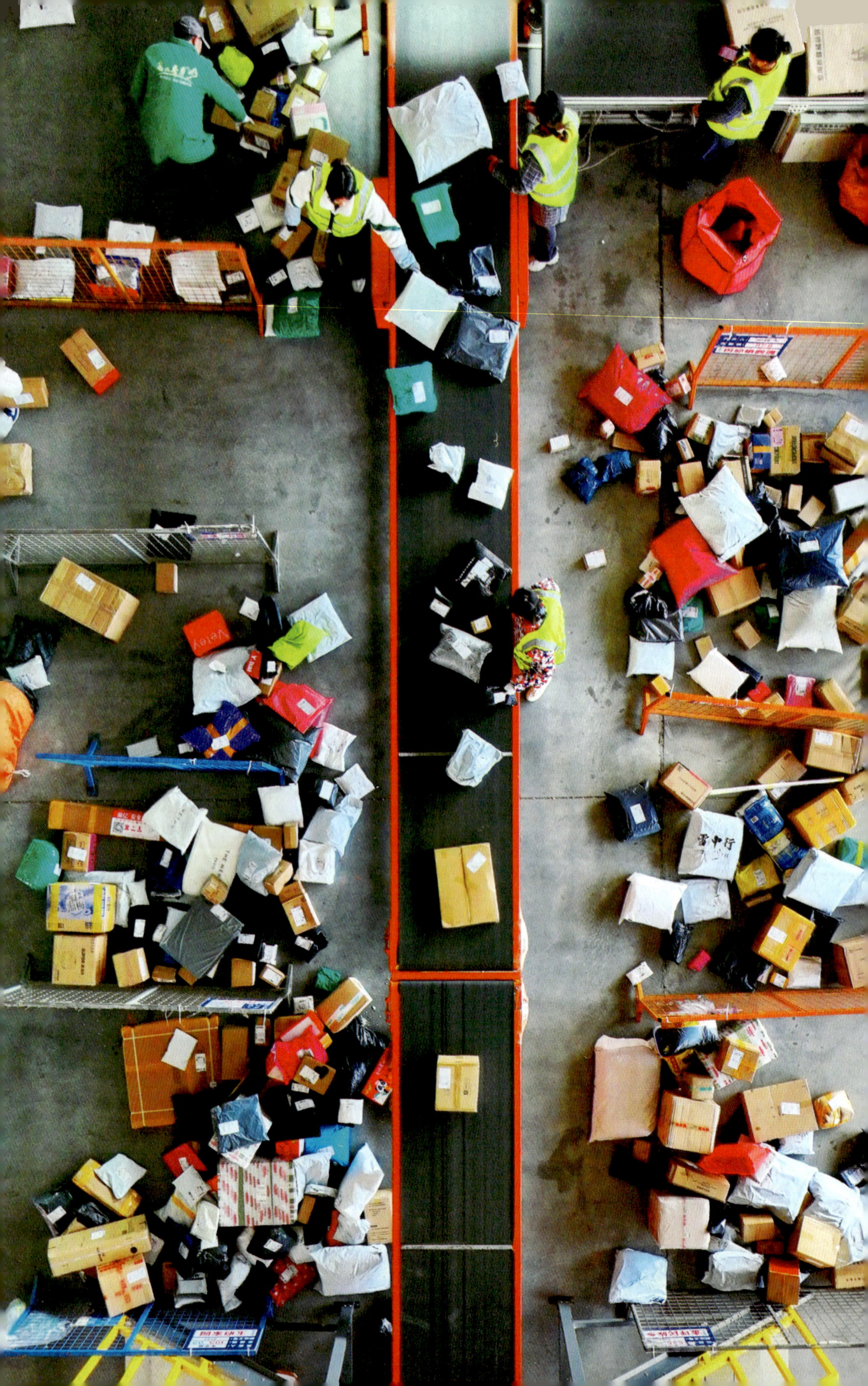
雷中行

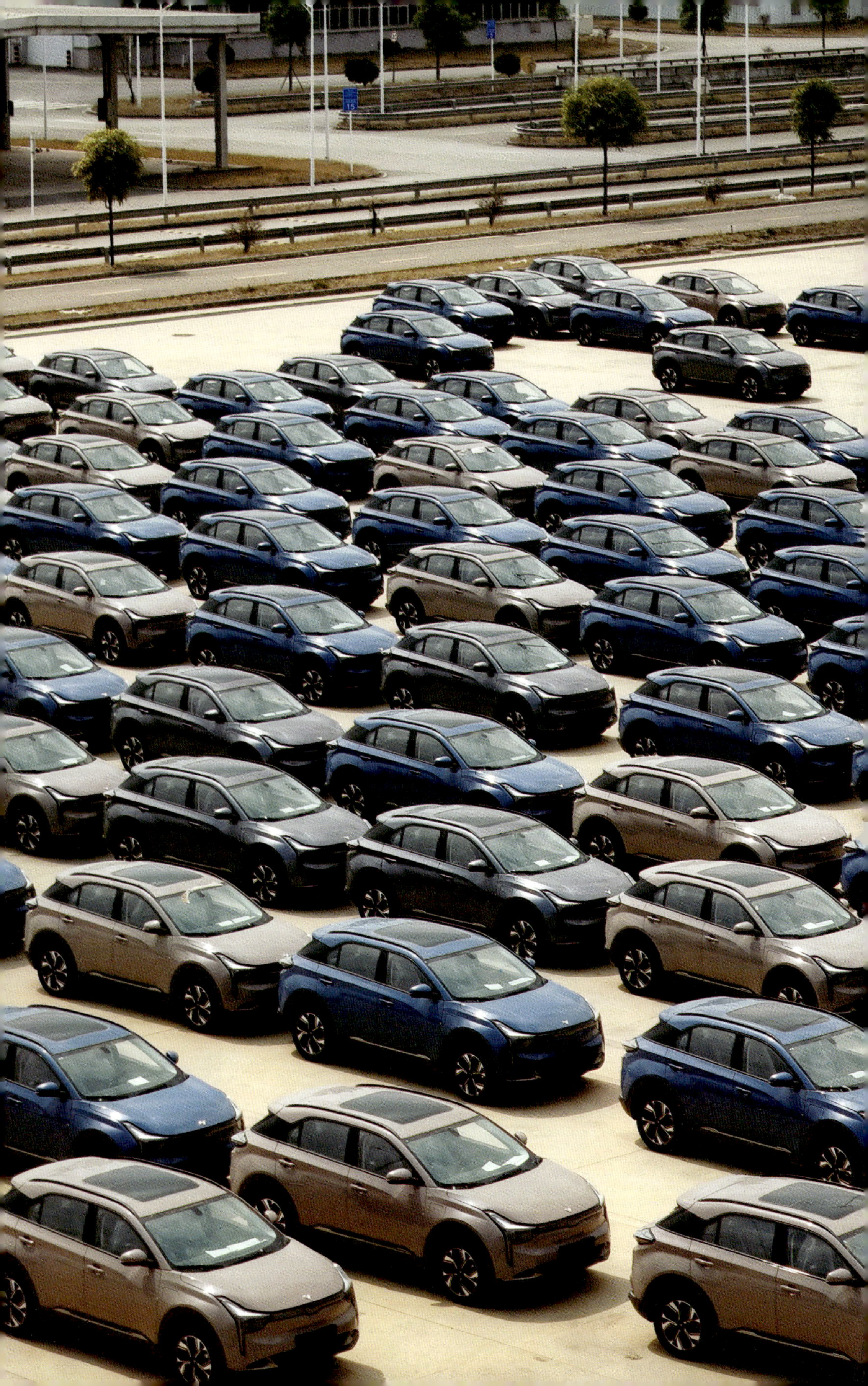

2025年银发经济展销会暨适老化产品集市

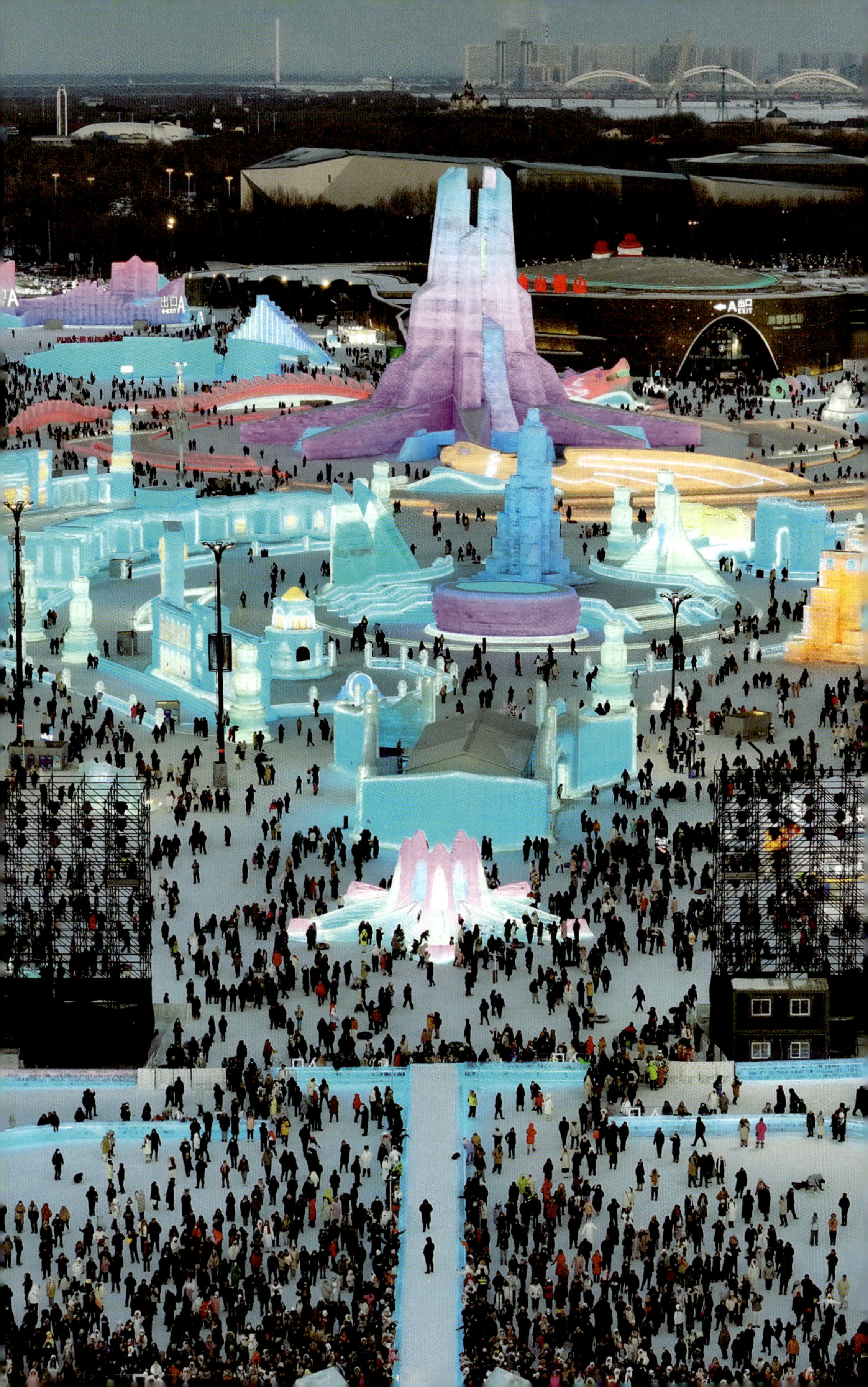
出口A
EXIT
A出口
EXIT

根芝恋
GENZHILIAN
大長沙美食城
裘记单车修理铺
大城市夜总会
大成記
风情烧烤
莎利文
鴻星海味
印象茶楼
溢香源
杨四毛
SHINING TOFU
仙境豆夫
和里美食市集
馬復勝
大長沙美食城
一家吃遍大长沙
霸串江南
美食城
铺位招商
136-8737-3332 覃先生

全方位扩大国内需求[1]

齐 昊

中国人民大学经济学院副教授

国内需求不足是当前我国经济运行面临的重要问题。2024年中央经济工作会议将"大力提振消费、提高投资效益,全方位扩大国内需求"列为2025年要抓好的九项重点任务之首,并对如何扩大国内需求作出了一系列重要决策部署。深刻领会中央经济工作会议精神,对于全方位扩大国内需求,统筹好总供给和总需求的关系,畅通国民经济循环,具有重要意义。

当前我国经济运行的主要问题之一是国内需求不足

近年来,在世界百年变局加速演进的背景下,习近平总书记多次强调扩大内需的重要性。党的二十大报告指出,"增强消费对经济发展的基础性作用和投资对优化供给结构的关键作用"。

---

[1] 本文发表于《红旗文稿》2025年第2期。

党的二十届三中全会强调，"加快培育完整内需体系"。针对经济形势的新变化，2024年中央经济工作会议指出，"我国经济运行仍面临不少困难和挑战，主要是国内需求不足，部分企业生产经营困难，群众就业增收面临压力，风险隐患仍然较多"。

国内需求不足是内外部因素综合作用的结果。从外部看，世界经济形势持续低迷，地缘政治冲突加剧，全球贸易保护主义上升，我国出口面临的外部压力加大。外需低迷直接导致出口型企业投资意愿下降，并对国内需求产生不利影响。从内部看，新旧动能之间的接续转换尚在进行中，传统产业转型升级不平衡不充分，许多产业还处于全球价值链中低端，产品附加值低，"内卷式"竞争较为突出，企业投资效益不高、投资信心不足。同时，传统发展模式依靠土地开发和债务融资拉动投资需求，在新的经济形势下已经难以为继。**投资增速的下降导致就业压力加大，劳动者收入增长放缓、收入不稳定性增强，消费能力和消费信心不足，这是导致消费不振的重要原因。**

总供给和总需求是一个对立统一的整体。在任何一个时期，经济运行的主要问题总是集中反映在供给侧方面或需求侧方面，但供给和需求都不是孤立存在的，二者相互对立，又相互联系。供给侧的问题可以转化为需求侧的问题。例如，供给过剩引发企业销售困难、效益下降，导致企业投资意愿不足。同样，需求侧的问题也可以转化为供给侧的问题。例如，消费不振导致企业投资意愿下降，制约了供给能力升级迭代。因此，**解决供需失衡问**

题，不能头痛医头、脚痛医脚，必须坚持系统思维，从供需两侧协同发力，因势利导、顺势而为，不断增强总供给和总需求的适配性和平衡性。

供需平衡是相对的，不平衡是普遍的。由平衡到不平衡再到新的平衡是事物发展的基本规律，供需关系也是如此。一个经济体由低向高发展的过程，总是伴随着供给和需求平衡、失衡、再平衡的交替。当供给小于需求时，政府通过宏观调控着力扩大供给规模、增强供给能力，满足合理需求，抑制不合理、过度的需求；当供给大于需求时，政府持续深化供给侧结构性改革，坚持有进有退、有增有减、有保有压，同时着力扩大需求。面对不断出现的供需失衡，宏观调控坚持稳中求进、以进促稳，不断实现供需的再平衡。只有经过这一过程，经济规模才能合理增长，发展质量才能有效提升。

扩大国内需求是我国长期战略之举。我国经济基础稳、优势多、韧性强、潜能大，不仅具有完整的产业体系和强大的供给能力，而且具有超大规模市场优势，能够主要依靠自己的力量和手段处理好总供给和总需求的动态平衡关系，实现国民经济的良性循环。为此，一方面要持续深化供给侧结构性改革，使供给创造和引发新的需求；另一方面要把扩大内需作为长期战略坚持下去，使内需成为拉动经济增长的主动力和稳定锚，发挥需求牵引供给、促进生产的强大作用。同时，增强我国防范化解外部冲击的能力，把经济发展的主动权牢牢掌握在自己手中。

大力提振消费、提高投资效益

2024年中央经济工作会议特别强调提振消费的重要性，提出实施提振消费专项行动。**居民消费需求不振是国内需求不足的突出症结，消费短板是当前扩大内需所要解决的重点问题。**处理好生产和消费的关系，对统筹好总供给和总需求的关系具有重要意义。在当前经济形势下，提振消费需要注意以下几个方面问题。

把促消费和惠民生结合起来。从根本上说，**提振消费是为了更好满足人民对美好生活的需要，提高人民生活水平，增强人民群众的获得感幸福感安全感。**因此，哪里有民生短板，哪里就是提振消费的重要领域。一方面，要加大保障和改善民生力度，通过财政支出增加民生方面的公共消费；另一方面，要推动中低收入群体增收减负，提升消费能力、意愿和层级。2024年中央经济工作会议提出，适当提高退休人员基本养老金，提高城乡居民基础养老金，提高城乡居民医保财政补助标准。同时，只有稳定了就业，人民群众才能增加收入和消费。中央经济工作会议提出，2025年要保持就业稳定，促进居民收入增长和经济增长同步；实施重点领域、重点行业、城乡基层和中小微企业就业支持计划，促进重点群体就业；加强灵活就业和新就业形态劳动者权益保障。

把提振消费与提高供给体系的质量和效率结合起来。生产和消费相互联系、相互促进，质量更高、价格更低、品种更多样的

产品可以激发新的消费需求，推动消费提质升级。人类历史上的历次产业革命不仅带来生产力的巨大进步，而且，伴随着产品变得更便宜，社会交往变得更频繁，培育出新的消费需求。今天，我国加快发展新质生产力，建设现代化产业体系，科技创新向产业创新加速转化，传统产业智能化改造和数字化转型持续推进，以新能源汽车为代表的智能化、低碳化消费品走进千家万户。通过供给体系质的有效提升，企业推出的高科技新产品不仅激发了新的消费需求，而且还通过智能化、服务化提升了企业的附加值率，有效促进创新型企业的成长，形成了生产和消费的良性循环。

把提振消费与创新消费方式结合起来。**创新消费方式主要是指为特定的消费人群打造消费场景，提供个性化、定制化、多样化的产品和服务，形成基于场景的新型消费。**首先，居民在健康、养老、托幼、家政等家庭生活方面存在大量异质化的需要，以前只能由居民家庭自己提供服务。为了更好满足居民家庭各类生活服务的需要，要鼓励各类经营主体面向居民所需提供多元化的服务。其次，随着人民生活水平的提高，往往对更高层次、更高质量、更加丰富多彩的文化产品产生需求。此类文化产品跨界性突出、融合性明显，能带动一系列产品和服务需求，并促进跨区域消费。为此，要促进文化旅游业发展，大力培育文化、旅游、体育、演出、数字等新型消费，特别是要充分运用虚拟现实、人工智能等新技术，提升文化产品对消费者的吸引力。再次，要积极发展首发经济、冰雪经济、银发经济，鼓励各类经营主体创造消费热点，引领消费潮流，填补市场空白，为消费市场不断注入新活力。

把提振消费与拉动投资结合起来。消费者对创新型产品的巨大需求一旦释放，就会通过乘数效应对相关创新型产业的投资产生显著的拉动作用，形成投资与消费的良性循环。在大力提振消费的同时，也要着力提高投资效益，激发投资活力。投资是内需的重要组成部分，投资与消费都要合理增长，二者不可偏废。当前我国投资领域面临的主要问题在于投资效益不高，投资信心不足。同时，我国仍然存在很大的投资空间，城市改造、危旧房改造、社会民生改善、科技创新、产业升级、绿色转型等必须通过投资才能实现。因此，必须强化目标引领，把握好投资方向，满足经济社会发展需要，以此提高投资效益。第一，要更大力度支持"两重"项目，加强财政与金融的配合，发挥好重大项目牵引和政府投资撬动作用，以政府投资有效带动社会投资，稳预期、增信心，有效激发民间投资活力。2024年"两重"项目已支持西部陆海新通道建设、东北黑土地高标准农田建设、"三北"工程建设等1465个重大项目建设，对投资起到了显著支撑作用。第二，在科技创新领域健全多层次金融服务体系，壮大耐心资本，更大力度吸引社会资本参与创业投资。科技创新转化为产业创新，可以带来广阔的投资空间。第三，在房地产领域，大力实施城市更新，加力实施城中村和危旧房改造，充分释放刚性和改善性住房需求潜力，更好满足居民住房需求。同时，持续用力推动房地产市场止跌回稳，稳定的资产价格有利于扩大内需。最后，实施降低全社会物流成本专项行动，提高企业盈利能力和投资效益。

全方位扩大内需必须实施更加积极有为的宏观政策。2024年中央经济工作会议提出，要实施更加积极的财政政策，提高财政赤字率，确保财政政策持续用力、更加给力。要实施适度宽松的货币政策，发挥好货币政策工具总量和结构双重功能，适时降准降息，保持流动性充裕。同时，会议强调，要打好政策"组合拳"，加强财政、货币、就业、产业、区域、贸易、环保、监管等政策和改革开放举措的协调配合。强有力的宏观政策彰显了党中央扩大内需的决心，各项政策系统集成、协同配合，显示出我国宏观调控的制度优势，对稳定预期、增强信心、保持经济稳定增长、保持就业及物价总体稳定意义重大。

大力提振消费　释放经济增长新动能[1]

张　鹏

中国社会科学院经济研究所经济增长研究室副主任、上市公司研究中心副主任

2024年中央经济工作会议在部署2025年重点任务时将"大力提振消费、提高投资效益，全方位扩大国内需求"置于九大任务之首，充分彰显了提振消费对全方位扩大内需具有重要的意义。一方面，虽然消费和投资都是拉动经济增长的重要力量，但消费对经济增长具有基础性和引领性作用。短期内虽然投资支出可以带来经济增长，但长期看投资支出所形成的生产能力最终还是需要消费作为支撑。只有消费不断扩大，投资才能具有价值，投资效益也才能不断提高。另一方面，随着我国经济从高速增长转向高质量发展阶段，人民日益增长的美好生活需要和不平衡不充分的发展之间的矛盾，成为社会主要矛盾。与改革开放初期物质相对短缺不同，当前人民的多样化、个性化和定制化需求日益强

---

[1] 本文发表于《河南日报》2025年1月10日第6版。

烈，只有总供给体系创造出足够丰富多元的产品和服务才能与人民的消费需求相契合，才能激发潜在的消费需求，使消费规模不断扩大的同时，消费潜力不断释放、消费结构不断升级，使居民消费在国民经济中的比例不断提高。因此，**只有大力提振消费，使消费对经济增长的基础性作用不断增强，才能引领投资方向和不断提高投资效益**，实现中央经济工作会议提出的统筹好总供给和总需求的关系，畅通以内需为主的国民经济大循环。

消费对经济增长的基础性作用不断增强

改革开放以来相当长时期，中国经济增长主要依靠投资拉动，投资驱动增长模式的合理性主要体现为中国经济高速增长中总供给持续扩大与总需求规模提高相适应，投资的有效性在国内模仿型排浪式需求扩大和外向型出口扩张中得到了保障。进入新时代以来，随着居民收入不断提高和消费结构不断升级，消费对经济增长的基础性作用不断增强，主要体现为消费逐渐成为拉动经济增长的主要驱动力，消费对经济增长的贡献越来越大。

消费取代投资逐渐成为拉动经济增长的主要驱动力。从支出法GDP构成看，最终消费支出占GDP的比重由2013年的51.4%上升到2023年的55.7%，而资本形成占GDP的比重由2013年的46.1%下降到2023年的42.1%，消费和资本占比的"一升一降"充分反映了消费对经济增长的贡献越来越大，消费驱动经济增长的作用越来越大。考虑到最终消费支出包含居民消费支出和政府消费支出，居民消费支出由2013年的212477亿元增长到2023年的493247亿元，占GDP比重也由2013年的35.6%提高到2023年的39.2%，而政府消费支出占GDP比重由2013年的15.8%上升到2023年的16.5%。可以发现，最终消费支出驱动经济增长的贡献主要来自居民消费支出增长。

另外，消费不仅是拉动经济增长的主要驱动力，还是短期平抑经济波动、调节经济周期的"压舱石"，对稳定经济增长和促进宏观调控政策见效落地至关重要。2024年以来，面对国际环境变化和内需不足的挑战，国家和各地区各部门出台了一系列促消费的政策，如推动大规模设备更新和消费品以旧换新行动和一系列促进房地产市场止跌回稳的政策措施，多举措促进消费高质量发展，消费需求潜力继续释放，基础性作用进一步增强。

消费结构不断升级，服务消费和新型消费成为消费主流。随着居民收入的稳步提高，我国居民消费已整体从注重量的满足转向追求质的提升，从模仿型排浪式的消费转向个性化、定制化和多样化消费。2024年前三季度全国居民人均可支配收入和社会消费品零售总额分别增长4.9%和3.3%。收入不断提高带动消费规模增长和结构升级，商品零售、餐饮等传统消费仍旧火爆，服务消费春潮涌动，"假日游"人头攒动，数字、绿色和健康类的一些代表性"潮品"零售增长火爆，新型商品和服务消费逐渐成为消费增长的主要驱动力。

不过，需要指出的是，消费者预期偏弱、消费者信心不足等仍是困扰全方位扩大内需的主要障碍。2024年前三季度，全国居民人均可支配收入30941元，实际同比增长4.9%，略高于国内生产总值增速。按经营单位所在地分，城镇消费品零售额同比增长3.2%，乡村消费品零售额同比增长4.4%，这反映出乡村居民消费欲望和消费意愿比较强烈。但城镇居民人均可支配收入为4.1万元，农村居民人均可支配收入为1.7万元，城乡居民收入差距仍然较大，同时城镇居民收入同比增长速度要低于GDP平均增速，反映出消费增长的核心——城镇居民收入增长乏力，无法对消费形成比较有效的支撑。其中原因之一便在于房地产市场的下探导致居民财富缩水，对未来消费预期形成掣肘，由于房地产在居民资产负债表的实物资产中占比超过70%，房价持续下跌导致居民财富减少，由此产生负财富效应，进而冲击居民消费能力和消费意愿。

发挥消费对经济增长的引领性作用

发挥消费对经济增长的引领性作用，就是要在满足人民日益增长的美好生活需要过程中，努力构建起与高品质生活需要相匹配的高质量发展体系。一方面，通过大力推动新消费，不断开拓消费新蓝海，从需求端推动产业结构升级、供给体系跃迁；另一方面，在与投资相互作用中加快培育新质生产力，使消费与投资、需求与供给同频共进，释放消费新动能和挖掘增长新支撑点。

积极挖掘消费新蓝海，推动产业结构转型升级。**随着人们收入的不断提高，消费结构升级必然撬动产业结构升级支点，带动传统产业更新换代和不断发展壮大。**很多传统消费领域，在数字经济和人工智能等新技术推动下，传统消费场景更加丰富、传统消费形式更加多样、传统消费元素更加丰富。以汽车和家电等耐用消费品为例，传统消费场景下，汽车和家电仅仅能够满足消费者对该商品的偏好和需求，而随着人工智能、5G等技术的深度应用，加载了智能化、网络化的汽车和家电不仅能满足消费者的偏好和需求，还能将消费者行为、偏好变化反馈给生产者，促进生产端产品与服务持续更新。在及时获取消费者信息的基础上不断完成产品与服务的持续迭代，这也使得传统行业在消费者更加多元化、定制化和个性化的需求带动下焕发出勃勃生机。

积极挖潜消费新蓝海，引领新兴产业和未来产业不断发展壮大，加快培育新质生产力。近年来，我国数字经济的崛起一定程度上得益于14亿人所组成的超大规模市场带来的丰富场景、多样化的需求，使得数字经济相关产业能够迈过盈利门槛并不断发展壮大。2023年我国数字经济核心产业增加值为127555亿元，其中，数字技术应用业增加值为55636亿元，占数字经济核心产业的比重最高，为43.6%。科技创新能够催生新产业、新模式、新动能，含有数字经济和人工智能等新要素的新型消费也是"三新"的代表之一，新型消费不仅延伸了产业链也衍生了新的产业，促进了新业态、新模式的产业化、规模化应用，不断提高产品附加值和促进产品迭代升级创新。

2024年中央经济工作会议提出要实施提振消费专项行动。2025年将加力扩围实施"两新"政策，把手机、平板、智能手表手环等消费品纳入到支持品类。一视同仁支持线上、线下渠道，不同所有制、不同注册地企业参与以旧换新。因此，面向消费需求，发挥消费对经济增长的引领性作用，通过植入更多的新型消费元素，更加注重生产者与消费者的互动，更加重视数字化、智能化、场景体验化等特色，挖掘潜在需求、培育新的需求，让更多具有特色的"潮品"进入消费者视野，不断丰富消费产品服务供给，不断培育新的消费增长点，以消费升级引领产业升级，推动新质生产力不断发展壮大。

不断激发消费活力、释放经济增长新动能

继续夯实消费对经济增长的基础性、引领性作用是扩大内需的关键之举，**未来要将促消费与稳就业相结合、与增收入相结合、与提高投资收益相结合，高效统筹总供给和总需求，畅通国民经济大循环。**

将促消费与稳就业相结合。将缓解结构性失业与加快经济结构调整紧密结合、与推动教育体系改革紧密结合、与完善劳动就

业制度相结合。虽然人口转型导致人口负增长时代到来，但我国蕴藏丰富的人力资本，**未来要创造条件将巨大的人力资本优势转化为智力资本，才能有效应对人口负增长冲击和促进人力资源高效利用**。就目前而言，一要大力发展新经济、新模式和新业态，促进产业结构迭代升级，以产业更新和经营主体扩容吸纳存量不断增高的青年大学毕业生等就业群体，实现青年就业与人力资本积累相互促进。二要创造条件为劳动力跨区域、跨行业和跨属性流动提供便利，充分挖掘青年劳动力流动红利。从理论和现实经验看，劳动力自由流动是实现收入提高和个人价值不断提升的重要路径，特别是青年就业群体流动性高是世界各国的普遍特征，要创造条件为青年就业减少流动障碍、降低流动摩擦，使就业搜寻过程与人力资本积累过程更加匹配。三要促进产学研一体化，推进产业、教育与科研系统紧密结合，将三者变革深度绑定，使产业瞄准前沿、教育紧随产业、科研超前发力，这是减少摩擦性失业和增强青年群体就业韧性的根本之策。

将促消费与增收入相结合。收入增长是消费不断增加的基础。由于**消费取决于长期可持续性收入，显然只有源源不断的收入增长才能将收入更多转化为消费，促进边际消费率不断提高**。2024年中央经济工作会议提出要实施提振消费专项行动，提升消费能力、意愿和层级。未来要将促消费和增收入紧密结合，特别是要为边际消费倾向较高的中低收入群体增收减负，通过加大保障和改善民生力度，实施重点领域、重点行业、城乡基层和中小微企业就业支持计划，促进重点群体就业；适当提高退休人员基本养老金，提高城乡居民基础养老金，提高城乡居民医保财政补助标准。通过上述举措逐步建立起收入增长和消费增长同步机制，让居民能消费、敢消费和愿消费。

将促消费与提高投资效益相结合。促进居民消费主要目的在于提升消费层级，使代表居民消费意愿、符合居民消费偏好和代表产业发展方向的优质产品和服务在促进消费专项行动中脱颖而出，有利于在促消费中不断提高产品和服务竞争力，促使企业在有竞争力和有市场的领域加大投资力度，不断提高投资效益。要坚持有进有退、有增有减、有保有压原则，对于落后产能、无效产能和僵尸企业要坚决淘汰。对于多数传统产业要通过植入市场化运营机制和引入智能技术和绿色技术对其进行重组、改造，使其获得新生，加力扩围实施"两新"政策，创新多元化消费场景，扩大服务消费。而对于符合新质生产力发展方向的战略性新兴产业和未来产业要加大扶持力度，加强基础研究和关键核心技术攻关，超前布局重大科技项目，开展新技术、新产品、新场景大规模应用示范行动，促进更多新技术、新产品从实验室走向商业化应用，紧随时代变化，不断满足人民日益多元化、个性化的升级需求和高端需求。

激发消费潜能　释放内需潜力[①]

任保平

南京大学数字经济与管理学院党委书记、特聘教授

2023年中央经济工作会议指出，着力扩大国内需求，"要激发有潜能的消费，扩大有效益的投资，形成消费和投资相互促进的良性循环"，同时提出要"培育壮大新型消费，大力发展数字消费、绿色消费、健康消费"。当前，我国居民消费需求已逐渐从注重数量转向追求质量，从生存型消费转向发展型和享受型消费，从以物质型消费为主转向以服务型消费为主。因此，有效激发消费潜能，充分释放内需潜力，有助于推动我国经济再上新台阶。

第一，激发数字消费潜能。构建数字消费体系，激发数字消费潜能，通过数字消费打开内需新空间，充分释放内需潜力。依托互联网、云计算、人工智能等新技术的深化应用，数字消费对满足居民生活需要、释放消费潜力和促进经济平稳健康发展发

[①] 本文发表于《中国社会科学报》2023年12月22日第2版。

挥了重要作用，已成为消费增长新空间和经济发展新动能。在顺应消费升级趋势的同时，数字消费增强了消费对经济发展的基础性作用。因此，扩大国内需求需要激发数字消费潜能。一是全面促进消费。提升传统消费，培育数字消费，发展服务消费，适当增加公共消费，开拓城乡消费市场。二是加快拓展定制消费。加快拓展定制消费、智能消费、体验消费等新兴消费领域，鼓励建设智慧商店、智慧街区、智慧商圈，增加健康、养老、医疗、文化、教育以及安全等领域消费的有效供给。三是推动基于网络平台的数字消费成长，促进传统销售和服务实现转型升级，培育网络消费、体验消费、定制消费、时尚消费、智能消费等消费新热点，加快构建"智能+"消费生态体系。

第二，激发文化消费潜能。文化消费是满足人们精神需求的消费类型之一，包括教育、文化娱乐、体育健身、旅游观光等方面。激发文化消费潜能符合新的消费趋势，有利于促进经济结构调整。一是优化文化市场，着力在供给侧发力，增加高质量文化产品和服务的有效供给，释放文化产业新动能。二是提升优质文化产品供给能力。针对文化消费市场新需求，文化供给要实现从重数量到重质量的转变，以数字化助力扩大优质文化产品供给，进而扩大文化消费总量。**重点提升优质文化产品供给能力，打造有影响力的文化消费品牌，提高文化产品质量和文化创新能力。**三是促进新型文化消费。充分利用移动互联网、云计算、物联网等新一代信息技术改造传统文化产业，打造多业态集合的文化消费新场景，催生更多优质数字文化产品和服务，推动文化产业转型升级。四是优化文化消费市场环境。完善鼓励文化消费的措施，建成一系列消费设施齐全、配套设施完备、技术先进、自成体系的文化消费场所。

第三，激发健康消费潜能。近年来，我国居民健康意识逐步提升，健康消费加快提质升级。同时，健康消费市场潜力加速释放，并成为消费市场最具活力的细分市场。面对健康消费需求个性化、品质化、多样化的发展趋势，扩大国内需求需要激发健康消费潜能。一是加快推进健康领域自主技术创新，加大健康消费相关的政府基本公共服务支持力度，培育健康消费新业态新模式。二是加快健康产品研发创新更迭，加速体育健身、健康家居、智能穿戴等新产品迭代，借助新技术、新经济等现代生产方式和经营模式，为消费者提供定制化的健康产品和服务，满足消费者的健康消费新需求。三是促进重点领域健康消费合理增长，推动健康消费水平和质量同步提升，推动健康产业结构优化调整。借助互联网优化就医体验，加强智慧医院建设，推进医疗数据互通共享，打造健康消费新生态。四是优化健康消费发展环境。通过有为政府和有效市场的更好结合，重点破除政策壁垒，规范行业秩序，优化健康消费发展环境，多元共促合理健康消费。

第四，激发绿色消费潜能。绿色消费是指以适度节制消费，减少对生态环境的人为破坏，崇尚保护生态和节约资源等为特征的新型消费。可见，绿色消费注重消费结构和消费方式的优化，扩大国内需求需要激发绿色消费潜能。一是鼓励绿色技术革新，推动绿色消费。**从产品研发、设计、生产、营销等各个环节入手，实行生产全过程绿色化，更好满足绿色消费市场需求。**同时，强化绿色科技创新支撑，积极推广应用绿色低碳先进技术，通过产品绿色化带动消费绿色化。二是促进重点领域绿色消费。加快绿色食品消费、绿色服装消费、绿色居住消费、绿色交通消费、绿色用品消费以及文化和旅游领域的绿色消费，推广绿色家庭、绿色社区、绿色出行行动，激发绿色消费潜力。三是改变消费观念，引导消费者树立科学消费观，改变高碳低效的传统消费方式，把绿色消费变成每个消费者的自觉行动。四是完善绿色消费制度体系。健全绿色消费激励约束机制，优化完善标准认证体系，建立统计监测评价体系，搭建绿色消费信息平台。充分发挥政府的引导作用，建立健全与绿色消费相关的政策法规，营造向绿色消费模式转变的制度环境。

第五，激发公共消费潜能。公共消费一般是政府财政承担的，用于行政管理、科学、国防、文化、教育、环境保护、卫生保健、城乡公用事业及各种生活服务等方面的消费支出。政府的公共消费对促进相关产业发展、进一步释放内需潜力发挥了积极作用。当前，我国扩大公共消费尚有较大空间，扩大国内需求需要激发公共消费潜能。一是完善社会保障制度。加快社会保障城乡一体化建设，重点围绕低收入群体尤其是农民和农民工，扩大社会保障覆盖面。二是完善基本公共服务体系。加大对教育、医疗、养老、住房、就业等民生领域的政府投入，切实增加教育、医疗等优质公共服务资源供给，注重提升基本公共服务的范围和质量，促进公共服务资源优质均衡配置，进一步满足居民消费需求。

需要指出的是，激发消费潜能离不开培育和提高消费能力。长期以来，我国消费需求不足主要表现在消费能力方面，扩大国内需求需要有效提升消费能力。一是切实增加城乡居民收入。进一步实现居民收入增长和经济增长同步、劳动报酬提高与劳动生产率提高同步，努力提高居民收入在国民收入分配中的比重，提高劳动报酬在初次分配中的比重。二是增强居民消费预期。**良好的消费预期有助于产生更多消费，这就要求发挥政府在公共财政支出领域的导向作用，使居民有稳定收入能消费、没有后顾之忧敢消费、消费环境优获得感强愿消费**。三是加快消费能力提升的保障建设。促进消费体制机制完善，推动消费政策体系持续优化，放宽服务消费领域的市场准入，加快新型消费基础设施和服务保障能力建设，规范网络经济、平台经济、共享经济等新型消费形态的经营行为，维护好广大消费者合法权益。

"稳就业"才能"扩消费"

程锦锥　中国社会科学院经济研究所助理研究员
王宏淼　中国社会科学院经济研究所研究员

作为宏观经济的一个重要目标，提振消费已经讨论了很多年。现实的情况却是消费持续弱化，增长乏力，甚至落入消费降级的困境。2020—2022年新冠疫情期间，中国居民消费严重收缩，偏离常规消费波动的合理区间，原先的"消费难"转化为"低消费"甚至"不消费"，消费信心严重不足。2023年疫后社会重启以来，消费虽有所修复，但仍未回到疫前常态水平。宏观管理陷入了"刺激"误区，持续努力地试图扩大内需、刺激消费的政策频频出台，却见效不大。**其实质症结在于消费并不是刺激出来的，而是内生于消费者个体的自主选择。**消费者的自主消费能力源自可支配收入，消费者信心源自确定的收入预期，归根到底需以稳定的工作为第一保障。因此，转换"刺激"思路，以就

---

① 本文发表于《财经智库》2024年第3期，原标题为《"稳就业"才能"扩消费"——当前刺激消费的误区及稳消费的逻辑》，收入本书时注释从略。

业为目标，以新一轮市场化改革为抓手，增加工作机会，稳定收入和未来预期，降低居民负担，才是稳定消费和实现消费升级的根本之道。

当前消费弱化的表征

当前，中国居民消费仍然处于艰难的修复之中，总量回升缓慢，耐用品消费增长乏力甚至陷入停滞状态，总体消费面临降级的挑战，消费者信心仍未恢复到疫前常态水平。

从总量来看，在新冠疫情冲击下，以社会消费品零售总额度量的消费增速严重放缓。疫情期间社会消费品零售总额的平均增速仅为2.8%（算术平均值），远低于疫情前三年的平均增速8.9%。我们在2023年初的研究测算表明，疫情期间我国消费的"消失"总量达9.9万亿元，保守估计也有6.6万亿元；2022年尤为严重，消费减少3.14万亿至4.86万亿元，当年人均消费减少2200—3500元。随着疫情防控常态化，2023年以来消费并未出现想象中的大爆发。2023年社会消费品零售总额累计同比增速仅为7.2%，不及2019年（疫情前）的8%。2024年第一季度社会消费品零售总额增速进一步下滑到4.7%，第二季度颓势不减，拖累上半年同比增速落至3.7%，6月仅为2%。

从结构来看，我国消费结构出现重大变化，商品尤其是耐用品消费增长乏力，甚至陷入停滞状态。随着疫情社会管控取消，接触式服务得以恢复，2023年我国服务零售额同比增长20%，其中餐饮收入同比增长20.4%。另外，住宿、旅游、娱乐等可选服务消费整体都维持较快回升态势。与之形成反差的是耐用品消费遭遇困难，集中表现在住房衍生品相关领域。从2022年4月开始，我国房屋销售价格指数由正转负，已持续至今；销售面积也持续萎缩。房地产市场的持续不景气导致相关耐用品消费大幅下滑。装修产品、家用电器等下降尤其显著，相关行业也陷入困境。

从趋势来看，近年大众消费观念发生改变，物美价廉的日用商品备受青睐，显现某种"消费降级"势头。有研究发现，新冠疫情前中国经济已经出现了"低档品销量上升"的消费降级现象，其原因是居住支出上升"挤出"其他类别消费，乡村居民和高恩格尔系数人群的消费高度依赖当期收入，在一定程度上抑制了其消费能力。2020年以来，这一问题并未得到缓解，反而显现加速态势。这可以从开拓"偏远下沉市场"的拼多多的快速扩张得到验证。2023年，拼多多的活跃买家数已达9亿人，覆盖了我国绝大部分的网民。其2023年财报显示，全年营业收入2476亿元，同比增长89.7%；交易服务（佣金）941亿元，同比增长240.6%。**拼多多如此超高速扩张，与当前我国整体消费低迷形成鲜明对比，凸显了居民因消费能力下降而主动降级消费的趋势**。另一例证是居民旅游支出。在2019年之前，人均旅游花费年年增长。疫情期间，人均旅游花费陡降，2022年人均旅游花费仅为2013年水平。2023年疫情结束后，全国国内旅游出游4.74亿人次，按可比口径较2019年同期增长19%；国内游客出游总花费6326.87亿元，按可比口径较2019年增长7.7%。很显然，我国居民出游人次已恢复并超过2019年水平，但消费能力却下降了，2023年人均出游花费仅为2019年的90%。如果参考近几年的物价变动情况，游客出行购买力缩水更为严重。

从消费者信心来看，虽然疫后信心有所恢复，但仍处于低位疲弱状态。消费者信心指数是度量当前消费水平及未来经济预期的关键指标。根据国家统计局数据，2019年全年消费者信心指数平均值为124.6，反映了消费者的乐观情绪。2022年底新冠疫情防控常态化以来，国家有关部门和地方政府频频出台降利率、发放消费券、减免景区门票以及一揽子"刺激消费"政策，未见太大效果，消费者信心依然低迷。消费者信心指数始于1991年1月，33年来仅有两个阶段出现过数值明显低于100（荣枯线）。第一次是2011—2013年，在36个月中消费者信心指数有12个月低于100，最低值为97，其中连续低于荣枯线的时间仅5个月。第二次是2022年至今。在新冠疫情第一年（2020年1月—2022年3月）消费者信心指数仍在110以上，其间的平均值为120.13。然而自2022年4月至疫后一年半的2024年5月，25个月以来消费者信心指数持续大幅低于荣枯线，平均值为88.2，最低值仅为85.5，处于30多年来的最低谷，当前仍未有显著回暖迹象（见图1）。

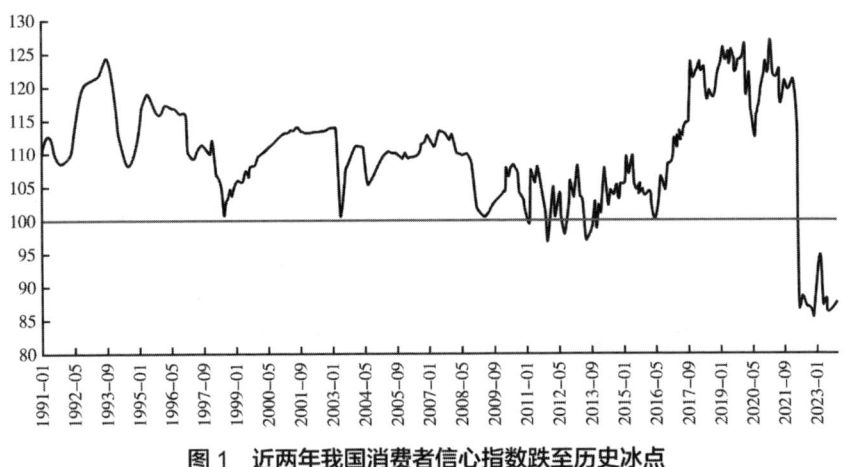

图 1　近两年我国消费者信心指数跌至历史冰点

资料来源：国家统计局。

消费者价格指数（CPI）是消费品市场冷暖的另一个"温度计"。当经济扩张、消费需求旺盛时，往往伴随着消费物价上涨，CPI甚至会达到两位数，20世纪80年代到90年代中期经常出现这种情况。当经济陷入困顿，需求不足时，CPI会出现负增长，最典型的是1998—2002年。2023年下半年消费者价格指数低迷，多个月份出现负增长情况。2023年下半年的6个月中，有4个月CPI同比负增长，1个月持平，1个月微涨（0.1%），这是消费弱化的危险信号。2024年形势略有好转，自2月以来CPI转正，但仍处于较低水平。从最新数据来看，6月的CPI也仅为0.2%，主要是构成CPI中的服务价格略有上涨，其中的消费品价格水平同比持平。而5月与6月的CPI环比持续为负。总体来看，我国经济尚未摆脱通缩危险。

"刺激消费"的误区

当前,"刺激消费"是一个热门词语。宏观政策中有"三驾马车"的通俗说法,把投资、消费和出口视为拉动经济的三大需求动力,认为可以通过对三大需求的"刺激"来促使经济增长。由此出发,近期学界一直有"投资拉动"和"消费拉动"等讨论,尤其近年来在投资下滑和出口乏力的条件下,有人提出要尽快全面转向"以消费为主导的发展模式"。在这种思路下,中央各部委出台了大量促进居民消费的"利好"政策,地方政府也努力用各种手段来提振消费,但实践结果却收效甚微。**消费政策越"刺激",其边际作用越小,宏观管理陷入了"刺激的陷阱"而难以自拔,反而极大地增加了社会经济的干预成本。**其根本症结是对消费的认识存在误区,比如,认为消费可以通过外生刺激来提振,在短期内可以将消费率干预到发达国家的合意水平,从而实现从投资主导向内需拉动式增长的转型。对这类似是而非的认识误区要加以辨析。

1. 消费不是刺激出来的,而是内生的

投资、消费和出口三个方面,体现的是统计意义上的GDP构成来源,它们在经济增长中的作用并不相同,并不形成必然的拉动逻辑。在制造业支配的"工业化社会"中,政府可以"外生式"地主导投资、大规模增加社会工程来形成即期物质需求,从

而拉动经济增长。而到了服务业支配的"城市化社会"阶段，消费与人的"不可分离性"更加突出，它更多的是靠经济体"内生"，是一个个独立的个体自我决策、自主选择的结果，是个人和家庭自主选择权的体现。在消费中，虽然会有某种阶段性的"消费热"甚至"大众消费"潮流，但对此政府可通过某些干预政策来适当引导。在经济危机中，政府也可相机采用发放消费券甚至现金的做法来应急托底稳消费。但无论哪种情况，政府都不能替代消费者做出是否购买消费品的决定，从"腰包"里向外掏钱的仍是消费者自己。

消费内生地取决于人们的收入状况和消费意愿。一种观点认为，在经济不振、消费弱化的情况下，当前最急迫的经济目标是要动用任何可以动用的工具来刺激消费，以此产生更大的"乘数效应"，从而让宏观经济摆脱当前增长乏力的困境。焉知，**消费并不是刺激出来的，只有让居民真实收入增加，才能带来消费的增长**。经济学理论关于消费函数的研究由来已久，从凯恩斯到杜森贝里及弗里德曼的收入假说，再到莫迪利亚尼的生命周期理论，这些理论的侧重点有所不同，但都认为收入及财富是决定消费的最重要因素。在财富及收入水平有限的前提下，所谓"刺激消费"拉动经济，是一种本末倒置的思维误区。居民并非不愿消费，而是无钱消费、不敢消费。**只有经济实现发展，就业岗位充足，人们同时对未来有良好预期，居民消费才会稳定增长及升级**。

2.消费与国情和发展阶段相关，没有普适的最优消费比例

我国支出法GDP构成中，消费尤其是居民消费占GDP的比重较低，这一现象常被人诟病。但综观世界主要经济体，并不存在一个所谓最优的消费比例。**各国的消费率与自身国情和发展阶段有关，我国的居民消费比重相对偏低，与高投资、高积累的发展阶段和赶超型经济结构有很大关系。**

消费率与经济发展程度有关，也与国家文化等有关。发达经济体的消费率往往更高，但也有显著差异。自2000年以来，居民消费占国民经济的比重，美国平均为67.6%，中国只有38.7%，英国为62%，日本为55.5%，德国为52.5%。虽然中美差距明显，但同属于发达国家的英美日德，也存在一定的差异，并没有合意比例。

消费率与经济结构也关系密切。以中美两国对照，中国是典型的工业国。制造业占国民经济的比重稳定保持在25%以上，这种比重在当前世界主要经济体中是最高的。这样的经济结构要求巨大的资本形成来保持制造业能力（高积累），消费率自然较低。而美国是个服务业高度发达的国家，因此在美国居民的消费构成中，服务消费占比远远超过商品消费，服务消费与商品消费的比例常年为2∶1，以2022年为例，其服务消费的比重为65.77%。

新冠疫情对世界各国的居民消费普遍造成冲击，但也有例外。英国疫情三年居民消费率平均值为58.9%，仅比疫情前低了约3个百分点；德国下降明显，疫情三年居民消费率平均为48.7%，下降了6个百分点。而美国只有在2020年居民消费率略有下降，到2021年及2022年，居民消费率均超过68%，超过疫情前的平均水平。这与美国疫后经济恢复强劲、就业岗位充分、收入增长较快有很大关系。

3. 短期的刺激消费政策仅仅是提前消费，并没有起到扩大消费的作用

消费并不是一锤子买卖，长期消费能力与持久收入相关。弗里德曼的持久收入理论就指出，**当期消费不是取决于当期的收入水平，而是取决于预期收入或持久收入。**一次性的刺激消费政策，只是暂时改善了居民的购买力，并不能带来居民购买力的持久改善。在持久收入约束下，居民如果暂时扩大当前消费，就必然会减少后一阶段的消费，这是理性的选择。因此，在持久收入未有提升的条件下，短期刺激消费的政策实质是以当前消费挤占未来消费，"挤出效应"明显，并没有起到扩大消费的作用。不难理解，面对分散化的消费个体，大规模刺激消费政策因其偏向性的扭曲干预，难以取得"群体合成"效应，不仅社会成本会高于社会收益，还会引发价格信号失真、生产扭曲以及社会不公等"政策失灵"的问题。

当前消费弱化的根源

经济学理论关于消费函数的经典研究，基本上都是从消费与收入及财富之间的关系展开，也都认为收入和财富是决定消费的最重要因素。后来的一些研究从信息角度，指出当前消费与过去的消费习惯有关，还和现实中发生的经济冲击及其时滞有关。因此，消费在长期内与经济发展程度、国情和文化特性等有关，在中期内与人口转变（如婴儿潮、老龄化）、收入分配等有关，短期内则与工作状况、收入稳定性预期等有关。我国当前消费弱化的主因是就业难、收入紧，这源自四个方面：一是经济周期性转换、新冠疫情冲击、国际竞争与限制加剧所引发的产业收缩，企业利润不佳，工作机会和收入减少；二是国内管制趋严，某些领域的政策骤然转向，引发产业剧烈调整、企业倒闭等连锁反应；三是近年市场化改革放缓，市场化部门收缩，而非市场化部门相对膨胀，社会创新创业动力不足，就业创造能力缺失；四是经济下行期财富缩水，导致居民支出行为更加保守。

1."三重冲击"叠加引发"三重压力"，经济持续下滑

近年中国经济一直处于结构大转换中，从工业向服务业主导、从国际向国内需求转变、从高投入高消耗高排放向高质量转型、人口负增长等因素都引发了经济减速机制。2018年之后，中国经济更受到中美贸易摩擦的干扰和新冠疫情的冲击。在结构性

减速、贸易摩擦、疫情的三重冲击下，内外压力增加，经济波动加大，2017—2019年的GDP增速分别为6.9%、6.6%、6.1%，已显现持续下行的态势。2020年初新冠疫情全面暴发，年度GDP增速急剧降至2.3%。2021年随着发达经济体疫后逐步重启，外需有所恢复，中国年度GDP增长达到8.1%。这个经济增速虽然看上去创近年来的新高，但要考虑到它的低基数效应；另外，2021年全年的经济一直在下行，暗含了不少风险。因此，2021年末中央经济工作会议作出了"我国经济发展面临需求收缩、供给冲击、预期转弱三重压力"的论断。2022年延续上年末的下行趋势，叠加新一轮奥密克戎疫情的持续扩散，社会生活进入"非常"状态，不确定性加剧，生产、流通和投资普遍停滞，打击了信心，"预期转弱"演变为"预期转负"，直接抑制了需求，经济数据"惨淡"，消费严重下滑。2023年疫后社会重启以来，经济仍处于艰难的修复之中，恢复常态尚需时日。

2."密集的"强化行业管制带来较大负面冲击

近年国内行业管制趋严，某些领域政策多变引发行业剧烈调整、企业倒闭等连锁反应。诸如房地产监管、互联网平台反垄断、教育培训行业整顿、金融业管制收紧，以及各领域必要的反腐败，都带来短期负面冲击。**这轮政策和多行业规范调整可谓"雨骤风急"，所产生的政策效果"叠加共振"，市场主体活力受到抑制，生产经营不稳，预期转变，信心、信任和安全感受**

损，给经济带来的负面冲击是巨大的，承载了中国绝大部分就业的中小微企业以及服务业，其生产经营面临着很大困难，一些中型、大型企业甚至也面临倒闭风险，某些产业链外移趋向加速，居民收入缩水或因失业而失去收入来源。

3. 市场化改革滞后导致社会就业创造能力下降

近年来，市场化改革进入攻坚阶段，进展趋缓，市场化部门收缩，裁员严重，而非市场化部门相对膨胀。从1993年算起，中国确立市场经济体制已经进入第31个年头。31年来中国经济改革取得了巨大成就，但也积累了本应解决而没有及时解决的许多问题，出现了一些偏差，特别是市场经济必不可少的法治秩序、社会伦理道德规范建设滞后。在2008年国际金融危机后的逆全球化、不平等加剧的国际大背景下，10年来国内反对市场化改革的思潮抬头，出现了诸如否定或歧视民营经济的某些动向，认为发展民营经济只是手段而不是目的，甚至上纲上线到路线的高度，并加强对诸多领域的管制甚至是打压，致使市场主体的信心一路走低。同时还出现了体制内外的分化甚至对立，相对于体制外的市场化部门收缩、不稳定、不安全感加强，体制内单位成为"避风港"，机构与规模越发相对膨胀。**伴随体制内外的结构变化，整个社会的经济增长动力和就业创造能力出现了下降。**

4. 经济下行期财富缩水导致居民支出行为更加保守

在经济困难情况下，由于地产"爆雷"及股市下跌导致居民的资产和财富巨大缩水，居民乐观情绪锐减，避险气氛浓厚，促使居民支出行为更加保守，削减不必要的开支以备未来之需。我国居民资产大部分配置在房产。在人口红利终结、城市化率放缓后，房地产价格从2022年开始进入调整期。根据国家统计局的数据，70个大中城市新建商品房住宅价格指数从2022年4月开始持续出现负增长，二手房价格从2022年2月开始也一直处于下跌状态。另外，从2023年底的情况看，不管是新房还是二手房，跌幅开始变大。这种情况在2024年变得更为显著。另外，中等收入以上阶层的居民也有很大一部分财富体现在证券资产上，近年来也遭受较大折损。以沪深300指数作为衡量我国证券资产涨跌的依据，2021年、2022年、2023年已连续三年出现下跌，这是沪深300指数设立以来前所未有的情况。2021—2023年沪深300指数的下跌幅度分别为5.2%、21.6%、13.9%。沪深两市的总市值从2021年末的92万亿元缩水到2023年底的79万亿元。**资产或财富快速缩水，严重制约了居民的消费能力。**

综合上述多方面分析，近年我国经济下行，部分产业发展停滞甚至衰退，企业经营困难，就业不稳定，失业率攀升较快，尤其是青年失业率居高不下，社会成本上升，居民资产和财富缩水严重，收入预期下降，这是消费收缩的根本原因。疫后重启，就业市场并没有如预期般实现快速复苏。分行业看，制造业多数行业2024年用工明显收缩，服务业行业创造新就业机会有限。在内部压力和外部挑战的双重背景下，不仅产业不景气，而且出现产业外移，尤其是地产与出口相关部门，承载就业的能力持续下降。分年龄看，青年就业压力巨大，尤其是高校毕业生就业情况不容乐观。自2022年高校毕业生人数突破千万之后，今后的压力更大。年轻人的第一份工作在很大程度上对其就业生涯有着重要影响，也是社会形成预期的重要因素。**年轻人是社会创造力之源，消费的主体，青年人失业若从"暂时性损伤"变为"永久性损伤"，给经济带来的损害将是长期的。**

以稳就业为核心，三策齐下提消费

中国经济当前的紧要之处，是民间投资与出口不振，消费仍然失其常态，经济元气的颓势和信心的挫伤，依然在艰难的修复之中。稳定消费是当务之急，要消费必须有收入，必须有稳定的工作，稳定的工作又来自高质量的经济发展，而只有市场化部门的健康有序持续扩展，才是稳定就业和经济发展的源泉。为促使消费"回归"正常状态，宏观政策应转换"刺激"思路，转向以就业为核心目标，以新一轮市场化改革为抓手，增加工作机会，稳定收入和未来预期，同时调整居民部门资产负债表，减轻债务负担，才是稳定消费和持续实现消费升级的根本之道。

1. 以就业为中心目标的经济政策

宜把就业问题放在宏观经济决策的核心位置。增加就业可以从就业市场的供需两方面共同发力。从需求侧看，民营经济一直是吸纳就业的主体。我国80%以上的劳动就业是通过民营经济实现的。要进一步落实"两个毫不动摇"，着力解决民营经济发展面临的实际问题，提振民营经济发展的信心。同时，要进一步优化国有资本的布局，为民营经济发展释放空间。从供给侧看，需要进一步提高劳动力的质量。**我国经济要向创新引领的高质量发展跃迁，人力资本在经济增长中的贡献将更加重要。为提升国民人力资本及生命质量的各种高层次消费，如保健休闲、知识支出等，将在社会经济中处于更为重要的地位。**因此，需要政府调整政策，改变原有思路，引导各类资本转向对"人"的投资，而不是原有经济模式下重视对"物"的投资。这主要表现在服务业领域，比如，科、教、文、卫、体、环境，以及劳动者职业技能持续培训、老人与幼儿照顾等广泛领域，这些领域将是未来"新消费"的潜在发展空间。通过人力资本梯度升级来促进中等收入群体的壮大，从而夯实"消费型社会"的基石。

2. 推动新一轮市场化改革，减少政府干预，降低宏观税负

居民净财富流量或者可支配收入，是居民各项收入减除了必要的税收、利息等支出后的剩余部分。因此，居民可支配收入由国民财富初次分配和二次分配决定，也就是在要素报酬和税收

与转移支付之后剩余的部分。同时，居民实际可支配收入（以购买力衡量的收入）与利率、通货膨胀等都有关系。总而言之，决定居民可支配收入最为重要的是包含税负与非税的"宏观税负率"，这一指标也就是经济主体的社会负担。我国长期以来的经济增长可归纳为政府干预下的赶超模式，通过投资和出口"双轮"驱动，带动经济快速增长。这种模式下社会财富偏重于"国家积累"和"生产者积累"，留给消费者（居民）的"剩余"相对有限。以中国社会科学院经济研究所课题组在厦门降成本课题的测算为例，按全口径计算，厦门市GDP中有接近一半的比重流向了政府，其宏观税负率达到48%。管中窥豹，全国都面临相似格局。如此情形，居民的消费能力必然受到制约。因此必须通过新一轮市场化改革，降低政府在资源配置中的比重，降低宏观税负，改善营商环境，解决"半市场化""非市场化"顽疾和"市场内"壁垒、"市场间"分割之困。要进一步推动打破行业垄断，积极引入社会资本发展相关行业，以激发各类资本活力，提升竞争性供给的量与质，降低中高层次服务品价格，提高消费质量。

3. 调整居民部门资产负债表，减轻债务负担

居民负债及利息支出也是影响居民消费能力的重要因素。因此，调整居民部门的资产负债表，可以显著增强居民的购买力，实现居民长期消费能力的提升。

在过去较长一段时期，由于房地产升值速度高于银行借贷成本，居民部门利用债务撬动资产杠杆，我国居民部门的债务扩张十分惊人，负债风险急剧增大，表现为现金流量表不断失衡并导致"入不敷出"风险。刚性的偿本付息支出造成持续"挤出消费"，尤其对高杠杆居民影响巨大，这将在中长期内拖累总需求。在全社会的资产负债表中，宏观当局应当看到居民部门资产负债表面临的困境。同时，由于我国潜在经济增长速度的下滑，长期利率也必然随之下行，居民债务的高利率也有下调的空间。2023年下半年，央行、金融监管总局提出要降低存量住房贷款利率，这是一个积极的信号。监管部门仍需进一步督促该政策的落实。另外，对于部分深陷债务负担的居民，要积极完善、推进个人破产制度，可以使这部分资产清算并出清，同时促进这些居民重启个人资产负债表。

构建以消费驱动为核心的经济增长新模式[1]

张　冲　中国社会科学院大学国际政治经济学院讲师、国家金融与发展实验室研究员

张　明　中国社会科学院金融研究所副所长、国家金融与发展实验室副主任

1978年以来，中国通过改革开放，深度融入国际大循环，实现了中国40多年的经济高速增长。但中美贸易摩擦，尤其新冠疫情冲击以来，中国通过拥抱国际经济大循环实现经济高速增长的国内外环境发生了深刻变化。国际方面，我国发展的外部环境日渐复杂。民粹主义、霸权主义抬头，大国博弈竞争加剧；单边主义和保护主义盛行，贸易全球化明显受阻。国内方面，中国经济正式进入高质量发展阶段。党的二十大作出"高质量发展是全面建设社会主义现代化国家的首要任务"的新部署。在高质量发展阶段，发展质量和发展效益成为中国追求的目标，但新冠疫情冲击以来，中国面临的有效需求不足、新旧动能转换不畅、重点领

---

[1] 本文发表于《清华金融评论》2024年第12期。

域风险隐患较多等现实问题，制约着中国经济的高质量发展。

随着国内外经济政治环境的深刻变化，新发展格局被正式提出。2020年5月14日，中央政治局常委会会议首次明确提出了"构建国内国际双循环相互促进的新发展格局"，党的十九届五中全会通过的《中共中央关于制定国民经济和社会发展第十四个五年规划和二〇三五年远景目标的建议》提出，要加快构建以国内大循环为主体、国内国际双循环相互促进的新发展格局。

在新发展格局构建中，消费成为重要的战略基点，未来中国经济增长如何实现从投资驱动向消费驱动转变成为重要议题。面对有效需求不足，中央多次定调扩大有效需求。2023年12月，中央经济工作会议要求，着力扩大国内需求，激发有潜能的消费；2024年9月，中央政治局会议指出，"要把促消费和惠民生结合起来，促进中低收入群体增收，提升消费结构"。促消费和惠民生的结合显示了中央对有效需求不足问题的认知与工作方式的转变，对有效解决该问题具有重要战略意义。

供给创造需求：改革开放以来的中国经济增长模式

1978年，党的十一届三中全会的召开吹响了中国改革开放的号角，也拉开了中国融入全球经济大循环的序幕。此后，中国市场化改革进程不断推进。从1984年党的十二届三中全会提出发展在公有制基础上的有计划的商品经济"，到1993年党的十四届三中全会提出建立社会主义市场经济体制，"使市场在国家宏观调控下对资源配置起基础性作用"，再到2013年党的十八届三中全会明确提出"使市场在资源配置中起决定性作用和更好发挥政府作用"，中国市场化进程不断完善。

同时，1978年以来的改革开放，也使中国经济完成了从国内大循环到国际大循环的过渡。1987年，国家计委经济研究所提出《关于国际大循环经济发展战略的构想》，第一次明确提出了中国参与"国际大循环"的思路和方法。1994年，人民币汇率并轨，为中国实施外向型经济发展战略打下坚实基础。2001年，中国加入世界贸易组织（WTO），中国深度融入国际经济大循环的速度进一步加快。2008年，国际金融危机爆发，进一步凸显了中国经济在世界经济中的作用。国家外汇管理局数据显示，1978—2023年，中国累计吸引外商直接投资（FDI）3.39万亿美元，对外直接投资（OFDI）2万亿美元，对外贸易依存度从1977年的不足10%提升至2006年的64.5%，后下降至2023年的37.3%。在对内深化市场经济体制改革，对外开放融入国际经济大循环过程中，中国经济取得了举世瞩目的成就，1978—2018年中国实际GDP年均增速达到9.5%。

中国改革开放的过程是供给创造需求的过程。在改革开放过程中，中国借助劳动力低成本优势，逐步承接欧美日韩等发达经济体的产业转移，成为全球的制造业工厂，实现了经济的高速增长和产业的不断升级。在这一过程中，投资成为驱动中国经济增长的重要引擎。对外而言,通过吸引外商直接投资促进本地经济发展;对内而言,通过县域竞争吸引企业投资落地,以实现经济增长目标;在面临危机时,则通过财政政策和货币政策协同发力,以政府投资拉动经济走出低谷。特别是自1998年中国住房商品化和2002年土地招拍挂制度确立以来,逐步形成了"土地出让—招商引资—经济增长/房价上涨/地价上涨—土地出让"的循环,有效促进了中国的经济增长。

供给创造需求增长模式的条件和问题

供给创造需求这一经济增长模式的成功运行至少需要两个重要条件:一是充足的劳动力供给和二元经济体制,二是供给不足或需求过剩。改革开放前30多年时间里,这些条件基本被满足,但国际金融危机爆发后,中国逐渐出现劳动力数量达峰、供给过剩和有效需求不足问题,供给创造需求的经济增长模式发挥作用的条件逐步减弱。

第一,有关劳动力供给。改革开放以来中国充足的劳动力供给、农村剩余劳动力转移和城乡分割的二元经济体制保证了制造业的快速崛起。国家统计局数据显示,中国劳动力数量从1978年的5亿人提升至2015年的7.8亿人,之后开始回落;中国农民工数量从2008年的2.25亿人提升至2023年的2.97亿人,但在2012年之后,农民工增速显著放缓。劳动力数量的回落预示着中国"刘易斯拐点"的到来，数量型人口红利的作用开始减弱。

第二，有关供给过剩。在改革开放后的前30多年中，中国通过深度融入国际经济大循环，实现了经济高速增长。在这一阶段，不论国内需求，还是国际需求都十分旺盛，中国并未出现严重的产能过剩问题。国际金融危机爆发后，全球经济陷入长期性停滞格局。2012年以来，中国开始出现产能过剩问题。随着2016年特朗普当选美国总统，中美贸易摩擦不断加剧，不断恶化的外部环境进一步加重了中国产能过剩问题。2015年末，中国开始推行供给侧结构性改革，持续推进"三去一降一补"，着重化解重点行业产能过剩问题。

第三，有关有效需求不足。新冠疫情冲击之后，想象中的报复性消费并未出现，反而出现有效需求不足问题。2022年12月，中央经济工作会议明确提出"总需求不足是当前经济运行面临的突出矛盾"。**所谓有效需求是指消费者既有购买欲望，又有支付能力的需求。从该定义来看，购买欲望和支付能力不足都是制约有效需求的重要原因。**我们认为，尽管两者都对有效需求造成重要影响，但支付能力不足是制约有效需求的根本性原因。一方面，劳动者报酬占GDP的比重下降。Wind数据显示，中国劳动者报酬占GDP的比重从1990年的53.42%下降至2017年的47.51%；从可支配收入的角度来看，中国住户部门的可支配收入占比由1992年的68.09%下降至2023年的59.67%。从城镇和农村可支配收入以及农民工平均收入增速来看，新冠疫情冲击后明显下滑。

另一方面，中国收入差距有所扩大。世界银行数据显示，中国基尼系数从1990年的0.32提升至2010年的0.43，国家统计局数据显示，2010年中国基尼系数为0.48，2022年回落至0.47，依旧处于较高水平，显示出中国收入差距的拉大。

构建以消费驱动为核心的经济增长新模式

面对中国经济增速的不断下滑，短期来看，通过财政政策和货币政策协同发力，拉动中国经济走出困境是当前经济工作的重点。2024年9月中央政治局会议的召开对当前经济工作作了重要部署，会议作出加大财政货币政策逆周期调节力度、促进房地产市场止跌回稳、加强就业帮扶和民生保障、提振资本市场等重要部署，对短期稳信心强预期促增长具有重要作用，尤其对股市和房地产市场的一系列政策有助于提升居民部门的财富水平，对释放有效需求具有重要推动作用。但从中长期来看，**改变改革开放以来长期以投资驱动为核心的增长模式，打造以消费驱动为核心的经济增长模式是保证中国经济持续增长的根本**。收入和财富水平的提升是提高有效需求的根本。中国应给予中小企业足够的发展空间，着力提升居民部门收入水平，缩小收入差距，提高有效需求，实现由供给创造需求向需求拉动供给的转变。

第一，促进中小企业健康发展，提升居民就业和工资水平。中小企业连接着居民就业和民间投资，是关系经济社会健康发展的重要纽带。中小企业贡献了全国50%的财政收入、60%的经济增长、70%的技术创新、80%的就业和90%的新增就业，给予中小企业足够的成长空间对稳投资、促增长、稳就业、提收入、促消费具有重要作用。

一是深刻把握金融工作的人民性，提升金融服务实体经济能力。2019年2月，习近平总书记在主持十九届中央政治局第十三次集体学习时明确指出："金融要为实体经济服务，满足经济社会发展和人民群众需要。……经济是肌体，金融是血脉，两者共生共荣。"**金融机构作为中介机构，两边联系着实体经济，所以金融源于实体经济，服务于实体经济。**从本质上看，金融机构的利润是经济中的摩擦，在经济下行时，金融机构的适度让利是金融人民性的重要表现。未来，应进一步降低存款准备金率和贷款利率，畅通货币政策传导渠道，辅以必要的财政贴息等手段，缓解中小微企业"融资难、融资贵"问题，提高金融的普惠性和人民性。

二是降低非税收入比重，切实提升营商环境质量。长期以来，中国致力于营商环境的不断改善，以达到吸引外资促进经济增长的目的。但新冠疫情冲击以来，支出和收入的反转导致财政部门吃紧，非税收入占比明显提升。财政部数据显示，2024年上半年，全国公共收入11.59万亿元，同比下降2.8%，其中税收收入9.41万亿元，同比下降5.6%，非税收入2.18万亿元，同比大增11.7%，非税收入占公共收入比重提升至18.83%的历史高位。未来，中国应进一步加强对非税收入征收的管理，切实改善企业营商环境，提高企业投资的积极性。

第二，在新一轮城镇化过程中，更加注重就业指标的落实。经过30多年的城镇化，2023年中国的常住人口城镇化率已经达到66.16%的水平，在这一阶段，有能力进城的农村人口基本已经进城。在新一轮城镇化过程中，应更加注重保障城镇新增人口的就业和收入水平的提升，实现就业、收入增长和城镇化的协同发展。

第三，深化收入分配和财税体制改革，提高居民部门收入水平，缩小收入差距。一方面，提高劳动报酬在GDP中的比重，即提高初次收入中劳动者收入比重。另一方面，通过财税体制改革缩小收入差距。一是适当提升个税起征点。2018年中国个税起征点由3500元提升至5000元，降低了部分中低收入者的个税负担。至2024年，距离上次个税起征点上调已经过去6年，有关部门应进一步研判个税起征点上调事宜。如有研究指出，中国应提高个税起征点至8000元，由此每年减少税收约300亿元，仅占2023年税收收入的0.17%，但对减轻中低收入者负担，进而促进消费具有重要意义。二是通过征收财产税和资本利得税来调节收入差距。财产税和资本利得税是调节收入差距的重要工具，其征收不仅能够促进三次分配，调节收入差距，还能给政府带来新的税收来源。

提振消费　增强经济发展活力[1]

常兴华

中国宏观经济研究院科研部副主任、研究员

2024年中央经济工作会议指出，党中央集中统一领导是做好经济工作的根本保证。与2023年中央经济工作会议提到的"五个必须"遥相呼应，2024年则提出了更加具体的"五个统筹"。同时，2024年中央经济工作会议布置了2025年要抓好的重点任务。总结过去，指引未来，对做好经济工作的重要经验及时进行总结，不断深化对经济工作的规律性认识，是我们当前和今后一个时期做好经济工作必须牢牢把握的不二法门。

提振消费，扩大内需，为中国经济增长注入动力

2025年经济工作的重点任务安排中，扩大国内需求被放在首位，提出了"大力提振消费、提高投资效益，全方位扩大国内需

---

[1] 本文发表于《中国青年报》2024年12月29日第3版。

求。实施提振消费专项行动，推动中低收入群体增收减负，提升消费能力、意愿和层级。适当提高退休人员基本养老金，提高城乡居民基础养老金，提高城乡居民医保财政补助标准。加力扩围实施'两新'政策，创新多元化消费场景，扩大服务消费，促进文化旅游业发展"等一系列政策举措。

消费对中国经济发展的重要性不言而喻。伴随着经济社会发展，我国消费市场不断扩大，消费需求不断升级。自2018年起，我国跃升成为全球第二大消费市场。社会消费品零售总额由1978年的1559亿元上升到2023年的47万亿元。可见，消费对经济增长的贡献不断增强，由此不难理解2024年中央经济工作会议把"大力提振消费""扩大国内需求"作为2025年经济工作的首要任务提了出来。"提振"一词的使用，显示了中央对2025年提升消费水平的期待与决心。具体举措中提到的"加力扩围实施'两新'政策""创新多元化消费场景""扩大服务消费""积极发展首发经济、冰雪经济、银发经济"等，也是切中了时代新需求，新意足足。

经济学有理论及经济工作实践两个视角，驱动经济增长的动力则有供给和需求两个视角。改革开放初期，需求侧以高投资、高出口为依托，供给侧以发展劳动密集型产业为导向，侧重推进经济快速发展。现阶段我国经济进入新常态后，消费已成为新时代我国经济发展的主要动力源。

随着时代的进步、经济的发展和人民生活水平的提高，"消费"也在悄然逐步演变为发展型消费、服务型消费。近两年来，所谓"消费低迷""消费寒意",对中国经济是否失去增长动力的担忧,其实是有效消费需求不足成为需求侧的结构性矛盾的显现。居民消费结构的重大变化,也意味着蕴藏经济增长的巨大潜能。当前,**居民消费结构由生存型消费向发展型消费升级、由物质型消费向服务型消费升级、由传统消费向新型消费升级的趋势越来越明显,速度也越来越快。**

在消费升级中,服务消费在居民消费中的比重不断上升是一个重要特征。"扩大服务消费",既反映了当前形势的要求,也顺应了未来消费变化的趋势。近年来,我国城乡居民恩格尔系数明显下降,2023年全国居民恩格尔系数已下降到29.8%,城镇和农村居民的恩格尔系数分别为28.8%和32.4%。消费支出增长愈来愈转向其他领域。目前,我国服务消费在消费中的比重已在一半以上,与欧洲大陆国家基本持平。但我国服务消费潜力仍然巨大,2024年中央经济工作会议把"扩大服务消费"作为2025年经济工作的重要任务提了出来,可谓正当其时。

我们还需要关注处在新时代新阶段的"新消费"。这是2025年扩大消费的相关工作中必须注意到的,这个"新"体现在新的消费种类、消费热点、消费业态、消费模式上。消费结构方面"新消费"的服务消费占比和增幅在不断提升,消费模式方面个性化、多样化消费越来越成为主流,消费热点方面体验型参与式消费、多元功能融合式消费、线上线下互动式消费、个性化时尚化消费、定制式匹配型消费更多涌现,特别是在青年消费中成为主流。"创新多元化消费场景，扩大服务消费"等政策的提出无疑顺应了这种变化。2025年乃至今后一个时期，增强消费对经济的拉动作用，也将在很大程度上取决于新兴服务业、新兴业态、新型模式的发展。

"积极发展首发经济、冰雪经济、银发经济"无疑将是2025年消费政策的重要发力点。以"银发经济"为例，我国正处于积极应对人口老龄化的重要时期。应对人口老龄化，在建立健全养老服务体系的同时，更要大力发展养老产业，多元化积极应对。不断推动有效市场和有为政府更好结合，促进事业产业协同，加快银发经济规模化、标准化、集群化、品牌化发展，培育高精尖产品和高品质服务模式，让老年人共享发展成果、安享幸福晚年，不断实现人民对美好生活的向往。这是积极应对人口老龄化、扩大内需的政策延续，也必将是今后工作的重要发力点。

增加收入，稳定预期，共享中国经济社会发展成果

消费是经济增长的重要动力，也是人民生活水平的重要体现。但消费的提高需要有一个坚实的基础——收入。2025年经济工作的重点任务中提出要"促进居民收入增长和经济增长同步"。这是经济高质量发展和中国式现代化的应有之义，体现了坚持以人民为中心的发展思想。

收入是民生之源，是影响消费和经济增长的重要因素。保

持经济的稳步增长，也是居民收入持续增长的基础。改革开放以来，尤其是党的十八大以来，我国城乡居民收入持续稳步提高，基本实现了与经济同步增长。2023年，全国居民人均可支配收入达到39218元，名义和实际增速分别比上年快1.3个和3.2个百分点。2024年前三季度，全国居民人均可支配收入30941元，名义和实际增速分别比上年同期增长5.2%和4.9%。

2024年中央经济工作会议强调"促进居民收入增长和经济增长同步"的同时，也提出了很多具体的政策措施。比如，"推动中低收入群体增收减负""适当提高退休人员基本养老金，提高城乡居民基础养老金，提高城乡居民医保财政补助标准""因地制宜推动兴业、强县、富民一体发展，千方百计拓宽农民增收渠道""实施重点领域、重点行业、城乡基层和中小微企业就业支持计划，促进重点群体就业"等举措，为2025年及今后一段时期增加城乡居民收入提供了政策保障和支持。

值得注意的是，2024年中央经济工作会议提到的"推动中低收入群体增收减负"具有重要的战略意义。**一个以中等收入群体为主体、上层群体和下层群体比例都较小的橄榄型社会结构，是相对公正、合理的现代化社会阶层结构，对经济社会稳定发展具有重要意义。**党的二十大报告指出"坚持多劳多得，鼓励勤劳致富，促进机会公平，增加低收入者收入，扩大中等收入群体"，我国"十四五"规划提出，要"持续提高低收入群体收入，扩大中等收入群体"，到2035年"中等收入群体显著扩大"。2024年是实现"十四五"规划目标任务的关键一年，在未来一段时期，增加低收入者收入、扩大中等收入群体的重要性不言而喻。

从战略安排和政策举措来考虑，现阶段持续提高低收入群体收入、扩大中等收入群体的发展路径在于：

首先，稳步提高居民收入水平、实现居民收入与经济同步增长，这意味着要坚持在经济增长的同时实现居民收入同步增长、在劳动生产率提高的同时实现劳动报酬同步提高。

其次，要保证就业稳定、推动劳动收入稳定增长，在相当长时期内，稳定就业都应该是经济社会发展的优先目标，要做到科学把握宏观调控的方向和力度，实现经济增长和扩大就业的良性互动。

再次，要稳妥推进新型城镇化进程、做足中等收入群体增量，加快城乡人力资本积累、为扩大中等收入群体提供支撑。持续实行促进生产率提高和教育公平的教育政策，优化收入分配结构、促进中等收入群体规模的扩大。

第四，瞄准重点群体精准施策、培育中等收入群体，既包括高校毕业生、新生代农民工群体等，也要关注目前收入水平接近但尚未达到的工薪劳动者，特别是集中于制造业、工程建筑、道路运输等传统行业的工薪劳动者，还有掌握一定技能的技术工人、服务业人员以及基层公务员，新经济下共享经济平台相关从业者等，对这些中等收入群体的"后备军"，要实施合理有效的分配政策，保证其收入稳步提高。我们要切实增强人民群众获得感幸福感安全感，最终实现共同富裕。

下 篇

提振消费的机制举措与政策建议

深化对"五个统筹"的认识[①]

赵振华

中共中央党校（国家行政学院）经济学教研部主任

2024年12月召开的中央经济工作会议提出，"必须统筹好有效市场和有为政府的关系，形成既'放得活'又'管得住'的经济秩序""必须统筹好总供给和总需求的关系，畅通国民经济循环""必须统筹好培育新动能和更新旧动能的关系，因地制宜发展新质生产力""必须统筹好做优增量和盘活存量的关系，全面提高资源配置效率""必须统筹好提升质量和做大总量的关系，夯实中国式现代化的物质基础"。这"五个统筹"是我们党从我国经济工作实践中总结出来的规律性认识，是用辩证唯物主义和历史唯物主义方法论分析和解决当前经济领域突出矛盾的具体体现，既是做好经济工作必须坚持的原则，也是实现高质量发展、推进中国式现代化的科学方法论，进一步丰富和发展了习近平经济思想。

[①] 本文发表于《经济日报》2025年1月7日第10版。

统筹的目的是兼顾，就是要善于从全局看问题，平衡好经济社会发展中各方面的关系，加强各类政策协调配合，形成推动高质量发展的合力。当今世界面临百年未有之大变局，我国经济发展既面临着科技革命和产业变革迅猛发展的机遇，也面临着以美国为首的西方国家的极限施压、世界经济复苏乏力、国内需求不足等挑战。在极为复杂的条件下做好经济工作，必须学会"弹钢琴"，兼顾方方面面。既要善于发现苗头性的问题，抓早抓小，否则，"针尖大的窟窿能漏过斗大的风"，小事件可能演变为大风险，又要善于抓主要矛盾带动次要矛盾的解决。

必须统筹好有效市场和有为政府的关系，形成既"放得活"又"管得住"的经济秩序

处理好政府和市场的关系是我国经济体制改革的核心问题。有效市场就是通过价格和竞争机制实现资源的高效配置，做到产权有效激励、要素自由流动、价格反应灵活、竞争公平有序、企业优胜劣汰。有为政府就是政府能够及时弥补市场失灵，培育、监督、保护市场，促进国民经济和社会持续健康发展。统筹好有效市场和有为政府的关系，首先，要科学界定市场和政府的边界及各自的功能。市场的功能是通过市场机制实现资源有效配置。政府的职责是保持宏观经济稳定，加强和优化公共服务，保障公平竞争，加强市场监管，维护市场秩序，推动可持续发展，促进

共同富裕，弥补市场失灵。其次，要让市场在资源配置中起决定性作用和更好发挥政府作用。习近平总书记指出："在市场作用和政府作用的问题上，要讲辩证法、两点论，'看不见的手'和'看得见的手'都要用好，努力形成市场作用和政府作用有机统一、相互补充、相互协调、相互促进的格局。"再次，要在实践中把握好度。政府要有所为有所不为，该为的要为到位，不该为的坚决不为。实践证明，缺乏宏观调控的自由竞争资本主义，导致两极分化、严重经济危机、社会动荡；缺乏市场调节机制的高度集中的计划经济体制，导致资源配置效率低下、经济缺乏活力。这两种经济模式被实践证明都是不可取的。**市场和政府之间不是对立的替代关系，而是相互补充、相互协调和相互促进的关系；不是板块式的关系，而是水乳交融的关系；各个国家都需要从实际出发，创造性地实现政府和市场的良性互动**。之所以出现"一放就乱、一管就死"的问题，原因在于政府放了不该放的、管了不该管的，政府职能错位和缺位。形成既"放得活"又"管得住"的经济秩序，需要政府职能到位而不越位、不缺位。"放得活"就是要让市场在资源配置中发挥决定性作用，放出更高的市场效率、更强的社会活力、更好的市场效益；"管得住"就是要更好发挥政府作用，更好弥补市场缺陷，实现有序、公平、高效。

必须统筹好总供给和总需求的关系，畅通国民经济循环

总供给是指一个国家或地区在一定时期内由社会生产活动实际提供给市场可供最终使用的产品和服务总量。总需求是指一个国家或地区在一定时期内由社会可用于投资或消费的支出所实际形成的对产品或服务的购买力总量。**统筹好总供给和总需求的关系，就是要在国民经济运行中不断实现高水平动态平衡。**如果总供给长期严重大于或小于总需求，就会造成资源的严重浪费或资源闲置，难以实现潜在经济增长。实现总供给与总需求的平衡，一方面，要深化供给侧结构性改革。因为我国居民的需求结构已经发生明显变化，但供给结构没有随之改变，导致国内有效需求不足。这就要求促进产能过剩的有效化解，淘汰落后产能；着力提高产品和服务质量，向质量和品牌要效益；促进科技创新，大力发展新质生产力，发展战略性新兴产业和现代服务业；增加公共产品和服务的有效供给，提高供给结构对需求变化的适应性和灵活性。另一方面，要从需求侧发力。因为当前我国经济运行中同样存在有效投资和有效消费需求不足的问题。

扩大有效投资需求，需抓住重点。一是促进房地产市场平稳健康发展。我国新型城镇化还有较大发展空间，新增城镇人口仍然保持较大规模。虽然城乡居民人均居住面积持续增加，但结构不平衡，对房地产既存在刚需，也存在改善性需求。要持续改善市场预期，优化存量、提高质量，调整住房限购政策，支持改善

性住房需求。二是推动城市更新。**我国城镇化正在从过去以人口数量增加、城镇面积扩大的量的扩张为主转向更加注重生活品质和以人为本的质的提高为主，城市更新会释放巨大的基础设施投资需求。**三是持续改善农村基础设施、支持高标准农田建设。

扩大有效消费需求，需构建长效机制。重点在于：实现居民收入增长和经济增长同步，劳动报酬提高与劳动生产率提高同步，扩大中等收入群体比重，让更多居民有能力消费；完善社会保障制度，消除城乡居民消费的后顾之忧，让城乡居民敢于消费；为低收入者发放消费券，既有利于保障和改善其生活水平，又可以扩大消费需求；深化教育、医疗等体制改革，降低城乡居民支出预期；千方百计增加就业，特别是要为大学生提供更多的实习岗位和就业服务，实现充分就业，提高就业质量；着力改善消费环境，让消费者放心消费。

畅通国民经济循环，需要各种生产要素组合在生产、分配、流通、消费各个环节有机衔接，其最主要的任务是实现供给侧有效畅通，凭借强大的有效供给能力打通循环堵点、消除瓶颈制约，并创造更多就业机会和收入来源，扩大有效需求。实现供给侧的畅通，需推动产业结构优化升级，增强供给体系韧性，形成更高效率和更高质量的投入产出关系，实现更高水平的供需动态平衡。

必须统筹好培育新动能和更新旧动能的关系，因地制宜发展新质生产力

经济发展的过程就是以新动能更新替代旧动能的过程。培育新动能，就是要推动科技创新，改造传统产业，发展新兴产业，培育未来产业。更新旧动能，一方面要以新技术改造传统产业，推动产业结构升级，另一方面要淘汰能耗高、不符合环保和安全要求、低效率的落后产业。**只有大力实施科技创新，发展新兴产业特别是战略性新兴产业才能更好地淘汰落后产能，才能顺利地实现"腾笼换鸟"，才能把稀缺的资源配置到新的动能上，提高资源的配置效率。**要瞄准科技进步前沿，加强关键共性技术、前沿引领技术、现代工程技术、颠覆性技术创新，加快实现科技成果转化。规范发展各种风险投资，促进未来产业的萌芽、成长和壮大。健全对各地因地制宜发展新质生产力的科学合理的考核机制。

统筹好培育新动能和更新旧动能的关系是因地制宜发展新质生产力的内在要求。传统产业是新质生产力发展的重要基础，传统产业不等于落后产业，经过技术改造之后可以升级为现代产业，发展新质生产力不是要放弃传统产业，而是要用国家技术标准、能耗标准、安全标准改造提升传统产业，用数字技术赋能传统产业。我国国土面积广大，自然条件、文化习俗、科技基础、产业配套等有很大差异，这就要求各地从实际出发，先立后破、

因地制宜、分类指导，探索适合本地实际的发展新质生产力的路径，有针对性地补链、延链、强链。发达地区要发挥好科技研发力量雄厚的优势，侧重发展新兴产业和未来产业，欠发达地区要重视先进技术应用。东部地区具有数据研发优势，重点发展数据中心，西部地区具有能源、土地优势和适宜的气候条件，重点布局算力中心，形成合理分工、科学布局、高效协作的机制，优化资源的区域配置。

必须统筹好做优增量和盘活存量的关系，全面提高资源配置效率

存量是指在某一指定的时间点，过去积累的产品、货物、储备、资产负债结存的数量，增量是指在特定的时段形成的各类资产增加量。做优增量和盘活存量是健全宏观经济治理体系的重要内容，是实现经济高质量发展的重要动力。做优增量的重点在"优"，要优化资源配置效率实现更大的效益，优化增量结构。盘活存量的重点在"活"，让闲置资产活起来，进入国民经济循环体系，让稀缺资源得到充分利用。**做优增量和盘活存量不是矛盾的而是相互促进的，盘活存量可以带来增量，做优增量有助于盘活存量。**存量不盘活，直接制约国民经济增长，增量必然受到影响。增量不仅要增加量，更要做优，否则就会形成新的闲置资产，增加盘活存量的负担。

做优增量，就需要支持国家重点在建续建项目，以科技创新带动产业创新，发展新产业、新模式、新动能，引领新方向，开辟新赛道，着力发展新质生产力。盘活存量，就需要用足用活支持政策，促进产业园区盘活存量闲置低效土地，深化资本市场改革，打通中长期资金入市的堵点卡点，用好地方政府专项债券。

统筹好做优增量和盘活存量的关系，需要综合运用财政、货币、产业、价格、就业等政策，优化各类增量资源配置和存量结构调整，释放各种生产要素特别是创新要素的活力，促进闲置资源优化利用，加快促进各类先进生产要素向发展新质生产力集聚，实现资源的最大化利用和经济效益最大化，促进经济高质量发展。

必须统筹好提升质量和做大总量的关系，夯实中国式现代化的物质基础

衡量经济发展质量的指标是多维的，包括经济增长连续性，即表现为一个连续不断的增长过程；平衡性，即经济结构的协调与优化；可持续性，即在经济增长过程中更加注重节约资源和保护环境；公平性，即在分配上注重公平，让发展成果最大限度地惠及广大人民群众；安全性，即产业链供应链的安全与稳定。提升质量就是要在上述各维度实现新的提高。只有不断提升质量，才能实现国民经济的可持续发展，为广大人民群众提供更高质量

的产品和服务，更好满足人民群众日益增长的美好生活需要。经济发展总量是指一个国家或地区在一定时期内提供的所有最终商品和服务的市场价值总和。做大总量是实现中国式现代化的必要前提。只有统筹好提升质量和做大总量的关系，才能夯实中国式现代化的物质基础，才能做大"蛋糕"、增进民生福祉，才能在激烈的国际竞争中赢得战略优势和战略主动。

实现经济高质量发展，就是要在做大总量中提升质量，在进一步提升质量中做大总量。过去只注重量的增加忽视质的提升的粗放式发展方式和传统的生产力发展路径是不可持续的，必须加快转变经济发展方式，加快推进科技进步，促进经济结构优化，降低资源和能源消耗。我国正处在高质量发展的关键阶段，要通过质的有效提升引领量的合理增长，通过量的合理增长支撑质的有效提升。

统筹好提升质量和做大总量的关系，就需要充分构建统一开放、竞争有序的市场体系，打破地区封锁、部门分割、市场垄断，发挥超大规模市场优势，实现优胜劣汰；健全推动经济高质量发展体制机制，因地制宜发展新质生产力，促进实体经济与数字经济深度融合，加快完善现代化基础设施，构建支持全面创新体制机制；完善高水平对外开放体制机制，深度融入经济全球化的大潮，在全方位开放中提升质量做大总量。

有力有效扩大内需的宏观政策选择[1]

张立群

国务院发展研究中心宏观经济研究部研究员

内需与宏观经济供求总量的关系

供给和需求是市场经济内在关系的两个基本方面，两者相互依存、互为条件。需求不足反映的是宏观经济供求总量失衡，即社会总供给大于总需求，表现为普遍的产能过剩、要素资源过剩（例如就业不充分、货币资金空转等），2024年制造业月度采购经理指数（PMI）相关调研，反映需求不足的企业占比超过60%。需求不足及其背后的宏观经济供求总量失衡，在市场机制引导下会持续加强，会导致经济增速下降。如果宏观经济政策未能及时介入，经济增长就可能出现大起大落，甚至出现严重的经济衰退（如1929—1933年的经济大萧条）。

从宏观和整体分析国民经济运行，必须依据马克思的社会再

---

[1] 本文发表于《国家治理》2024年第23期。

生产理论，结合中国经济发展和运行的实践。马克思认为，社会再生产是各个环节相互联系、互为条件、周而复始的运作过程。从经济活动实践出发，生产形成供给，分配与投资、消费形成需求；市场调节下，供给与需求通过交换对接，一方面使商品销售者获得价值，一方面使商品购买者获得使用价值。而社会再生产活动的可持续，与交换活动的总体顺畅度密切关联，因为其决定着全部企业获得营业收入并保持资金顺畅循环的比重和程度。

从宏观和整体看，经济增长也是总供给和总需求互为条件、共同运动，从不平衡到平衡、再到新的不平衡的动态过程。马克思指出，没有生产，就没有消费，但是，没有消费，也就没有生产，因为如果这样，生产就没有目的。马克思还指出，分配借社会规律决定生产者在产品世界中的份额，因而插在生产和消费之间。在考察供给与需求关系时，既要注意生产和供给对需求的重要作用，例如形成就业与收入、利润和投资；也要注意需求形成的相对独立性，例如特定生产和分配关系的增长对就业和收入增长的作用、对积累和投资的作用；以及其他影响市场需求的因素，例如宽松或者紧缩的财政货币政策，房地产限购、限贷政策等。**从经济增长历史看，相较生产和供给结构变化，需求的变化更为活跃、需要的时间更短，因此需求对经济增长的周期性波动扮演着更为主要的角色。**

2010年以来，受国内外复杂因素综合影响，我国经济总需求增速持续放缓。外部看，面对世界百年未有之大变局的复杂影响，我国出口增速波动下行（美元口径出口增长率2010年为31.3%，2023年为-4.6%）；发展不平衡的问题，特别是城镇化推进中存在的不平衡，会使投资增速下降，如房地产投资增速下降（2010年为33%，2023年为-9.6%），制造业投资增速下降（2010年为30%，2023年为6.5%），投资增速下降（2010年为20.4%，2023年为2.8%）。出口和投资增速下降引起了总需求增速放缓，导致经济增速放缓，使各方面收入增速下降，其中居民收入增速下降使消费需求增速下降（社会消费品零售总额2010年增长18.38%，2023年增长7.2%）。消费、投资、出口等三大需求的持续下行，使需求不足对企业生产活动的制约持续加强，经济下行压力加大。在需求增速持续放缓的制约下，中国经济增速从2010年的10.3%降低到2023年的5.2%。与此同时，企业、居民、政府收入增速大体同步下降，收入增速下降影响了企业投资、居民消费的能力和信心，进而使需求增速进一步下降。

中国经济长期向好的基本面没变

需求是决定经济增长率的重要因素，但不是唯一因素。从中长期考察经济增长，还必须关注生产和供给因素，这是决定经济增长率的重要的方面。马克思指出，生产既支配着生产的对立规定上的自身，也支配着其他要素。过程总是从生产重新开始。从生产和供给角度分析，中国经济长期向好的基本面并未改变。

生产和供给增长的动力，主要来自经济发展过程的不平衡，这会蓄积强大的内部结构变化能量。中国式现代化与西方现代化的一个不同处是，我国在较短历史时期内突飞猛进地发展。中国式现代化的发展是在一穷二白基础上起步，依靠中国共产党的坚强领导和社会主义制度的优越性，有效地聚集了必要的起步资金，并依靠计划配置资源方式，集中发展重工业，快速建立起比较完整的工业制造业体系，使中国从农业国快速转变为工业国家。

这一过程中工业内部结构（轻重工业比例）、工业化与城镇化步伐等方面，也蓄积了一定的结构失衡问题。而这些恰恰为改革开放后市场引导的工业化、城镇化发展提供了重要条件，为中国式现代化的全面提速提供了必要条件。**随着市场引导的生产和供给数量型快速扩张以及普遍短缺情况的消除，中国经济发展必然会从"有没有"的高速增长阶段跨入"好不好"的高质量阶段**。但结构变化潜能并未减弱。最明显的就是收入分配结构的差距，也包括城乡差距和地区差距。这些差距在市场调节的经济持续高增长过程中不可避免，在14亿人口大国迅速崛起中不可避免。而对这些差距的调整也将继续成为中国经济在高质量发展阶段强大的内在发展动能。因此，在现代化的国际比较研究中，必须要深刻认识中国式现代化的独有特点，必须要避免比较研究中不注重样本可比性、将比较研究的归纳性结论普遍化的错误做法（例如依据发达国家人均收入超过一定水平，经济增长率普遍下降的现象，判断中国经济潜在增长率已经下降到6%以下的观点）。

还要看到，经过新中国成立70多年的努力，我国的生产和供给能力已经有长足的发展和进步。当前我国已成为全世界唯一拥有联合国产业分类中全部工业门类的国家，钢铁、电力、汽车、电脑等220多种工业产品产量位居世界首位。我国的基础设施项目建设施工能力位居世界前列。**从全面高质量建设现代化产业体系、现代化城乡体系、现代化基础设施体系、现代化公共服务和民生保障体系等多个方面看，我国拥有前所未有的强大生产和供给能力。**在强劲的内部结构变化潜能推动下，这些生产和供给能力可以确保中国经济增长保持在较高水平而不会出现供不应求的现象，不会出现严重通货膨胀。2024年12月召开的中央经济工作会议也提出："我国经济基础稳、优势多、韧性强、潜能大，长期向好的支撑条件和基本趋势没有变。"

这里要澄清一些观点：

第一，有观点仅仅根据人口老龄化和劳动年龄（16—59周岁）人口减少判断中国人力和人才资源供给出现拐点，进而得出中国经济潜在增长率降低的结论。这一观点并没有考虑到中国庞大的劳动年龄人口存量规模。2023年中国劳动年龄人口8.65亿人，当年城镇就业人口4.7亿人，农民工2.97亿人（增长0.6%），外出务工农民工1.76亿人（增长2.7%）；当年应届本科毕业生1047万人，中等专科毕业生537万人。综合看，如果减去8000多万务农的劳动年龄人口（随着农业机械化、规模化、智能化水平提高，这方面需要的人力资源会继续减少），就业人口达7.4亿人左右。从应届毕业生和外出务工农民工增量（2023年为366万人）看，当年新增就业人口超过1800万人。按照每1个百分点的GDP增长率提供200多万个就业岗位看，实现充分就业目标，经济增长率需要在8%以上。这表明，**支持中国生产和供给持续较快增长的人力人才资源供给条件仍然较好**。

第二，从技术引进模式来看，有观点认为中国在应用技术供给方面，正在从后发优势转向后发劣势，进而判断中国经济潜在增长率下降。考察中国的技术引进，必须要认识到，历经数十年的技术引进，中国并未停留在"买买买"层面，而是不断地引进、消化、吸收和再创新。技术引进过程也是中国持续学习和赶超世界技术进步潮流的过程。在这个过程中，中国不断形成和壮大了在应用技术方面的研发供给能力。2023年中国研发（R&D）经费支出与国内生产总值之比为2.64%，高于经济合作与发展组织（OECD）国家疫情前的平均水平（2.47%）。全年有效实用新型专利注册1213万件，较上年增长11.9%，远高于主要发达国家。此外，中国的国民总储蓄率保持在45%左右，远高于日本（28%左右）和美国（18%左右）。综上，**中国的生产供给能力增长，在人力人才、技术、资金等方面，均具备较好条件**。据此测算，中国的潜在经济增长率仍然在8%以上。

第三，还需要澄清的是，依据供给学派理论构建的生产函数，以及据此得出的中国资本投入产出率下降、全要素生产率下降，并由此导致潜在经济增长率下降的观点。供给学派理论建立的重要前提是认为供给创造需求，因此考察经济增长只需要关注生产和供给，不需考虑需求因素。与马克思的社会再生产理论比较，容易发现其对社会再生产复杂运动过程认识上的片面性。依据这一理论构建的生产函数公式为：经济增长=劳动投入+资本投入+全要素投入。如果一个时期的经济增长率下降，依靠这一函数的解释就是劳动生产率下降、资本投入产出率下降以及全要素生产率下降。由此得出的投入产出系数变化，还被用来推测未来的潜在经济增长率下降趋势。从本文的分析可知，2010年以来中国经济增长率放缓的主要原因是需求收缩，而且其并未改变中国的生产和供给能力。因此，将需求收缩引起的经济增长率下降误解为劳动、资本和全要素投入产出效率下降，并据此推断中国经济潜在增长率下降，是一个理论和方法上的错误，由此对中国经济长期向好基本面产生的误解必须彻底澄清和纠正。

综上，中国经济发展进入高质量发展阶段后，仍然具有强劲的结构变化潜能，仍然具备强大的生产和供给增长能力，仍然拥有由14亿人口美好生活需求持续释放所推动的超大规模国内市场巨大需求潜力。正如2024年9月26日中央政治局会议所指出的：我国经济的基本面及市场广阔、经济韧性强、潜力大等有利条件并未改变。

以政府、市场共同作用有力有效扩大内需

针对需求不足问题，着力点必须放在内需。中国的总需求中，内需是大头。2023年消费品零售额47万亿元，全社会固定资产投资额51万亿元，出口（人民币口径）23.8万亿元，内需（消费加投资）占比超过80%。2020年4月17日中央政治局会议明确提出要实施扩大内需战略，这也是全面畅通国内大循环、加快构建新发展格局的关键举措。

改革开放的实践表明，充分发挥市场在资源配置中的决定性作用，是提高经济效率和效益的关键一招。但也必须认识到市场机制的不足。党的二十届三中全会《决定》指出，要"更好维护市场秩序、弥补市场失灵，畅通国民经济循环，激发全社会内生动力和创新活力"。**科学的宏观调控、有效的政府治理是发挥社会主义市场经济体制优势的内在要求**。在宏观经济供求总量运动中，市场机制存在放大总量失衡的缺陷。具体表现为：当总量供不应求时，市场机制会通过价格持续上涨，推动供给加快扩张，进而造成经济过热和严重通货膨胀；当总量供大于求时，市场机制会通过价格持续回落减缓收入增长、减弱市场信心，持续抑制需求增长，进而造成经济过冷和需求不足。因此，**治理市场引发的需求收缩，有效扩大内需，必须充分发挥政府宏观调控逆周期调节作用**。

政府支出依靠的是财政资金支持，而国家信用支撑的财政资

金规模具有很大的可调整性。这是由于财政收支平衡既可以是年度，也可以是中长期跨年度。例如发行20年、30年、50年期的超长期特别国债，就是中长期跨年度平衡。基于中国经济长期向好的基本面和巨大增长潜力，若通过扩大政府支出有效扭转需求不足局面，则中国经济就会进入持续回升向好轨道，使增速保持在潜在增长率附近（8%左右）。若经济年均增长7.2%，则经济总量10年可实现翻番。如此看，20年后我国经济总量将是目前的4倍，名义GDP将超过500万亿人民币，与之同步，财政收入规模将超过80万亿人民币。可见，未来几年若根据逆周期调节扭转需求收缩的需要，超长期特别国债即使发行规模持续保持在10万亿元以上，中长期的财政收支平衡仍然有可靠保证。所以中国政府依靠国家信用扩大支出的能力巨大，实施财政货币政策逆周期调节的手段充足。

扩大政府支出，要严格避免行政事业费支出的扩大，在各方面收入压力较大时，政府必须要过紧日子。也不能通过大规模发券扩大消费。其一因为我国人口规模巨大，如果按每人每月1000元发放，年度支出规模就将达到16.8万亿元。而这样的发放水平对促进居民收入预期持续增强，力量仍显不足。在拉动基本生活消费品方面会显现成效，但对拉动汽车、住房等大宗消费，效果有限（例如承担房贷月供）。故其对产业链带动作用可能并不理想。其二是会形成"不干活也拿钱"的风气，这对于企业加强团队建设，提高生产效率十分不利。特别是，会对社会生产和供给能力产生持续冲击，进而引发通货膨胀风险。马克思指出，社会再生产过程总是从生产重新开始。交换和消费是不能起支配作用的东西，那是自明之理。综上，**扩大政府支出的重点，只能放到公共产品建设投资方面**。

市场调节条件下，社会产品的供给大体可分为商品（包括服务）和公共产品（包括公共服务）等两类。其生产建设的模式有重大不同。**商品生产、商业性投资，必须坚持经济核算原则，必须注重产品和工程项目的经济回报率；公共产品生产和建设，则更突出产品和项目的公益性和普惠性，注重其给全体人民带来的当前和长远的使用价值**。例如保障水运行安全的各类水利设施，确保城市地下管网安全的地下综合管廊网络，确保城市群高速便捷通行安全的一小时交通网络，确保全国交通、能源供给、网络等设施安全运作，以及教育、医疗等公共服务设施，普惠性、公益性、兜底性的民生保障设施，等等。这些大都具有公共产品属性，都不宜把经济效益和投资回报率放到首位，否则其公益性就会受到削弱，就可能偏离当前和长远整体利益的目标。因此，公共产品建设应该由政府承担主要责任。在高速增长时期，由于供给数量型快速扩张，很大程度上限制了公共产品高起点、适度超前的建设活动，使我国城乡基础设施体系、公共服务体系整体处于追赶最紧迫需求状态。在市场机制引导企业投资、居民消费等需求收缩时，更加需要考虑项目使用价值，考虑对具有稳当前和保长远作用的政府公共产品的投资，这也是财政货币政策逆周期调节的主要抓手。

抓好公共产品建设投资，应使各级政府有钱可用、有充分的项目储备。必须按照党的二十届三中全会《决定》的要求，完善国家战略规划体系和政策统筹协调机制。强化规划衔接落实机制，发挥国家发展规划战略导向作用，强化国土空间规划基础作用，增强专项规划和区域规划实施支撑作用。围绕实施国家发展规划、重大战略促进财政、货币、产业、价格、就业等政策协同发力，优化各类增量资源配置和存量结构调整。在当前货币政策力度显著加大的同时，财政政策应及时跟进，确保一致性：第一，化解地方债要立足经济发展，要在经济回升向好中寻求化债空间，防止把化债放到首位而抑制地方政府财政支出能力；第二，显著扩大超长期特别国债发行规模，通过转移支付有力支持地方政府公共产品建设投资。**要把全面加强基础设施（公共服务）建设放到各级政府工作的突出位置，全力抓紧、抓好、抓出成效，使我国公共产品全面提质升级迈出坚实步伐，有效扩大市场需求、扭转需求收缩趋势**，有力助推城市群为主体的新型城镇化和城乡一体的现代化，有力促进共同富裕，尽快引导我国经济进入持续回升向好的新增长周期。

扩大国内需求的对策建议[1]

綦鲁明
中国国际经济交流中心研究员

党的二十届三中全会通过的《中共中央关于进一步全面深化改革、推进中国式现代化的决定》提出"加快培育完整内需体系",就"完善扩大消费长效机制,减少限制性措施,合理增加公共消费,积极推进首发经济"作出重要部署。2024年9月26日召开的中央政治局会议强调,"把促消费和惠民生结合起来,促进中低收入群体增收,提升消费结构"。这些都为进一步释放国内市场潜力、解决国内有效需求不足问题指明了方向。

当前我国经济运行面临诸多挑战

从外部环境看,外部环境变化对扩大外需形成的制约增大。在世界百年变局加速演进的背景下,受疫情冲击、地缘政治、贸

---

[1] 本文发表于《中国经贸导刊》2024年11月上期。

易保护主义等不良因素的影响，世界经济增长总体偏弱，对全球总需求形成一定抑制。**全球范围内资本和劳动力等要素流动障碍持续存在，跨区域贸易增长持续受阻，全球经济增长动力仍然不强。**国际货币基金组织（IMF）2024年10月发布的《世界经济展望》报告预计2024年全球经济增长率为3.2%，同时2025年的增长率预测为3.2%，仍明显低于2000—2019年3.8%的历史平均水平。我国连续多年成为商品出口第一大国，国际环境的复杂性、严峻性、不确定性上升，使我国扩大出口的难度持续加大。

从国内情况看，第一，国内有效需求不足问题突出。近几年来，我国物价总体呈下降趋势。截至2024年9月，全国居民消费价格指数（CPI）同比涨跌幅连续20个月在1%以下，持续处于低位运行；全国工业生产者出厂价格指数（PPI）连续24个月同比为负。PPI仍呈持续收缩态势，主要体现为非金属矿物制品、黑色金属冶炼、电气机械器材制造、农副产品加工、计算机通讯电子设备和汽车制造业等行业的价格下降。物价不振反映出需求疲软是经济运行的问题焦点。

第二，重点领域风险隐患仍然较多。在房地产领域，随着房地产供求关系发生重大变化，房地产市场进入深度调整阶段，"房地产销售弱—融资难—新开工减慢—投资回落"的循环仍未打破，存量房消化困难。在地方债领域，近年来政府债务规模增长较快，分布不均匀，一些地方债务规模较大、风险等级较高，还本付息压力较大。在金融领域，中小金融机构风险上升态势仍未根本扭转。不同领域的风险又存在相互交织、相互传递、相互加强的关系，如果防范不及时，应对不得力，可能会发生风险的演变升级与扩大蔓延。

第三，新旧动能转换仍面临困境。当前，我国正处在新旧动能转换的重要阶段，但一方面，仍面临经济增长动力机制尚不健全、传统动能改造提升尚未结束等问题。另一方面，面临着新动能尚未培育成熟、未形成实质性竞争优势、核心竞争力不显著等问题。新旧动能接续转换过程中存在阵痛与摩擦。

综合分析以上经济运行面临的明显挑战，不难看出，仅靠市场的自我调整与自发修复，短期内无法扭转这种下行趋势，只有通过发挥市场在资源配置中的决定性作用，更好发挥政府作用，积极扩大内需，提振信心，改善预期，激发经营主体内在活力，把潜在的需求释放出来，转变为有支付能力的现实需求，才能形成拉动经济增长的强大动力。

扩大国内需求面临新机遇

随着我国发展阶段的转换，扩大国内需求也迎来了新的发展机遇。只有充分利用这些新机遇，通过改革加快培育完整内需体系，才能把实施扩大内需战略同深化供给侧结构性改革有机结合起来，形成经济平稳运行的重要支撑。

一是消费变革新趋势孕育着有潜能的消费。消费作为最终需求，是拉动经济增长的根本动力。随着我国经济已由高速增长阶段转向高质量发展阶段，社会消费需求已逐渐转向品质化个性化消费，转向满足发展享受和对生态环境友好的需要，转向以服务型消费为主，具体表现为数字消费、绿色消费、健康消费、共享消费等新型消费形态层出不穷。**只有具备良好基础，同时又符合消费变革趋势的消费，才是有潜能的消费。**

从数字消费看，近些年，人工智能、大数据、物联网等新型技术，提供了大量前所未有的消费品；社交电商、直播带货、社区团购等新型消费方式，大大拓展了消费空间。根据国家统计局的数据，2024年1—9月，我国网上商品和服务零售总额为108928亿元，同比增长8.6%。其中，实物商品网上零售总额为90721亿元，同比增长7.9%，占社会消费品零售总额的25.7%。并且，近些年网上商品和服务零售总额、实物商品零售总额占社会消费品零售总额的比重总体呈现持续攀升的态势。**激发数字消费潜能，符合以个性化定制、智能化服务、智慧便捷购物方式为特征的数字消费方向，将为经济持久稳定增长注入新动能。**

从城乡区域消费市场看，随着城乡居民收入稳步提升，特别是我们打赢脱贫攻坚战、全面建成小康社会、全面推进乡村振兴，农村居民收入增长快于城镇居民，城乡消费市场规模不断扩大。同时统筹推进区域重大战略与区域协调发展战略，使消费市场的区域协调性不断增强。现代流通体系建设稳步推进，使得城乡和不同区域消费市场发展的基础支撑得到不断加强。根据国家统计局的数据，2023年城镇消费品零售额达到40.7万亿元，同比增长7.1%，占社会消费品零售总额的比重为86.4%。2023年乡村消费品零售额为6.4万亿元，同比增长8%，占社会消费品零售总额的比重为13.6%。从各区域占比情况看，2023年我国东、中、西部和东北地区消费品零售额分别为23.8万亿元、11.5万亿元、9.8万亿元和2万亿元，1979—2023年年均分别增长14.1%、13.6%、13.5%和10.6%。从数据对比可以看出，尽管我国城镇、乡村和不同区域的消费市场保持较快增速，但发展不平衡不充分的矛盾仍较突出。**差距意味着潜力所在，孕育着发展潜能**。顺应城乡区域协调发展趋势，将继续释放出消费的巨大潜能。

从绿色消费看，绿色消费兼顾高质量发展和高水平保护双重功能，是发展方式和生活方式创新带来的消费新形态。绿色消费涉及领域包括汽车、家电、食品、服装、住宅、能源等多个行业，市场多元化发展趋势明显，且规模快速增大。根据商务部等有关部门数据，近三年，"绿色+智能"成为家电消费的新选择，二级及以上能效、水效的绿色家电，搭载语音、传感、AI、网络通信技术的智能家电的市场规模呈现快速增长态势，绿色智能家电市场渗透率位居全世界前列。由于绿色消费观念的形成和培育，人们变得更加崇尚自然、追求健康生活，绿色消费延伸助推了康养消费的快速增长。扩大国内需求，需要充分发挥绿色消费、健康消费的拉动作用。

开放是推动消费变革的重要引擎。近几年在进口优惠政策的影响下，我国优质消费品进口持续扩大。根据海关总署的统计，2024年1—9月，中国进口饮料、酒、醋、烟草及制品累计达277.5亿美元，同比增长4.3%；进口鲜、干水果及坚果累计达151.5亿美元，同比增长5.3%，显示出这些消费品在国内市场的受欢迎程度和人们的消费能力均较高。优质消费品进口，为不断满足人们对美好生活的需要，更好促进国内市场与全球消费市场融合提供了重要动力。可以预计，随着我国不断扩大高水平对外开放，消费品进口仍会保持较高速度增长态势。

从共享消费看，共享是消费变革的重要引擎。近些年，以在线外卖、网约车、共享住宿、共享单车等为代表的共享消费，依托互联网的强大渗透力，以实惠的使用权价格给居民提供了生活便利，以较低的供需匹配成本为供方创造了更多收益机会，为经济发展增添了新的活力源泉，展示了未来消费变革的一种新图景。有效激发共享消费潜能，有助于推动消费扩大，持续增强内需动力。

二是有效益的投资蕴含着扩大内需的新潜力。投资是扩大国内需求的重要环节。进入新发展阶段，**有效益的投资是以经济、社会、生态、安全效益相统一为主要目标，同时兼顾扩大内需、促进经济平稳运行的投资**。典型的如城市更新投资，重大科技、新型能源、信息基础设施投资，关键共性技术研发能力建设投资，战略性新兴产业和未来产业投资等。扩大有效益的投资，不仅是高质量发展的内在要求，也是推动经济持续回升向好的重要抓手。

在城市更新投资方面，我国城市更新领域潜力大。以城市地下管网建设改造为例，有关方面预计在未来5年需要改造的城市燃气、供排水、供热等各类管网总量将近60万公里，投资总需求约4万亿元。城市地下管网改造的资金需求量较大。2023—2024年，国家发展改革委安排中央预算内投资、增发国债资金和超长期特别国债资金共超过4700亿元，重点支持城市燃气、排水等地下管网改造和城镇老旧小区改造等城市更新项目。今后几年，城市燃气、供排水、供热等管网建设，城镇老旧小区改造、城中村改造、危旧住房改造、老旧街区（老旧厂区）改造等有一定收益的城市更新项目，仍将是政府的重点目标对象，继续加大其投资支持力度。

在新型基础设施建设方面，作为现代化基础设施体系的重要组成部分，新型基础设施在稳投资、调结构、惠民生等方面发挥着越来越重要的作用。据中国信息通信研究院测算，"十四五"时期，我国新型基础设施建设预计带动投资超10万亿元。埃信华迈（IHS Markit）的一项研究表明，2020—2035年，中美两国在5G的投资规模分别达到1.1万亿美元和1.2万亿美元，分别占全球5G投资总额的24%和28%。到2035年，中国5G相关产业链的产值规模将达到9840亿美元，超过美国的7190亿美元，位居世界第一。华为技术有限公司、中国信息通信研究院等单位联合发布的《5G人才发展新思想白皮书》显示，到2030年，5G将直接创造800多万就业机会，5G通过产业关联和波及效应间接创造行业千万级人才需求。

在资本边际收益率下降的情况下，以往"铺摊子、上项目"的投资方式已不可持续。只有扩大有效益的投资，才能提升投资的回报率和可持续性，恢复企业投资意愿。今天的投资是明天消费的基础。**从长远看，只有扩大有效益的投资，才能通过高质量供给的形成及其向未来消费的转化，更好满足人们对美好生活的需要。**社会投资是经济发展活力的重要标志。扩大有效益的投资，需要充分发挥政府投资对社会投资的引导和带动作用，协作形成有质量、有活力、有收益的投资。

三是形成消费和投资相互促进的良性循环有诸多新机遇。消费是社会生产的目的和动力源。消费需求增长会激发企业扩大投资的动力。**投资增长将带来生产能力的扩大，既可提供社会产品满足居民消费需求，又能带动就业增加和工资增长，提高就业人员的消费能力和意愿，促进消费增长。**消费与投资是相互促进的关系。但这种关系能否形成良性循环，在很大程度上取决于消费潜能是否得到充分释放，从而带动形成消费投资的良性互动、动态平衡。随着我国经济由高速增长阶段转向高质量发展阶段，我国消费和投资相互促进的良性循环同样面临诸多新机遇。运用数字技术促进消费结构升级，培育壮大消费新业态新模式，将更好衔接产供需关系，畅通国内大循环。适应城乡融合发展和区域协调发展趋势，释放城乡、各地区居民的差异化品质化消费潜力，释放重点群体消费潜能，可以有效发挥消费的引导作用，促进生产力布局优化和跨区域投资合作。顺应绿色消费发展趋势，有助于推动产业绿色低碳转型，促进投资结构优化升级。以开放推动国内国际消费市场联动，可以发挥消费品进口的示范和竞争效应，刺激国内企业加大产品创新投资，打造具有国际竞争力的优质自主品牌。

对策建议

当前，要加大改革力度，完善消费长效机制，促进消费扩容提质，激发投资潜力，完善优化供给体系，形成消费投资良性循环，加快培育完整内需体系。

第一，需激发有潜能的消费。应紧抓新一轮科技革命机遇，推进科技对传统实体商业的升级改造，推广应用新型设施和设备，提升消费自动化便利化水平。发展智慧超市、智慧餐厅、智慧家政、数字文化、智能体育、"互联网+托育"、社交化营销等消费新业态，拓展消费新空间。加大消费中心城市、消费示范城市和特色消费城镇建设，着力打造首发品牌和服务消费生态圈，促进消费空间扩容升级。我国住房、汽车消费占居民消费支出的比重仍然较大。应增加地方存量房收储的政策支持，加大保障性住房供给和建设，满足工薪群体刚性住房需求。打好保交楼攻坚战，稳定社会对房地产市场的预期。因城制宜调整或取消购房限制性措施。统筹各城市汽车消费由购买管理向使用管理转变，增加道路和停车场建设，满足居民购车需求。与发达国家相比，我国居民消费结构中服务消费比重明显偏低，服务消费将成为新增长点。应适应老龄化、少子化的需要，大力发展银发经济、家政服务等，形成全人群、全生命周期的人口服务体系。放宽中高端医疗、休闲度假、文化旅游等领域的供给，满足中高收入群体多样化的消费需求。逐步增加公共服务消费，发展多样化、个性化服务。

第二，需扩大有效益的投资。投资是扩大国内需求的重要环节。要加大科技和产业投资，超前开展重大科技基础设施和关键共性技术、前沿引领技术研发能力建设，培育壮大新兴产业和未来产业，推动传统产业转型升级。加快专项债发行使用进度，用好超长期特别国债，更大力度推动大规模设备更新。加强高速泛在、天地一体、集成互联、安全高效的信息基础设施建设。提高交通基础设施多层级网络覆盖水平，构建"通道+枢纽"、覆盖县乡村、一体高效智慧的物流网络，着力加强冷链物流网络建设与应用，强化现代流通体系建设的基础支撑能力。加大城市更新投资，加强城市生态修复和功能完善工程、新型城市基础设施建设，加强城镇老旧小区改造。坚持控煤、稳油、增气，大力发展非化石能源产业，构建多能协同新型能源体系。

第三，要形成消费和投资相互促进的良性循环。应推动企业加大研发设计、生产加工、经营管理、销售服务等业务上的数字化转型投资，提升对消费的智能反馈和供给匹配能力。适应城乡区域协调发展趋势，促进生产力布局优化和跨区域投资合作。加大绿色家电以旧换新的支持力度，通过实施绿色消费积分制、发放绿色消费券、优化财政补贴和给予价格利息优惠等办法激励绿色消费，推动产业绿色低碳转型，促进投资结构优化升级。充分利用进博会、消博会等展会平台，增加中高端消费品和海外创新产品的展示宣传，拓宽其传播营销渠道，加大引进力度，发挥消费品进口的示范和竞争效应，刺激国内企业加强产品创新，打造一批具有国际竞争力的优质自主品牌。营造共享型消费良好生态，建立供方信誉评价和需方信用评价机制，打击假冒伪劣，加强消费者权益保障，推动平台服务创新和产业价值链重构，提升资本配置效率。

第四，要进一步调动民间投资积极性，扩大有效投资。恢复民间投资活力是当前亟待解决的问题。要深入破除市场准入壁垒，推进基础设施竞争性领域向经营主体公平开放，完善民营企业参与国家重大项目建设长效机制，稳定民间投资预期。实现各类所有制企业平等竞争，在税收、用地、项目审批等方面一视同仁，更多释放民营企业投资活力。鼓励更多社会资本参与创投股权投资和天使投资基金，拓展商业银行参与股权投资支持科技创新的空间，满足民营科技企业的资金需求。加强民营企业工程款拖欠等突出问题的监管，推进账款清偿法律法规体系建设。支持引导民营企业建立以股份制为基础的现代企业制度，形成股东会、董事会与经营层之间科学的治理结构，实现自身健康发展。

第五，要多渠道增加居民收入。收入是影响消费水平和消费预期的关键因素。应加大对农业转移人口在社会保险、随迁子女教育等方面的财政补助，增强对特困人员、孤儿等困难群众的支持力度。通过公共资源保护、生态环境治理、社会服务改善和公共事业振兴等项目建设，为困难人员提供更多新就业岗位。进一步完善城乡居民社会养老保险制度，提高基础养老金水平，覆盖更多农村老年群体。完善劳动者工资合理增长、支付保障机制，增加城乡居民财产性收入，提高中低收入群体购买力。构建有利于扩大中等收入群体的税制体系。适应新质生产力发展需要，完善企事业单位薪酬激励机制，形成充分体现知识、技术价值的收入分配机制。

完善扩大消费长效机制[1]

依绍华

中国社会科学院财经战略研究院研究员

消费是我国经济增长的重要引擎。党的二十届三中全会对加快培育完整内需体系作出全面部署，提出"完善扩大消费长效机制"。2024年7月30日召开的中央政治局会议强调："要以提振消费为重点扩大国内需求。"2024年以来，我国消费市场保持平稳恢复态势，受2023年部分月份高基数影响，1—8月社会消费品零售总额增速（3.4%）低于2023年同期水平（7.0%）；服务零售额同比增长6.9%，增速低于2023年同期水平（19.4%）。但是，最终消费支出对经济增长贡献率仍高达60.5%。可以看出，**无论现在还是未来，消费始终是拉动经济增长的第一动力，对经济发展起到基础性作用。**

当前，国际国内形势复杂严峻，我国经济运行承压，消费市场规模增速放缓。为此，完善扩大消费长效机制对扩大国内需

---

[1] 本文发表于《人民论坛》2024年第19期。

求、加快培育完整内需体系，具有重大指导意义，也符合当前经济发展的现实需要。

完善扩大消费长效机制的内涵特征

中国特色社会主义进入新时代，我国社会主要矛盾已经转化为人民日益增长的美好生活需要和不平衡不充分的发展之间的矛盾。消费是最终需求，是畅通国内大循环的关键环节和重要引擎，对经济具有持久拉动作用。**完善扩大消费长效机制，提升消费在经济发展中的基础性作用，对实现高质量发展具有重要意义**。进入新时代，以出口驱动和投资驱动为主的经济增长模式已转变为消费驱动型经济，以提振消费为重点扩大国内需求不仅是建设现代化经济体系的应有之义，也是践行以人民为中心的发展思想的基本出发和归宿。

作为世界第二大经济体，我国消费持续恢复和扩大具有坚实基础。我国人均GDP连续三年超过1.2万美元，拥有全世界人数最多的中等收入群体，具备全球最完整、规模最大的工业体系、完善的配套能力和不断增强的科技创新能力，是最具潜力的超大规模市场。近年来，我国居民消费需求已从"有没有"向"好不好"甚至"优不优"升级，消费特征由大众化向个性化、多样化、多层次化趋势发展。因此，**为更好满足人民群众服务消费需求，完善扩大消费长效机制需要具有系统性、长期性、稳定性和**

增长性特征。

第一，完善扩大消费长效机制具有系统性。消费是一切经济活动的起点和终点，马克思把社会再生产过程看作是生产、分配、交换、消费四个环节构成的统一体，提出"生产表现为起点，消费表现为终点，分配和交换表现为中间环节""没有需要，就没有生产，而消费则把需要再生产出来"等重要观点。完善扩大消费长效机制要处理好消费与生产、分配和交换各环节之间的关系，尤其是注重供需衔接与匹配，上下游产业链供应链协同发展并形成有机系统。

第二，长期性意味着动态持续性。消费要推动形成需求牵引供给、供给创造需求的更高水平动态平衡。为此，要以进一步全面深化改革为主线，以产业升级提升供给质量，以稳定就业为前提稳定收入预期，提高有效供给与有效需求匹配的灵活性，实现要素资源优化配置。

第三，稳定性是指持续有效并发挥作用。消费和投资共同构成内需，要把扩大消费需求与合理增加有效投资相结合，以有效消费需求拉动有效投资，形成消费与投资相互促进的良性循环，持续释放消费潜力和扩大国内需求。

第四，增长性体现为增强消费需求的拉动作用。有效市场和有为政府更好结合，以创新为引领，形成更多新的增长点增长极，为消费提质扩容释放潜力空间。

上述四个特征相辅相成、相互呼应，共同构成完善扩大消费长效机制的内涵与特色，推动经济持续健康发展，使完善扩大消费长效机制更具战略意义。

完善扩大消费长效机制的着力点

我国经济已由高速增长阶段转向高质量发展阶段，社会消费需求呈现日益个性化、多样化、品质化的升级趋势，反映出人民群众对美好生活的向往和追求。由于目前我国正处在转变发展方式、优化经济结构、转换增长动力的攻关期，完善扩大消费长效机制仍存在一些难点堵点。对此，一方面，需要以高质量发展为核心目标，以深化供给侧结构性改革为主线，改善供给质量，增加有效供给；另一方面，在推动高质量发展过程中，以提振消费为重点扩大内需，发挥投资对优化供给结构的关键性作用，推进中国制造向中国创造转变，中国速度向中国质量转变，制造大国向制造强国转变，从而也为进一步全面深化改革、推动经济高质量发展提供更大的施策空间。

习近平总书记强调："我们必须充分发挥国内超大规模市场优势，通过繁荣国内经济、畅通国内大循环为我国经济发展增添动力。"同时，也要通过发挥消费潜力，"更好联通国内国际两个市场、用好两种资源，提升国内大循环内生动力和可靠性，增强对国际循环的吸引力、推动力"。**完善扩大消费长效机制，不仅有助于构建完整内需体系，而且有助于推动经济发展质量变**

革、效率变革、动力变革，提高全要素生产率。通过消费潜力释放加快促进新质生产力在实体经济领域的应用，可以推动实体经济和数字经济深度融合，激发科技创新动力，塑造产业发展新优势和新动能，增强我国经济创新力和竞争力。

释放消费潜力是一个系统性工程，在释放消费潜力的同时，也要系统性地推进各项改革，努力营造有利于消费稳步增长的环境。其一，以进一步全面深化改革为主线，推动供需畅通，提高有效供给与有效需求匹配的衔接性与灵活性，实现要素资源优化配置，提高国民经济循环质量。其二，将扩大消费需求与合理增加有效投资相结合，增强对经济增长的拉动作用。**消费是经济增长的最终目的和持久动力，投资是消费实现的基础条件，要以有效消费需求拉动有效投资，实现更高水平供需动态平衡。**形成市场主导的有效投资内生增长机制，推动经济结构优化升级，实现经济持续健康高效协调发展。其三，有序扩大我国商品市场、服务市场等对外开放，在扩大国际合作中提升开放能力。以消费作为"引进来"的动力引擎，增强国内有效供给能力，更好地满足多样化、个性化和品质化消费需求。其四，减少限制性措施，释放消费潜力。目前，部分地区在住房、汽车等领域仍有一些限制性规定，不利于改善性需求的释放。此外，商贸、生活服务类企业在大型促销活动、各类综合性活动方面审批程序烦琐、流程较长，一定程度上对企业经营活动造成影响，应及时减少相关限制性措施，为企业经营释放更多空间。

完善消费长效机制的路径

作为超大规模经济体，面对全球新一轮科技革命与产业变革的重大机遇和挑战，我们应当把完善扩大消费长效机制，加快构建完整内需体系，形成驱动经济高质量发展的内生增长动力作为新发展阶段构建新发展格局的重大现实课题。因此，面对影响居民消费增长的消费能力、消费意愿、有效供给等因素，完善扩大消费长效机制的关键在于打通"生产、分配、交换、消费"各个环节来畅通国内经济大循环，目标是解决消费环节面临的各种"堵点、痛点和难点"问题，政策手段是多措并举促进消费提质扩容、优化供给结构和创造消费新动能。

第一，多渠道增强消费能力。习近平总书记指出："要建立和完善扩大居民消费的长效机制，使居民有稳定收入能消费、没有后顾之忧敢消费、消费环境优获得感强愿消费。"因此，完善扩大居民消费的长效机制，要以满足人民日益增长的美好生活需要为方向，积极调整消费政策，增强消费能力，把握消费结构升级方向，建立消费需求长期稳定可持续增长的有效制度体系。

提升居民收入水平，稳定收入预期。**决定消费的重要变量是收入。促进消费稳定增长，根本途径是促进居民收入增长，稳定居民收入预期**。党的二十届三中全会审议通过的《中共中央关于进一步全面深化改革、推进中国式现代化的决定》提出："提高居民收入在国民收入分配中的比重，提高劳动报酬在初次分配中的比重。完善劳动者工资决定、合理增长、支付保障机制，健全按要素分配政策制度。"这是提高居民收入的治本之策。一是在初次分配与再分配中向低收入人群倾斜，逐步提高城镇低收入群体最低生活保障标准，加大对低收入群体的帮扶力度，推动其收入稳定增长。二是建立健全工资性收入随企业利润增长动态调整机制，扩大中等收入群体；在不提高企业经营成本的前提下，通过调整企业税负和工资费用，来提高就业人员的工资性收入。依法保护居民合法经营收入，有序以个人所得税等税种调节过高收入，更加注重税负的纵向和横向公平，大幅降低中低收入家庭的税收负担，通过"藏富于民"的方式改善居民消费结构。三是提升农村居民收入水平。积极通过各项举措实现农村居民经营性收入和工资性收入的稳定增长，鼓励农村居民为生产经营活动而购买保险，降低因季节性、气候性、经济性等不可抗力因素所造成的经营收入降低风险；同时配套完善农村救灾资助办法，避免因灾返贫现象。四是充分发挥财富效应对消费的促进作用。进一步规范资本市场发展，不断提高居民在基金、债券和股票上的投资获得感，通过稳步提升投资收益和财富效应来促进居民消费。

2024年9月25日发布的《中共中央、国务院关于实施就业优先战略促进高质量充分就业的意见》提出，"强化宏观调控就业优先导向"。就业稳，增收有支撑。在实践层面，更加突出就业优先导向，确保重点群体就业稳定，强化农民增收举措，营造更加有利于创新创业创造的发展环境，多渠道增加居民财产性收入。建立健全培训共建共享机制，以技能提升拓展就业岗位。引导微商、电商、网络直播、知识分享等平台规范发展，形成灵活多样的个体经济"就业池"。支持以微经济实现兼职就业和副业创业，支持共享用工等新就业形态发展，引导用工外包服务等平台规范发展。

第二，激发居民消费意愿。深入推进社会保障制度改革。将城镇各类劳动者纳入社会保险的保障范围，建立健全由基本养老保险、企业年金和职业年金、个人储蓄型养老保险和商业养老保险等构成的多层次多支柱养老保险制度，将农民工等农村非农产业群体纳入社会保险范围。政府应通过增加市场供给和财政补贴相结合的方式解决居民"看病难、住房贵、教育资源不均衡"等问题；不断扩大公益性社会机构规模，完善救助资助办法，逐步解决低收入群体的公共服务需求。同时，根据农村居民和城镇居民不同的公共服务需求，构建健全的服务体系，逐步减轻居民"预防性消费"的负担。**尽可能地通过社会保障体系的不断完善，解决居民的养老、医疗、教育、住房等大额刚性需求和意外支出需求的后顾之忧，提高居民的消费倾向，增加消费支出。**

第三，优化供给结构，以高质量供给满足和创造新需求，推动形成供需互促、产销并进的良性循环。习近平总书记指出："要搞好统筹扩大内需和深化供给侧结构性改革，形成需求牵引供给、供给创造需求的更高水平动态平衡，实现国民经济良性循环。"政府作为宏观经济运行的重要参与力量，可从制度供给和公共产品供给两方面着手，以推动消费政策供给方式转变为关键，提升产品创新能力，扩大公共产品供给，改善供给结构，提升供给质量。

提升产品创新能力。创新是经济发展的原动力，在当前消费群体日益多样化、消费结构日益动态化的背景下，产品差异化成为企业保持持久竞争优势的关键所在。**产品创新要根据市场需求导向来开展研发，根据对不同收入群体未来需求的细分，通过更加先进、科学的消费知识和理念的传播，来提供更多"量体裁衣"的创新消费品。**加之，由于不同收入群体的消费需求和不同消费群体的消费倾向存在着明显差异，因此，应按照政府产业导向政策和居民潜在消费热点，针对不同消费群体进行市场需求细分，积极开发不同的消费品类。重点在新能源汽车、节能家电家居产品、电子产品等领域进行技术创新和时尚设计，形成引领消费的创新产品体系。同时还要充分利用物联网、云计算、大数据、人工智能等新兴技术，充分挖掘消费者需求，动态追踪消费者偏好，采用定制化生产方式，快速生产能满足消费者需求的个性化产品，提供更加多样化的定制服务。

优化公共消费结构。加大财政对教育、医疗、养老等民生领域的支出力度，补齐基本公共服务短板，加快推进基本公共服务均等化。推动县域义务教育供给均衡化，改善县域医疗卫生服务基础设施建设。优化公办养老机构供给资源利用效率，优化特困人员供养服务设施布局，构建互助型农村养老服务体系等基本养老服务供给。

加强便民服务设施建设，提升服务消费供给质量。推进家政服务、美容美发、文化健身、休闲娱乐等服务消费的规范发展。大力加强新型消费服务设施建设，预见性地科学规划和建设私人机场、汽车宿营地、游艇码头等新兴服务设施；重点增加三线及以下城市的文化馆、图书馆、艺术馆等服务设施供给；精准配备加油站、加气站、充电站等便民服务设施，更好满足服务消费需求。

第四，培育消费新动能新优势。当前新一轮科技革命和产业变革深入发展，数字化浪潮席卷全球，深刻改变了经济社会的各个领域，涌现出各类新业态新模式，极大拓展了消费空间，激发了消费潜能。智能硬件不断升级、智能服务快速普及和持续迭代，将推动智能化市场以几何级数增长，并以数智化技术赋能提升传统消费，为经济高质量发展创造有力的需求支撑。

为此，应加快推进线上线下深度融合，促进商贸流通与制造、交通、金融等行业跨界融合，加速推进新消费相关上下游产业数字化进程，延伸产业链，塑造新消费业态；加快5G技术应用场景研发，推动5G、NB-IoT和IPv6规模组网建设及商用，加强无人驾驶汽车、消费级无人机等实物型商品和云直播、VR等服务型商品研发，在高新视频、物联网、通讯等领域搭建应用场景，丰富消费新场景、新业态、新模式。

鼓励新型消费载体发展。在城市规划调整、公共基础设施配套、改扩建用地保障等方面给予支持。鼓励经营困难的传统百货商店、大型体育场馆、老旧工业厂区等改造为商业综合体、消费体验中心、健身休闲娱乐中心等多功能、综合性新型消费载体。加大对重大基础设施、民生项目等建设用地的保障力度，进一步完善土地和商圈等资源改造利益共享机制。

多主体共同打造消费多样化场景，促进商旅文体等跨界融合。以城市步行街为载体，建设集购物、餐饮、文化、休闲、娱乐等于一体的标志性商圈，打造高端品牌、特色小店、风味美食等不同类型的消费集聚区，丰富满足居民社交、体验等多样消费需求的零售场景，提升城市群都市圈消费活跃度。支持各地构建政企协同促消费机制，以大型节假日为契机，定期举办大型促消费活动，整合实体零售、文娱演出活动、知名景区等多种消费资源，培育绿色消费方式，打造有活力、有特色、有吸引力的文娱体验消费新空间。

第五，持续优化消费市场环境。通过发挥"有形之手"的积极作用，政府综合运用行政手段、法律手段、经济手段等逐步改善市场消费环境，提高居民消费满意度。

优化监管体系、完善管理机制。加大消费品市场监管力度，探索实行"互联网+监管"模式，建立跨部门、跨地区协同管理机制，创新电子商务新模式新业态监管模式，规范市场主体经营行为，保障消费者知情权、自主选择权和公平交易权，细化新业态新模式行业管理办法和监管规则，规范直播带货、数字营销等行为；加大对农村消费市场的监管强度，强化打击假冒伪劣商品力度，维护公平竞争的市场秩序。

增强线上线下消费者权益保护，完善消费者维权服务体系。畅通投诉渠道，降低维权成本，引导社会各方参与食品安全治理，为消费者营造安全放心的消费环境；进一步提升农村居民的消费维权观念，做好教育宣传工作，增强农村居民的消费维权意识和权益保护能力。

供需两端协同发力推动消费提质升级[①]

夏杰长　中国社会科学院大学商学院副院长、教授
陈　婷　浙江金融职业学院助理研究员
王文凯　中国社会科学院财经战略研究院助理研究员

消费是内需体系的重要支撑，是中国经济发展的基本动力，是满足人民日益增长的美好生活需要的必然要求。党的二十届三中全会对加快培育完整内需体系作出全面部署，提出"完善扩大消费长效机制"。扩大消费需要从供需两端协同发力，增强消费对经济发展的基础性作用，推动消费提质升级，为经济增长培育新动能。

供需两端协同发力破解消费难题

目前，我国消费发展面临难题，其中既有总需求不足的问题，也有供给无法满足多样化、差异化消费需求新模式导致的问

[①] 本文发表于《经济参考报》2024年12月12日第8版。

题。由此，**必须坚持供给和需求两个方面协同发力，把激励消费需求同深化消费供给侧改革有机结合起来。**

立足实施扩大内需战略释放消费需求潜力。当前，部分行业的供大于求成为影响经济平稳运行的问题之一。解决这一问题，需要聚焦提升有效需求，以有效需求拉动有效供给，使供给和需求在更高水平上实现平衡。我们要充分发挥国内超大规模市场优势，厚植国内巨大消费需求，积极实施扩大内需战略，释放内需潜力尤其是消费潜力。

以供给侧结构性改革破解消费供给结构性不足难题。总体看，我国消费品供给十分丰富，但结构性供给不足依然存在，主要体现在高质量、高水平的商品和服务供给不足，大量消费需求在国内得不到有效满足，导致消费需求外流。同时，有效供给不足导致"刚性"需求得不到满足。随着人民群众收入的稳步提升，优质医疗服务、教育公平、住房改善、优美环境和洁净空气等"刚性"需求越来越多，但这些领域的供给却相对滞后。有效供给不足也会抑制消费提质升级。随着我国居民需求结构向更高层次转变，供给结构调整迟缓会导致产出与需求结构不匹配，出现低端产品和服务过剩与高端产品和服务不足并存的状况。有效供给不足使得居民提质升级的消费需求无法得到满足，进而抑制消费提质升级。因此，**需要从供给侧深化结构性改革，通过优化要素配置和调整生产结构，提升供给体系质量和效率，提高供给结构对有效需求的适配性。**

深刻把握当前我国消费发展的新趋势和新特征

当前，我国消费发展出现了一系列新趋势和新特征。把握这些趋势和特征，有利于推动消费提质升级。

首先，国货消费掀起消费新热潮。近年来，我国消费者的国货品牌消费意识明显增强，对国货的认可度明显提高。尤其是以"90后""00后"为代表的年轻消费群体成为国货消费的主力。随着人均国内生产总值超过1万美元，我国开始进入"国货平替"消费新阶段，中国制造的时尚消费品因高性价比和供应链优势而愈发具有竞争力。**随着产品创新和质量提升速度的加快，国货消费将出现加速发展的趋势。**

其次，服务消费释放消费新潜力。随着人均收入水平提高，我国居民的消费需求结构也在相应升级，对精细化、高品质的服务需求日益增加，从而推动消费结构加速升级，消费内容逐渐由生存型消费向发展型消费转变，从商品消费主导向服务消费主导转变。从服务消费占全部消费的比重看，2013年至2023年，我国服务消费支出比重从39.7%提高到45.2%。与发达国家相比，我国服务消费占比仍然偏低，说明服务消费仍有巨大的增长潜力。

第三，消费市场下沉激发消费新活力。从收入看，2012年至2023年，我国农村居民人均可支配收入实际增长111.4%，增速连续11年超过城镇居民。从支出看，城镇居民人均消费支出从2013年的18488元提高到2023年的32944元，提高了近0.8倍；农村居民人均消费支出从2013年的7485元提高到2023年的18175元，提高了约1.4倍。从人均消费支出绝对水平看，城镇居民远高于农村居民，但从增长速度和差距来看，农村居民的增速更快，城乡之间消费差距正在缩小。因此，**消费市场下沉趋势明显，农村消费市场是新的消费活力增长点。**

第四，直播消费拓展消费新空间。随着数字经济的飞速发展，电商直播作为一种消费新模式既解决了传统电商网购"没有实时互动"和"摸不着"的两大痛点，同时又增加了网络互动，打开了新的消费空间。数据显示，2023年直播电商成交额达4.9万亿元，增长35%。电商直播通过挖掘消费者的偏好进行智能推荐，将偏好链接到商品，进而使用直播具象化商品，刺激消费者的偏好，实现从偏好到消费的转变，扩大商品消费新空间。

供需两端齐发力促进消费提质升级

第一，释放多样化需求潜力，扩大优质消费供给。一是关注多样化消费需求，培育新兴消费增长点。不断适应我国人口结构变化和消费主体多样化，引导我国消费供给多层次、多元化、多场景发展。二是积极培育新型服务消费，使之成为新的消费热点和亮点。支持服务消费新模式新业态发展，顺应消费结构提质升级。培育在线教育、线上医疗、网络零售等新型服务消费，深挖和激发服务消费潜力。三是加快线上线下深度融合，拓展新业态新模式新场景。推动互联网平台企业向线下延伸拓展，加快传统线下业态数字化改造和转型升级，发展个性化定制、柔性化生产。四是深化供给侧结构性改革，加大中高端消费供给。加强品牌建设，培育自主高端消费品牌，积极拓展国产品牌销售渠道，提升我国高端消费品的供给水平。

第二，坚持数字赋能，推动消费扩容提质增效。一是促进企业数字化转型，推动行业降本增效。加快实体企业的数字化改造，运用推广大数据、人工智能、5G+、物联网等新兴技术，实现生产、销售、配送和服务等环节数字化升级，提高消费相关行业的生产效率。二是发挥平台经济促消费的关键作用，提升消费体验感。在需求端，进一步为线下服务提供线上连接渠道，挖掘消费需求；在供给端，持续拓展服务时间和半径，促进供需时空匹配，提升服务效率。三是加快数字标准化建设，提高行业供给效率。加快构建和完善商品和服务的数字标准化体系，提升信息透明度和对称性，降低交易成本。依托标准化建设，促进分工协作专业化，发挥规模经济效应，提高商品和服务供给效率。

第三，完善促消费体制机制，形成消费高质量发展的制度保障。一是深化改革，鼓励社会资源加大产品和服务供给。释放民营企业特别是中小微企业市场活力，营造公平竞争的市场环境。二是坚持开放发展，扩大消费领域开放能级。加快生活消费领域市场开放，鼓励和引导外资参与发展社会服务业。不断扩大服务业外资市场准入、投资促进保护的制度型开放。加快完善跨境服务贸易负面清单，促进服务贸易标准与国际接轨。三是改善消费环境，强化消费市场监管。进一步加强在信息消费、金融消费、医疗健康消费等新型消费领域的消费者保护立法，保障消费者个人信息安全和隐私。完善消费者和社会监督评价机制，畅通服务评价和投诉渠道，加大对虚假营销、假冒伪劣服务产品的打击和处罚力度。

第四，打造多元化消费场景，构建消费生态体系。一是结合各地的资源禀赋，打造差异化消费场景，避免消费出现"审美疲劳"，刺激消费者的消费需求。二是适配消费者多层次消费需求，构建围绕吃穿住行用玩等多层次消费场景，打破单一消费场景的限制，为消费者提供想消费就能满足消费的载体。三是针对不同的消费群体提供不同的消费场景。消费群体因为身份、收入、消费理念等存在较大的差异，因此需要有针对性地提供消费场景。总体而言，**打造消费场景的目的是构建消费生态体系，消费生态体系要涵盖上述三个不同的方向，三者之间存在密切联系，构成完整的有机体，从供给端的角度实现消费的提质升级。**

第五，顺应服务消费占比不断提升趋势，加强现代服务业基础设施建设。现代服务业基础设施是以新发展理念为引领，面向服务业优质高效发展需要，集信息网络、平台体系、创新应用、可信安全、服务设施、质量标准等功能于一体的基础设施体系，对于打造消费生态体系具有无可替代的作用，因此需要加强对现代服务业基础设施的建设。一是加强服务业数字化基础设施建设，比如，加强各级各类服务平台融合类基础设施建设，包括各类旨在实现互联互通、协同服务的"互联网+服务"平台，如行业大数据中心、行业云、行业基础数据库等。二是加强服务业创新性基础设施建设，特别是服务业共性基础技术研究，如智能服务、大规模复杂服务网络、服务机器人、生活服务生态化、跨境贸易协同服务、文旅融合、全媒体等重点领域的关键环节核心技术研发。三是加强服务业品质化基础设施建设，其目的是增强优质服务供给能力，推动服务业品质化升级所需品牌、标准的建立和质量的提升，为消费提质升级保驾护航。

大力提振消费须综合施策[1]

杨志勇

中国财政科学研究院院长、研究员

2024年12月召开的中央经济工作会议确定2025年的九大重点任务中的第一件就是"大力提振消费、提高投资效益，全方位扩大国内需求"。提振消费是2025年经济工作的重中之重。大力提振消费，需要结合消费的基本特征，从多个方面来加以促进。

多渠道增加居民收入

消费是居民收入的函数。从根本上说，提振消费需要从根本上提高居民收入水平。只要居民收入水平上去了，消费的扩大就是自然而然的事。因此，要多渠道增加居民收入。对于多数人来说，居民收入的主要形式是劳动收入，那么，就业在增加居民收入中就扮演着极为重要的角色。**落实就业优先政策，创造更多的**

---

[1] 本文发表于《学习时报》2025年1月1日第2版。

就业机会，让居民通过就业得到更多的劳动收入，从而为消费的提振提供最根本的支持。消费和投资并不一定互斥。在一定意义上，二者是互补关系。投资创造就业机会，增加供给，前者提供劳动收入，后者为消费需求的满足提供支持。高质量发展意味着更多的高附加值就业机会，意味着更为丰富的供给，相应地，提振消费的目标将在更高层面上实现。

提高居民收入水平，最重要的是提高居民可支配收入水平。政府改善社会保障和公共服务水平，可以减少居民在养老、医疗等方面的支出，从而提高居民可支配收入。增加居民的转移性收入，也是增加居民可支配收入的直接举措。2025年适当提高退休人员基本养老金，提高城乡居民基础养老金，对于已经退休的老人来说，这是他们的直接可支配收入。同时，这对于未退休的居民来说，也会传递退休之后的收入预期，从而减少为退休所进行的储蓄，将居民收入中的更大份额用于消费。2025年提高城乡居民医保财政补助标准，也具有类似效果，对于提振消费有直接帮助。

居民收入水平不同，边际消费倾向也不同。一般说来，居民收入越高，边际消费倾向越低。2025年推动中低收入群体增收减负，实际上是在增加中低收入群体的可支配收入，提振消费效果较好。中低收入群体可支配收入的上升，意味着消费能力的提升，消费意愿相应转变，消费层次也会随之上升。

收入还包括财产性收入。宏观经济政策有效实施，稳住楼市股市，资产价格就有望上升，这意味着居民可以从中受益，得到更多的财产性收入，无论楼市还是股市，莫不如此。

总之，老百姓的腰包鼓了，消费能力随之上升，提振消费的目标就能够实现。

降低消费品的价格和税费负担

消费是价格的函数。商品和服务的价格下降，也有助于消费的扩大。政府为消费提供价格补贴，在其他条件不变的情况下，也意味着价格的下降，同样有利于消费的提振。消费政策的改进，也能促进消费。2024年"两新"政策的实施，特别是其中的消费品以旧换新政策，促进了消费的扩大。在此基础上，2025年加力扩围实施"两新"政策，进一步扩大政策覆盖面，加上补贴申报流程的优化，消费品以旧换新政策效果将更加明显，进一步促进消费的升级和扩大。

商品交易税费负担的下降，意味着消费者支付的税费总额的下降，也可促进消费。新能源汽车免征车辆购置税，与传统燃油车相比，税费负担轻，近年来新能源汽车消费的扩大与此不无关系。住房交易税费负担的下降，也会促进住房消费。设定普通住宅和非普通住宅标准，同时对后者设定较高的税负，就会抑制后者的交易。随着居民收入的提高，对住房的改善性需求在扩大，美好生活需求中的住宅需求亟待得到更好的满足。取消普通住宅和非普通住宅标准，更重要的是降低交易税负，在其他条件不变的情况下，有助于扩大住宅的消费。对第二套住房征收比第一套住房更高的契税，同样抑制对第二套住房的消费。对第二套住房与第一套住房征收一样的契税，就会促进第二套住房的消费。按1%的税率缴纳契税的住房面积从90平方米提高到140平方米，就会促进更大面积住房的消费。对出售自有住房并在现住房出售后一年内在市场重新购买住房的纳税人，对其出售现住房已缴纳的个人所得税予以退税优惠，这同样有助于住房消费的扩大。总之，**根据住房消费改善的实际情况，优化住房交易税费制度，对提振消费是有利的。**

创新多元化消费场景

消费场景的扩大，创新多元化消费场景，也是提振消费的重要举措。**单一的消费场景，对于消费的提振是不利的。多元化消费场景，意味着消费有了更多可能。**消费新业态提供了更多的体验式消费，创造出新消费场景。科技赋能的数字新消费场景，为满足更多更加多样化的消费需求提供了可能。

放松消费的限制，既是消费场景扩大的表现，也是大力提振消费的重要举措之一。在特定条件下，大城市对汽车牌照、对商品住宅购买的限制，在很大程度上抑制了潜在的消费。汽车牌照的限制，在特定时期可以减少城市中的汽车拥有量，对缓解交通状况有一定帮助。但实际上，改善交通状况的方式很多，过度限制汽车牌照不见得是最优的选择。提高车辆使用成本，如城市中心区或拥堵地区停车费上涨，就可以大幅减少汽车的使用，缓解交通拥堵。优化汽车牌照管理，可推动汽车牌照价值回归，部分主要为了维持车牌而存在的"僵尸车"将因此不复存在，从而释放出更多的道路资源和停车资源，促进资源的有效利用。对于大城市的郊区和农村居民家庭用车来说，优化汽车牌照管理的好处也显而易见，这些地区公交地铁相对不够发达，出行不便，车辆牌照限制放开，将让这些地区居民的潜在消费有机会转化为现实消费，从而改善他们的出行。此外，优化汽车牌照管理，还可以减少现实中的车牌租用所产生的纠纷，有助于社会和谐。

取消住房限购，同样可以促进住房消费。取消住房限购，可以让一些潜在消费转化为实际消费。住房消费毕竟是大笔消费，影响住房消费的因素很多。对房地产市场健康发展的预期，有助于促进住房消费。取消住房限购，是形成房地产市场健康发展预期的一个重要举措，是用市场的办法来配置住房，让市场在住房配置中的作用得到更充分的发挥。让市场的归市场，政府的归政府。政府在住房保障中的作用不可或缺，如支持改善性住房消费。人民对好房子的期盼，与取消限购一起，可能带来更大规模的住房消费。需要注意的是，取消住房限购，转化为大规模的住房消费，有一个过程，市场条件的配合至关重要。楼市止跌回稳，也将对住房消费预期的形成，起到积极作用。

大力提振消费，要在消费基础设施建设上下功夫。**适应线上线下融合消费的新情况，要促进交通基础设施数字化转型升级，推动全社会物流成本的有效降低。**

大力提振消费，更要在扩大服务消费上做文章。商品消费达到一定水平，衣食住行基本需求实现之后，改善性需求仍有提升空间，但想要再进一步改善，仍然面对不小的压力。相反，服务消费却有很大的提升空间。文化旅游业是服务消费的重要载体，文化旅游业发展，可以从供给侧层面为促进居民消费提供支持。大力发展文化旅游业，特别是挖掘中华优秀传统文化资源，提升文化旅游业的层次，更好满足人民群众对文化旅游的升级需求。

大力提振消费，要多方用力。居民在市场上消费，要尊重市场的力量。利用好首发经济。首发经济强调"首发"，对于消费者来说，除了消费新产品外，还在感受新产品的新鲜，感受消费多样性，感受时尚新潮和高品质。鼓励发展冰雪经济。冬季北方发展冰雪经济具有得天独厚的优势，但冰雪经济的发展不只是在特定季节才可以发展，应该创造条件，在不同季节，都可以让消费者有机会体验冰雪经济，做长做优产业链，让不同消费者的消费需求得到更深层次的满足。**随着人口老龄化的加剧，老年人数量增加，这是我国人口的新国情，也是发展银发经济的有利条件。**根据老年人的需求特点，提供更加适合老年人需要的商品和服务，不仅有助于扩大消费，也可以更好地促进老年人生活品质的提升。

大力提振消费，发挥市场在资源配置中决定性作用的同时，更好发挥政府的作用。财政政策在提高居民收入、增加居民可支配收入，消费品以旧换新，降低商品交易税费负担，改善消费基础设施建设、降低全社会物流成本，鼓励消费新场景的出现等多个方面都可以发挥积极作用。2025年我国实施更加积极的财政政策，持续用力、更加给力、更大力度的财政政策应当在大力提振消费中发挥更大作用，更好地推动经济持续回升向好，推动"十四五"规划的顺利收官。

如何提振消费、扩大内需？[①]

闫 衍

中国人民大学经济研究所副所长、中国宏观经济论坛（CMF）副主席

2024年9月26日中央政治局会议召开以来，一揽子增量政策效果逐步显现，11月份的宏观数据延续边际改善，规模以上工业增加值、制造业投资尤其是高新技术投资保持了较高增速，出口呈现出一定韧性，房地产销售额和销售面积降幅边际收窄。金融数据也有所改善，M1降幅较10月大幅收窄2.4个百分点至-3.7%，M2和M1剪刀差大幅收窄，表明化债在一定程度上缓释了地方政府的付息压力和融资平台的流动性压力。但与此同时，消费不足问题仍然比较突出，11月社会消费品零售总额仅增长3.0%，较上月回落1.8个百分点，1—11月累计增长3.5%，与前值持平。2024年12月的中央政治局会议和中央经济工作会议均提出要"大力提振消费""全方位扩大国内需求"。如何提振消

[①] 本文根据作者2024年12月17日在CMF中国宏观经济月度数据分析会上的发言整理，发表于《CMF中国宏观经济月度数据分析报告（2024年12月）》。

费，成为当前宏观经济运行关注的重点，同时也是2025年在出口面临较大不确定性下对冲出口压力、实现5%左右的经济增长目标的关键点。

当前我国消费需求主要特征

2024年以来我国消费增长势头持续放缓，最终消费对经济增长贡献边际走弱。11月社会消费品零售总额同比增长3.0%，1—11月累计增长3.5%，总体看增速并不高，与工业增加值5.8%的增速相比有2.3个百分点的差距。从三大需求对GDP增长的贡献率来看，最终消费对经济增长的贡献率从2023年第三、四季度的高点80%左右，下降至目前的50%左右，并且2024年第三季度与第二季度相比，也下降了10个百分点，呈持续下行态势。而出口对经济增长的贡献率达到了23.8%，即1/4左右的经济增长是由出口贡献的。整体来看，消费放缓和走弱趋势持续，并呈现出以下四个结构性特征：

一是商品消费与服务消费分化，服务消费显著偏离常态增长趋势。从服务消费和商品消费增速的变化趋势来看，服务消费增速放缓趋势更加明显，2024年1—11月服务零售额同比增长6.4%，较2023年大幅下降了13.6个百分点，而1—11月商品零售额同比增长3.2%，仅较2023年下降了2.6个百分点。从常态增长趋势来看，当前基础商品消费已经恢复到原有路径，而服务消费增长显著低于趋势线，并与趋势线之间的缺口越来越大，表明商品消费和服务消费分化进一步加大。

二是消费结构分化，与房地产相关消费回落，升级类产品消费上行。当前房地产仍处于下行周期，导致房地产相关消费回落，其增速显著慢于社零额增速，对整体居民消费形成一定拖累。另一方面，通讯、体育娱乐、汽车等升级类产品消费占比波动上行，消费内部结构呈现分化趋势。

三是消费呈现区域分化态势，消费下沉现象突出。一二线城市消费增长走弱，三四线城市消费增长相对走强。2022年以来三四线城市社零增长在总体社零增长中占比不断上升，2022年达到26.2%，较2021年大幅上升了18.1个百分点，虽然2023年有所回落，但14%的水平仍高于其他年份。另外从不同城市的社零增速来看，三四线城市社零总体增速显著快于一二线城市。例如，2024年前三季度洛阳社零额同比增长了5.9%，北京则下降了1.6%，消费下沉现象较为突出。

四是消费降级现象依然存在，终端消费的提振仍面临较大压力。疫情疤痕效应叠加前期房地产和股市下行导致财富缩水，居民消费降级的现象较为普遍。2019年以来，食品烟酒消费在居民支出中的占比持续提升，由28.2%上升至2024年前三季度的30.1%，恩格尔系数持续上行，消费降级特征突出。另外从我国几个购物平台的营收和经营利润增速来看，以消费降级为代表的拼多多2024年上半年营收增长104.9%，经营利润增长198.3%，而阿里、京东营收和经营利润增长基本上为个位数，也体现出了明显的消费降级特征。

提振消费、扩大内需的具体措施

2024年12月召开的中央政治局会议和中央经济工作会议提出，要把扩大内需作为长期战略之举，加快补上消费短板，把扩大消费放在2025年经济工作任务的首位。这意味着扩大内需将成为2025年宏观经济政策发力的重点，而提振消费是扩大内需的主要手段。根据中央经济工作会议精神，未来提振消费、扩大内需具体包括"实施提振消费专项行动，推动中低收入群体增收减负，提升消费能力、意愿和层级""适当提高退休人员基本养老金，提高城乡居民基础养老金，提高城乡居民医保财政补助标准""加力扩围实施'两新'政策，创新多元化消费场景，扩大服务消费，促进文化旅游业发展""积极发展首发经济、冰雪经济、银发经济"等。当前投资已经进入了边际乘数效应递减阶段，消费乘数已显著高于投资乘数，未来需要进一步扩大消费，提升消费对经济增长的拉动作用。具体来看，提振消费应采取以下措施：

一是继续发挥"两新""两重"对消费和经济增长的拉动作用。2024年以来，"两新""两重"在提振消费、扩大内需以及拉动经济增长方面发挥了较大作用。从当前1万亿元超长期特别国债的分配和使用效果来看，3000亿元（30%）用于"两新"领域，大约拉动GDP增长0.34个百分点；7000亿元（70%）用于"两重"领域，大约拉动GDP增长0.1个百分点。因此，2025年应继续加大超长期特别国债发行规模，从2024年1万亿元扩大至1.5万亿元规模，加大对"两新""两重"领域的支持，从而进一步提振消费，扩大内需，拉动经济增长。

二是消费品以旧换新政策效应持续释放，进一步加大政策支持力度和范围。消费品以旧换新政策在推动家电、汽车及相关消费品销量增长方面起到了比较明显的作用。商务部数据显示，截至2024年12月13日，消费品以旧换新政策已带动相关产品销售额超1万亿元。具体来看，汽车以旧换新带动乘用车销售量超520万辆；家电以旧换新带动八大类产品销售量超4900万台；家装厨卫换新带动相关产品销售量超5100万件；电动自行车以旧换新带动新车销售量近90万台。因此2025年应继续加大消费品以旧换新政策力度，加大超长期特别国债应用于以旧换新的规模，同时进一步扩围以旧换新领域。目前来看，2024年上半年第一轮以旧换新主要围绕汽车、家电、家装等商品展开；下半年第二轮以旧换新扩大至汽车、家电、家装厨卫以及电动自行车等商品。2025年应在上述基础上进一步扩围，将全品类家装家居、农机器具、手机和平板电脑等电子产品纳入消费品以旧换新政策范围，进一步扩大消费对经济增长的提振作用。

三是拓展服务消费供给，创造新需求，培育新型消费业态。

2024年8月份国务院印发《关于促进服务消费高质量发展的意见》，提出通过优化和扩大服务供给，挖掘餐饮、家政等基础型服务消费潜力，激发文旅、教育等改善型服务消费活力，培育壮大数字、绿色、健康等新型服务消费，对拓展居民服务消费起到较为积极的效果。下一步需要从政策上加大转移支付力度和扩大消费补贴范围，将消费补贴从过去的商品消费领域进一步扩大至服务消费领域，进一步扩展服务消费空间，从而带动整体消费提升。

四是将短期促消费与中期社会保障体系建设相结合，激发消费潜力。短期来看，要将促消费与惠民生相结合，重点加强对就业困难群体及低收入人口救助帮扶；通过发行超长期特别国债，加大惠民生财政补贴力度，通过政策刺激和财政补贴来进一步加大促消费力度。中长期来看，需要进一步推动社会保障体系改革，着重解决民生领域的医疗、教育、养老、托幼等短板问题，解决居民后顾之忧，提高消费意愿，释放居民大规模储蓄潜能。这其中最重要的是要加强社会保障体系的改革。当前我国在社会保障方面，整体投入还相对较低，未来需进一步提升社会保障方面的财政支出力度，进一步改善居民消费预期，将短期政策和中长期改革结合起来，更好地激发消费潜力。

五是重视公共消费对扩大消费需求的支持作用。党的二十届三中全会提出，要合理增加公共消费。当前公共消费主要分布在社会性功能较强的行业领域，比如公共管理、卫生、教育和科研等，这些领域对于扩大公共消费、推动消费提升发挥着较强的拉动作用。但是，目前我国公共消费在总体消费中占比偏低。相关数据显示，我国公共消费水平处于发展中国家的中等水平，与发达国家和经济体相比仍有较大差距，公共消费还有一定提升空间。值得关注的是，目前公共消费尤其是地方政府公共消费支出，受地方债务风险化解压力影响，在过去一段时期受到较大的约束。后续随着地方政府债务风险的化解，未来在加大公共消费支出力度方面仍有一定的空间，从而进一步提升公共消费对总体消费的拉动作用。

六是多渠道增强消费能力，促进居民收入增长与经济增长同步。2024年中央经济工作会议提出，促进居民收入增长和经济增长同步。目前来看，居民收入增长尤其是名义收入增长依然慢于GDP增长，因此在中央经济工作会议的政策推动下，预计居民收入尤其是居民可支配收入将会有所提升，对整个消费拉动作用会有所增强。目前国家居民人均可支配收入占人均GDP比例只有43%，这与发达国家70%左右的比重还存在较大差距。后续增加居民可支配收入，需要在改革和政策方面做出比较大的调整，例如通过降低居民社保缴费的比例来提升居民可支配收入。这些改革和政策调整短期内都会起到比较明显的效果，能够有效增加居民收入尤其是居民可支配收入，短期内对提振消费、扩大内需会起到比较重要的作用。

提振资本市场增强扩大内需动力[1]

刘纪鹏　中国政法大学商学院原院长
刘　彪　中国政法大学商学院讲师、资本金融研究院研究员

近年来，全球经济增速放缓、贸易保护主义加剧，国内经济下行压力加大、就业市场波动增强。中央审时度势，推出了一揽子增量政策，旨在通过系统性措施化解当前经济面临的新挑战，并为经济长期向好打基础、固根基。政策的实施涵盖了多个关键领域，值得一提的是，近期努力提振资本市场的综合措施已取得初步成效。以资本市场提振作为增量政策的重要一环，为经济整体复苏与长期繁荣注入了新的活力。

振兴资本市场对现代金融改革具有重要意义

现代金融体系根据融资方式的不同，可以划分为货币金融

---

[1] 本文发表于《中国经济时报》2024年10月23日第8版，原标题为《综合举措提振股市　深化改革振兴资本市场》。

体系（间接融资）和资本金融体系（直接融资）。货币金融体系以商业银行为主导，以货币市场为基础，主要采取间接债权的形式进行融资。而资本金融体系则以投资银行为主导，以资本市场为基础，主要采取直接股权的形式进行投融资活动。随着金融脱媒的发展，直接金融、资本金融在现代金融中的重要性进一步凸显。

1. 打好金融攻坚战，深化金融供给侧结构性改革

中央对金融风险的重视程度不断提升，论述也逐渐深入。党的十九大报告中首次提出要坚决打好防范化解重大风险、精准脱贫、污染防治三大攻坚战。在党的二十大报告中，对金融风险的论述更为明确和具体，报告强调了要加强和完善现代金融监管，守住不发生系统性风险底线。

这些论述表明，中央对金融风险的重视程度进一步提升，将防控金融风险作为金融工作的重点任务。**我国金融市场以银行为主，规模大、受众广，出了问题商业银行需要保本付息，资金压力大，且出资人难以接受，很容易引发社会问题。**而在直接融资体系中，资金的需求方和供给方直接对接，信息充分披露，呆坏账发生在个体之间，投资人风险自担，自负盈亏，金融的系统性风险更小。

2. 提升人民信心，顶住下行压力引领经济复苏

当前的国际环境充满不确定性，经济下行压力尚未完全释放。无论是国际金融危机时期，还是在疫情期间，以美国为代表的发达国家采取很多政策来振兴股市，以股市推动经济复苏。在国内，股票市场则是经济的晴雨表，应该客观反映经济的实际发展情况，而现实中，我国资本市场却与稳中有进的经济情况发生了偏离。**从扩大内需、鼓励消费等角度看，要想经济持续增长，中国必须要有一个强有力的资本市场作为发展后盾。**通过培育强大、高标准的资本市场来实现资源配置，为资本的有序流动建立通道，让并购重组等行为更加公开透明，以金融引领经济复苏，提振信心，化解风险，一举多得。

3. 助力实体企业，搭建良性循环的高效创投体系

近年来，全球经济在复杂多变的局势中蹒跚前行，然而技术创新仍持续驱动着经济增长。企业科技创新离不开资金的支持，但在传统的信贷市场中，大企业有更多话语权和抵押物，更容易融资成功。而在资本市场中，投资人对未来的预期体现在公司股票价格上，有发展潜力的公司更容易融资成功，因此，资本市场代表了未来。

欧美等发达国家凭借其完善的资本市场体系、健全的法律框架以及成熟的退出机制，为创业投资构建了良好的生态环境，许多伟大的企业都从成熟的资本市场诞生。另外，资本市场也承担

着为实体经济服务的使命，传统商业银行在发放贷款的同时攫取了过高的金融利润，亟须进一步让利给制造业，资本市场则可以发挥引导作用，把更多的资金给具有发展前景的高科技企业。

4. 参与国际博弈，占据全球竞争中的价值链高端地位

党的二十届三中全会提出，要坚持以开放促改革，依托我国超大规模市场优势，在扩大国际合作中提升开放能力，建设更高水平开放型经济新体制。**开放型经济新体制中，必然需要着眼于中国经济的中长期发展，统筹国内国际两个大局，建成更加开放的资本市场，在国际国内两个方面发挥作用。**

特别是国际竞争中，资本市场会成为大国博弈的重要战场。资本市场提供了期货、期权等金融衍生品，为企业和个人提供了风险管理工具，有助于稳定市场预期和降低系统性风险。**当前国际竞争，仅有产业链供应链的实体化是不够的，必须占据价值链高端地位，因为金融定价权就好比现代战争中的制空权，大国崛起必须有资本金融作支撑。**一个健康、稳定的资本市场能够发挥金融稳定器的作用，有效应对外部冲击，保护国内企业的经济利益，维护国家金融安全。

认识资本的生产要素功能，推出积极的资本政策

资本是用于投资得到利润收益的本金或财产，投资成为金融

的主要内容，具体表现为机构积极参与长期股权投资、金融投资者参与有价证券投资、企业也通过创业投资获取利润等。在这种背景下，我们一方面要认识到资本是社会生产的要素，同时应当在政策层面关注资本，敢于在特殊时期推出积极的资本政策。

1. 认识资本发展问题发挥市场决定性作用

过去10年里，全球范围的产业集中和资本扩张屡创新高，许多国家以产业组织政策推动规模经济发展，优化市场结构，为技术创新谋求优势条件。**以并购重组为手段、以产业集中为表现、以系统整合为目的的新一轮全球商业革命正在崛起。**资本扩张跨越国内与国际，突破金融与实体，一定程度上也发挥了资源配置作用，但如果不加以合理规范，他们就会在行业内滥用市场地位，在政策层面威胁经济安全，最终影响整体市场环境。

"防止资本无序扩张"牢牢把握住了经济工作的主动权，但世界上没有哪一个人比投资者更关心自己的投入、注意损失的风险，所以资金投入的有序和无序核心要由市场来作判断。解决资本发展的关键办法，就是培育信息披露高标准、公开透明的资本市场来实现资源配置，为资本的有序扩张建立通道，实现风险化解。

2. 加强资本市场建设完善我国现代金融体系

货币金融和资本金融在现代金融体系中各自扮演着关键角

色，特别是不能错误认为只要货币市场稳定就可以忽视资本市场的问题，它们之间通过资金的流动和利率的变动相互影响，如果资本市场出问题，也必将影响货币政策的传导效果。本次一揽子增量政策中，通过创设新的货币政策工具、引导中长期资金入市等措施，政府正在积极推动资本市场的稳定和发展，为经济的长期向好提供有力支撑。

而资本金融体系的建设涵盖了多个方面。首先，包括多层次资本市场的建设，以适应不同规模和类型企业的融资需求。其次，涉及多元投融资产品的开发，以提供多样化的投资选择和融资渠道。再次，包括对各类中介机构的规范，以确保市场的公平、公正和透明。最后，公司金融与家庭金融则是资本金融体系建设中不可忽视的两个服务对象。

3.推出积极的资本政策实现"三策并举"

传统政府调节金融市场，主要依靠货币政策和财政政策，央行通过利率、准备金率等工具改变市场上的货币投放，但货币政策的多重目标间往往存在冲突，难以协调。只有资本市场才是由投资人决策的共同决策系统，投资人共担风险、共同选择、共享收益，资金会在市场调节机制下流向社会需要的地方，哪儿是短板，投资人就会去哪儿，哪儿的股价就会上升，就会聚集资金。

因此，建议推出"积极的资本政策"，提高直接投资和股权投资比例，让积极的资本政策登上大雅之堂。**稳健的货币政策、**

宽松的财政政策和积极的资本政策"三策并举"，符合新时代的主流，适应今天的改革现实，也是化解金融风险，走出中国特色金融改革之路的关键所在。

立足监管制度，振兴当前资本市场的具体建议

影响资本市场发展的因素有多个，包括资金因素、经济因素、政策因素、周期因素等。当前我国经济发展企稳回暖，资金供给总量相对充裕，所以振兴资本市场核心还是要立足监管制度的深化改革。

1. 宏观推出提高直接融资比例的资本政策

过去，我国更加重视间接金融，银行在中国金融市场的地位非常高，向银行贷款也是企业获得流动资金的主要方式，直接融资的比例和规模则很小，远低于发达国家。统计显示，2023年全年我国融资总额达到35.59万亿元，而其中直接融资规模仅为12.18万亿元，占比34%，而美国股市融资占整个融资体系的比重则在80%以上。我国确实存在着以资本市场为主的直接融资，央行推出的社会融资总量的概念已开始将资本政策决定的直接融资纳入其中，因此，建议每年在国家融资规模中进一步提高直接融资的比例和数量。

2. 合理分配直接融资额度，加强交易所规划

既然提出了积极的资本政策，提高直接融资的额度，就要有合理的工具和量化的指标。从工具的角度讲，要提出鼓励股票、一年期以上债券、基金、资产证券化（ABS）、不动产投资信托基金（REITs）发展的一揽子政策，打通直接融资发展的堵点。从指标的角度讲，要解决几个交易所每年融资额度、上市家数的基本关系问题。作为中国特色社会主义市场经济下的资本市场建设，不能变成交易所之间放低门槛的竞争，避免在注册制市场化正确道路上产生误区，从而导致投资人的损失。

3. 监管部门职能转型，完善多层次资本市场

随着注册制改革的深入，证监会针对国内多层次资本市场体系进行统筹规划至关重要。除了三大交易所的融资规模问题，必须建设有效竞争的"二板市场"，让上交所的科创板、深交所的创业板和北交所之间错位竞争，有效服务于我国的中小创新型企业，实现金融与科技的良性互动。

同时，证监会要加快区域股权市场、全国股转公司和三大交易所之间绿色通道与转板体制建设，以多层次资本市场来化解大股东持股比例过高、缺乏战略投资者的问题。证监会还应当鼓励各交易所在技术方面的创新，例如北交所构建做市商制度和集合竞价制度的混合模式以保持流动性。

4. 正确处理好"会所"关系，落实交易所改革

中国股市振兴，应从监管者自身改革做起，在注册制背景下监审分离后，需要进一步厘清IPO过程中证监会跟交易所的工作界面关系，实现交易所和证监会之间科学合理的分工。中国深、沪两个交易所仍采用会员制，但传统的会员制交易所因所有权与经营权不分离、经营效率低等缺点而逐渐暴露出局限性。从20世纪90年代开始，国际上主要交易所纷纷进行了公司制改革。像北交所一样进行公司制改革有助于交易所实现市场化运作，减少行政干预，强化自治地位。

5. 以严刑峻法打击影响市场的违法犯罪活动

我国资本市场长期开展投资者教育，其实证券监管部门监管的主要对象要集中在发行者、融资者队伍这一条线上，即以上市公司为核心，以券商为龙头的律师、会计师、评估师和交易所，都应是证监会监管的对象。尤其是在当前市场低迷、信心不足的情况下，证监会要真正抽身而出、狠抓监管，重点是反欺诈，打击内幕交易、虚假陈述和操纵市场，确保股市的公平公正。同时，要把保护投资者利益落到实处，压实中介机构的责任，通过发展做市商交易制度，让其履行定价功能和流动性责任，有效遏制劣质公司上市。

6. 从股权结构入手，限制 IPO 大股东持股比例

中国资本市场要健康发展，就要从财富分配入手，建设公平正义的股市，切实把保护投资者权益放到首位。相对于欧美资本市场典型的股权分散、流动、弱化的情况，我国上市公司第一大股东持股比例畸高，这导致从股东会到董事会都不能形成有效的公司治理和制衡。同时，上市后大股东也会有冲动——不断发起并不影响控制权的减持行为。证监会应从股权结构入手，高度重视大股东减持的问题，让大股东的精力放到上市公司增量价值的创造上，而不是存量财富再分配的减持上，最终形成大股东、上市公司、投资人和证券市场多赢局面。对于新增IPO企业，可以设定单一大股东持股比例限制，或者对单一持股比例畸高的企业，要求先到全国股转公司挂牌，经受其他机构投资者的考验。

7. 改革独董制度，提升上市公司治理水平

随着我国公司法的修订，企业对董事会的监督有了更多的自主权，相对建立更复杂的监事会，完善独立董事制度和以独立董事为基础的非常设委员会制度仍是较优选择。应当进一步改革独立董事的候选人机制，成立具有行业协会性质的中国独立董事公会，确定独董执业标准、职业规范、薪酬制度及评价制度。由独董公会按程序在其人才库里选定候选人向上市公司进行推荐，使独董真正能够摆脱制约对象的羁绊。同时，应进一步提升独立董事的职业能力，进行独立董事培训和资格认证。

8. 树立保护投资者意识，建设股市新文化

随着证监会职能调整，投资者保护的功能整体划拨给了国家金融监督管理总局，但证券市场的投资人是市场发展的活水源头，必须在整个市场建立保护投资者的股市文化。强化信息披露制度，确保投资者在决策时能够充分了解企业的财务状况、经营状况以及风险因素。推动信息披露从"监管者导向"向"投资者需求导向"转变，提供简明扼要、通俗易懂的信息，降低因信息不对称产生的交易风险。营造尊重和保护股东权利的文化氛围，同时也要倡导长期投资、价值投资和理性投资的理财观念，减少市场投机行为，促进股市的稳定发展。

9. 进一步建设吸引全球资本的市场环境

打造一个开放、透明、公平、稳定且高效的资本市场，就能把世界各国的资本引进来。需要完善相关法律法规，为全球投资者提供坚实的法律保障，强化执法力度，确保法律条款得到有效执行，维护市场公平竞争。推动市场开放，还需要逐步打破外国投资者在本国资本市场的准入壁垒，设立国际结算、跨境金融工具、跨境支付等国际化金融产品，推动国际金融体系互联互通。另外可以设立在全球范围内相对更有优势的分红政策、税收优惠政策。

党的二十届三中全会强调了发展多层次资本市场、提高直接融资比重的重要性，这旨在深化我国资本市场改革、优化融资

结构，并提升金融服务实体经济的能力。为贯彻相关会议精神和落实中央政治局会议部署，各部门已出台多项政策和改革措施。然而，在多层次资本市场的发展过程中，仍面临市场基础设施建设不完善、监管体系不健全、投资者保护机制待加强等挑战。因此，需要持续深化资本市场改革，加大监管和创新力度，才能真正振兴我国资本市场。

多措并举促消费　让居民能消费、敢消费、愿消费[①]

吴亚平

国家发展改革委投资研究所研究员

消费既是生产的最终目的和动力，也是满足人民群众美好生活需要的直接体现，是经济社会发展的落脚点。2024年中央经济工作会议强调，大力提振消费，并进一步从"推动中低收入群体增收减负""适当提高退休人员基本养老金""提高城乡居民医保财政补助标准""扩大服务消费"等方面提出了相关要求。

贯彻中央经济工作会议精神，落实相关决策部署和要求，要积极围绕消费转型升级的新趋势新需要，坚持问题导向，着力促进城乡居民就业，提高城乡居民收入水平，加快完善社会保障体系，加快改善消费环境条件，促使城乡居民"能消费""敢消费""愿消费"，从而增强消费对经济发展的基础性作用。

---

① 本文发表于《经济参考报》2025年2月5日第8版。

切实提高居民收入水平，增强居民消费能力

城乡居民消费能力和消费水平，从根本上取决于居民收入水平特别是对未来收入增长的预期和信心。**要积极落实就业优先政策，拓宽城乡居民增收渠道，激发城乡居民增收动力，推动城乡居民收入增长与经济增长基本同步，推动更多的低收入群体迈入中等收入行列。**

努力提高职工工资性收入水平，为增强居民消费能力奠定坚实基础。各地区要深化收入分配制度改革，完善最低工资标准动态调整机制，逐步提高最低职工工资标准，切实防范收入分配差距过大；顺应新青年就业观念转变的新趋势，针对能源矿产采掘、建筑施工、环境卫生、垃圾清运、出租车、快递送餐以及轻工纺织制造等劳动强度大、劳动条件差的行业领域，研究制定更高的最低职工薪酬标准。各类企业主体特别是民营企业要全面、准确贯彻落实共享发展理念，切实履行企业社会责任，按照"按劳分配"基本原则，调整优化企业股东、主要高级管理人员和普通员工之间的收入分配结构，稳步提高企业普通员工薪酬总额在企业生产经营收入总额中的比重，特别是在企业员工薪酬收入总额中的占比，让全体员工和谐共享企业发展成果。

高度重视扩大就业创业对增加居民收入和提高消费能力的重要作用。要努力在中等职业教育和职业技能教育培训等领域加大政府投入力度，通过政府补贴、政府购买服务等方式加强对城镇再就业人口和农民工等农村转移人口的职业技能培训，提升职业

技能水平，提高其就业能力，促进其工资性收入水平不断提高。着力完善创新创业服务体系，培育发展创新创业服务机构，健全完善创新创业服务模式，为创新创业发展营造良好环境；进一步落实相关税收减免政策，完善创新创业相关支持政策，支持促进创新创业企业发展，扩大社会就业。

多渠道增加居民财产性收入。拓宽居民的股票、企业债券、政府债券等直接投资渠道，健全相关金融工具和产品的信息披露机制，扩大投资者的知情权，依法加强投资者权益保护。更好地发挥股票市场的收入分配功能，鼓励支持上市公司提高现金派发比例，提高投资者的现金分派收入，增强股票投资者的获得感；研究制定对上市公司"铁公鸡"的控股股东及其主要关联方的股票减持行为进行适度限制和规范的管理办法，制定实施对上市公司"铁公鸡"主要高级管理人员的股票减持行为、工资薪酬增长和股票期权激励进行适度限制的机制。

着力完善社会保障体系，提振居民消费信心

健全完善的社会保障体系是城乡居民尤其是社会弱势群体"敢消费"的重要信心来源。社会保障体系不健全、不完善甚至不公平，成为影响居民消费信心和制约消费需求增长的主要因素。加快推进企业、事业单位和机关单位医疗和养老制度的并轨，实施公平、统一的医疗和养老保障制度。以非国有单位职

工、自由择业者和农村转移人口为重点继续扩大社会保障覆盖面，切实加强社保体系的保障作用。健全城乡居民基本养老保险制度，加快实现基本养老保障城乡一体化。进一步完善城乡居民基本医疗保险制度，加大政府补贴支持力度，扩大参保范围，提高保障水平。

从国际经验看，社会保障制度改革的大趋势是向多层次、市场化和自我积累方向发展，大力发展商业保险是完善社会保障体系、提升居民生活保障水平的重要战略举措，对提振居民消费信心也具有重要作用。在大力夯实医疗、养老等基本社会保障体系的同时，要充分发挥市场机制作用和商业保险机构的专业优势，扩大商业保险产品供给，提高商业保险服务质量，鼓励支持发展商业养老保险和商业健康保险，满足不同群体多样化、多层次的保险需求。加大对城乡居民购买商业保险产品的支持力度，适度提高居民个人所得税的抵扣比例或额度。

加快改善消费环境条件，提高居民消费意愿

适应消费转型升级的新形势新要求，以消费环境条件改善释放消费潜力。进一步完善商品和服务等各类消费品质量和技术标准体系，提高消费品的质量和安全水平，强化政府对消费品的质量和安全监管，以高品质、更安全的消费品供给激发带动更多的消费需求。完善农副产品质量安全追溯体系。充分利用互联网资源，构建农副产品质量安全追溯公共服务平台，推进相关制度标准建设，建立产地准出与市场准入衔接机制，强化上下游追溯体系对接和信息互通共享，不断扩大追溯体系覆盖面，实现农副产品"从农田到餐桌"全过程可追溯，切实保障城乡居民"舌尖上的安全"，使城乡居民"放心消费"。

大力实施品牌战略行动，更好发挥品牌促进消费的重要作用。坚持以良币驱逐劣币，着力培育本土高端自主品牌，建立企业质量信用体系，推动消费品质量"上档次"和服务"上水平"；加强对自主品牌的形象宣传，提高城乡居民对自主品牌的信任度，以品牌建设促进"放心消费"。加快推进社会信用体系建设，建立健全消费服务业相关主体信用记录制度，形成守信激励、失信惩戒的约束机制。加强市场监管，严厉打击假冒伪劣产品，加大对相关违法违规企业特别是主要高管的处罚惩戒力度，切实保障消费者的合法权益，营造更安全的消费环境。

大力改善农村消费环境条件，激发农村地区消费潜力。大力支持农村互联网建设和电子商务发展，鼓励大型电子商务公司向农村地区拓展投资发展空间，将更多特色优质农副产品销向更广阔的国内外市场，为农村地区居民提供更多更高品质更安全的消费品。支持快递企业向农村地区、向中西部偏远地区发展，支持快递企业与农家店、供销合作社等商贸流通企业以及客运班线、长途公交等运输公司开展合作，加强仓储物流补短板，解决仓储物流成本高、配送时效差、质量难保障等共性问题，切实改善农村地区消费环境条件。

更好发挥政策组合作用，引导撬动居民消费

积极发挥政府资金的引导撬动作用，助推扩大消费需求。加大超长期特别国债等财政政策支持消费品以旧换新的宣传解读力度，提高政策透明度，提高城乡居民享受政策的便利性，扩大更节能、更安全、更智能的耐用品消费需求；**适度调整优化政策支持范围，从耐用品扩大到文化、旅游、体育、健身等服务消费，更好发挥对消费升级的引导撬动作用，增加城乡居民的获得感。**鼓励支持有条件的地方政府对中低收入家庭特别是特殊困难家庭发放食品饮料、服装鞋帽、电影、文化体育、旅游娱乐、健身等产品和服务的消费券，助力其更好地满足消费需求。

积极发展消费金融，更好地服务于大宗消费和高端消费。深化金融供给侧结构性改革创新，支持发展消费金融，围绕汽车消费、住房购置、住房装修改造等大宗消费以及住房衍生消费、教育、旅游、体育娱乐、健康养老等重点消费领域，完善消费金融产品，创造更加便利的金融服务条件，更好地满足人民群众的汽车、住房、教育、文化、旅游、养老等多元化、更高端的消费需求，促进大宗消费和高端消费需求增长。顺应经济发展从投资驱动型向消费主导型转变的新形势新要求，鼓励支持部分中小商业银行向消费主导型银行转型发展，完善消费金融服务。

着力扩大服务消费：趋势特征与政策取向[1]

刘 奕

中国社会科学院财经战略研究院
服务经济与互联网发展研究室主任、研究员

"大力提振消费""全方位扩大国内需求"，是2025年我国经济工作的首要任务。2024年12月召开的中央经济工作会议明确提出，实施提振消费专项行动，创新多元化消费场景，扩大服务消费，促进文化旅游业发展，积极发展首发经济、冰雪经济、银发经济。上述提法表明，应将服务消费作为消费扩容升级的重要抓手，紧紧依托服务消费的新特征和新趋势，以消费者对服务消费的潜在需求为根本出发点，丰富生活服务业的高品质、多样化供给。

近年来，我国居民消费由商品消费向更多服务消费转移的趋势愈发明显，人们对于服务体验及服务质量提出了越来越高的要求。2024年前三季度，我国服务零售额同比增长6.7%，增速比同

---

[1] 本文发表于《人民论坛》2024年第24期。

期商品零售额快3.7个百分点。其中餐饮收入3.94万亿元，同比增长6.2%；居民人均教育文化娱乐消费支出、交通通信消费支出同比分别增长10.1%和10.0%。然而从总体上看，我国生活服务业发展仍不充分，有效供给不足、供给同需求不适配的情况较为突出，根据跨国公司全球投入产出表（OECD-AMNE-ICIO）数据计算，2019年我国生活性服务业增加值占GDP的比重为33.53%，远低于G7国家54.40%的平均水平。在我国消费结构从实物消费主导向商品和服务消费并重转变过程中，服务消费已成为我国扩内需、促消费的主战场。

多快好省：当前服务消费的趋势性特征

习近平总书记强调："人民对美好生活的向往就是我们的奋斗目标。"近年来，**随着数字技术同现代服务业的融合程度日益深化，我国居民对物质文化生活提出了更高要求，服务消费日益呈现出"更多、更快、更好、更省"的鲜明特征。**

首先，新场景新品类不断涌现，多业态联动和热点轮动特征明显。一是随着消费市场、消费人群和消费动机的变化，在娱乐、运动、宠物等服务消费领域分化出越来越多的新品类。在娱乐消费领域，以剧本杀、密室逃脱、桌游为代表的剧本娱乐行业成为线下消费主流，已形成包含剧本创作、发售、推广和剧本消费等环节的完整产业链，2022年市场规模达400亿元，从业人员近30万人。在室外运动方面，滑翔伞、马术、射击射箭、攀岩、桨板等小众休闲运动广受欢迎，截至2022年末小红书平台关键词"桨板"的搜索量同比增长11倍。在宠物消费领域，相关品类已从传统的宠物食品、宠物用品向宠物医疗健康、宠物美容、宠物摄影、宠物训练、萌宠体验馆、宠物咖啡馆扩展，并衍生出宠物美容师、宠物摄影师、宠物训练师等众多就业岗位，助推宠物经济高速发展。相关报告预测，2025年我国宠物经济市场规模将达到8000亿元，其中新品类占比将在40%以上。**二是消费场景更加丰富，多业态联动特征明显。随着人们对多样化、个性化服务消费的需求日益增长，多业态关联消费明显增多，生活服务消费的日渐细分进一步促进了其同其他产业的双向融合。**近年来，亲子游乐相关的亲子主题酒店、儿童乐园、亲子DIY、换装、旅拍消费联动增长，文化演艺、娱乐休闲、文学创作、版权交易、衍生品开发、展演展览、主题餐饮等创意产业链条不断延伸，住宿、餐饮、休闲娱乐、出行等不同业态的协同效果亦非常显著。**三是在社交网络的加持下，消费热点城市和消费主题轮动迅速。**随着服务消费市场向体验的全面升级，消费热点同社交网络的融合趋势愈发明显，从淄博烧烤和天水麻辣烫火爆全国，到亲水、冰雪、研学等相关主题消费的潜力不断进发，伴随着各消费热点城市和消费话题在网络平台上的持续霸榜，消费板块的轮动速度不断加快。2023年下半年雪季（11—12月），我国冰雪旅游消费总额同比增长323.5%，相较于2019年增长262.3%，其中哈尔滨作为冰雪旅游城市中的翘楚，旅游消费总额和相关产品订单量同比增长了947.9%和207.0%，相较于2019年同期更是增长了1551.1%和761.1%，服务消费已成为越来越多城市熠熠发光的名片。

其次，更快满足消费者即时性、便利化需求的服务消费新业态持续迭代。**互联网的普及加之居民收入水平的提升，使得我国消费者对于网络到家服务、即时零售等服务消费新业态新模式的接受程度不断提升。** 中国互联网络信息中心（CNNIC）的数据显示，截至2023年12月我国网上外卖用户规模达5.45亿人，较2022年12月增长2338万人，占网民整体的49.9%。而即时零售作为以即时配送体系为基础的高时效性到家消费业态，满足了人们对服务消费便利、高效的确定性需求，其涵盖的商品和服务品类亦不断拓展。

再次，沉浸式、泛娱乐服务消费日益普及，显著提升了消费体验。**从物质消费品向精神消费品的转变，是时代发展和演进的重要标志。** 当前，消费者更多地追求服务消费所带来的情绪价值，使得宠物咖啡馆、汉服体验馆、轰趴馆、蹦床馆等业态快速兴起，一系列"快闪店""概念店""主题餐厅""网红打卡地"的诞生，更是预示着泛娱乐、重体验消费的时代来临。一方面，多样化场景形成了更为沉浸的消费体验，以国风消费、演唱会经济、赛事经济等为代表的沉浸式文化娱乐消费备受青睐。某生活服务平台数据显示，2023年五一假期"汉服体验"的搜索量同比增长280%，西安、洛阳、苏州位居搜索热度前三。

"TFBOYS十年之约演唱会"吸引了大批歌迷前往西安，演唱会前后当地住宿预订量同比增长超过30倍。另一方面，全民养生和健康保健成为服务消费的新风口，私教、运动和按摩消费等领域迅速崛起。随着工作节奏加快和健康意识的增强，人们对健康养生的消费需求快速增长，2022年头部平台上有关"肩颈按摩""推拿按摩""中医按摩""理疗按摩"等关键词的搜索量相比2019年增加了62.3%，全国按摩消费者规模达到2亿人，行业整体规模有望在2025年突破6000亿元。在运动消费领域，健身私教课程与休闲运动市场的规模在2022年分别达到了160亿元和60亿元。值得注意的是，消费者对于具有良好口碑的商户表现出更强的消费偏好。大众点评数据显示，近年来高星级（4星及以上级别）商户数量占比逐年提高，消费者在高品质商户的消费频次增加也非常明显，说明高品质服务需求同优质供给之间的匹配程度显著提升。

最后，在追求服务品质的同时，消费者也更加注重价格的实惠。伴随着网络消费基数的扩大，我国消费主力人群已呈现年轻化的特点，20—29岁、30—39岁网民占比分别为19.9%、20.4%，显著高于其他年龄群体。**消费主流人群的变化，带动了新时期消费理念的更迭。**物质丰富前提下，伴随经济增速放缓和各细分市场的成熟，将高档次消费和奢侈消费作为成功人生标准的非理性、冲动型消费思维不再被倡导。近年来，服务消费呈现出高效率、低成本的"反向消费"新特征，集中体现为"特种兵式旅游""军大衣潮流"。2024年以来，消费者单次消费的支付意愿有所下降，餐饮、休闲娱乐等服务消费客单价小幅下降，年轻人群消费意愿受收入的制约较为明显，消费者在追求服务品质的同时，也更注重价格的实惠。消费者的消费观念逐渐从传统的追求物质享受转向注重体验，在追求高品质的生活服务与产品的同时，希望把钱花在"刀刃上"，呈现出对于服务品质与价格合理性的重视。新一代的消费者既乐意为自己喜欢的东西一掷千金，也愿意为5角钱的差价在不同平台之间反复"横跳"。

需求导向的生活服务同数字经济深度融合：服务消费新趋势的驱动因素

伴随着经济和社会的发展，我国服务消费在消费市场、消费群体、消费场景、消费动机等方面呈现出的新特征，主要是由消费者偏好和数字技术渗透两方面因素驱动的。

其一，服务消费呈现"多"的特征，主要源于数字技术驱动生活服务市场，提升服务供给方创造利基产品的动力。2004年美国《连线》杂志前主编克里斯·安德森在其著作《长尾理论》中呈现了一种建立在丰裕供给上的市场状态。传统的经济模式，无论是生产者驱动还是消费者驱动，都建立在稀缺性的基础上，但是生活服务市场同数字经济的深度融合打破了这样的前提，在线上日益形成一个资源富足的世界。由于互联网可以用极低成本来呈现近乎无限的信息，伴随着平台托管数字内容成本的急剧下降，在平台上关于生活服务的内容得以呈几何级数增长。当供需瓶颈开始消失，市场上存在无数条需求曲线和供给曲线，就会自然而然呈现长尾的特征——利基产品的比重大幅增加且流行度显著上升，利基产品聚合起来将形成一个可与大热门市场相抗衡的巨大市场（或者成为超级明星市场）。**随着数字化平台的日益普及，在我国服务消费市场围绕到店消费的信息服务已经形成流程闭环的大背景下，服务消费市场日益演变为长尾或者利基市场**。对于数字化的生活服务来说，生产和流通成本几乎为零，较低的成本增强商户提供多样化服务动机的同时，帮助消费者找到他们过去难以找到的个性化服务，因而服务消费市场更为细化、小众服务品类不断涌现，汇聚成与主流服务市场相匹敌的市场容量。基于餐饮等行业的研究表明，生活服务市场日益呈现长尾市场的特征，头部商户订单量较高的同时，大量交易亦集聚在腰部和尾部，市场呈现总体规模扩大和交易向尾部转移的明显特征。

其二，服务消费呈现"快"的特征，主要源于服务商户数字化转型带来的生产效率提升。相关研究指出，从劳动力投入以及生产要素总投入的单位产值看，服务业生产率的变化率在三大产业中是最低的。随着服务部门占经济比重的上升，制造业和服务业增长的不平衡将最终导致资源流向"发展迟滞"的服务业并重新分配，从而减缓整体生产率增长和经济增长速度，这就是著名的"鲍莫尔成本病"理论。传统服务业难以实现标准化大规模生产，递送过程强烈依赖于服务提供者和消费者之间的面对面接触，其运营方式和递送体系无法较好地满足人们对于即时消费和便利化消费的需求。然而，**随着数字经济同生活服务业深度融合的不断推进，越来越多的生活服务企业开启了数字化转型进程，推动生活服务在线上和线下、在数字空间和物理空间上的进一步融合。**在电子支付、智能履约、配送体系和数字化营销等系统的帮助下，生活服务商户突破既有服务网络，得以覆盖更广区域和更久时间。与此同时，数字化帮助服务商户将采购入库、商品展示、宣传促销等繁复的环节转化为标准化、按预定程序运行的过程，从而带动传统服务行业边际效率改善、服务体验升级和全要素生产率提升。国外研究表明，服务业是信息技术浪潮中受益最多的行业，服务业对计算机相关活动的投资是制造业的三倍；根据中国信通院的数据，2020年我国服务业数字经济比重为40.7%，高于全部经济（38.6%）、工业（21.0%）、农业（8.9%），但仍低于全球主要国家的平均水平（45.3%），显示服务业数字化转型仍有较大空间和较好前景。

其三，服务消费呈现"好"的特征，主要源于数字技术对服务价值创造过程的重组和优化，形成了有利于服务业高质量发展的线上生态。**市场机制产生作用的基础是信息撮合，而信息错配会提高市场的交易成本，导致消费者搜寻难度增加，甚至会带来整体交易规模的萎缩。同商品市场不同，生活服务业生产和消费**

同步性决定了其品质难以事先甄别，良好的声誉机制和信用体系是服务消费的前提，商户也需要长期积累才能获得好口碑。近年来，越来越多的个人将体验线下商户服务的过程及感受用图文、短视频、直播等形式分享给消费者，内容涵盖了餐饮、旅游、文体、休闲娱乐等生活服务的方方面面，消费者也越发倚重线上评价做出服务消费决策。在线上交易成为当前服务消费主渠道的大背景下，消费者和商户减少了线下的实际接触，这就对线上信息传播生态提出了更高要求。多年来，平台为了增强信息透明度、提升交易效率，推动形成了多样的在线评价体系。而作为收集、组织、展示关于服务点评内容的一种线上信息匹配机制，在线评价体系是海量用户自发评价积累形成的网络口碑体系，不仅可以为消费者提供更高效、精准找到所需服务的工具，也让商户获得了质量展示的有效路径，从而极大地降低了交易成本，也避免了因为信息不对称导致的"劣币驱逐良币"。而且对于商户来讲，每一条真实的消费者评论都在帮助其塑造品牌影响力，在信用的放大和倍增作用下，商户也通过得到消费者的好口碑而实现了品牌价值的提升。所以，用户真实评价体系连同平台推荐体系可以发挥品牌效应和外溢功能，帮助生活服务行业形成示范效应，引导服务商户提升供给质量，有助于形成需求带动供给、供给创造更高水平需求的良性循环，从供需两侧系统带动生活服务行业高质量发展。

其四，服务消费呈现"省"的特征，主要源于数字经济同生活服务业深度融合带来的竞争加剧和更低价格。**数字技术极大地改变了生活服务市场，数字平台通过增进买卖双方之间的匹配扩大了服务的交易范围，竞争加剧带来的服务价格降低和效率提升显著增加了消费者剩余。**已有研究指出，降低搜索成本和简化服务比较是生活服务平台带来的主要收益，这直接导致生活服务供应商之间的竞争加剧和价格降低。以往生活服务业因触达范围小、搜寻成本高，往往存在质次价高的问题，因而在通过加剧竞争提升信息透明度、降低价格方面，生活服务市场表现得尤为明显。生活服务平台大数据显示，2018年以来，随着生活服务企业数字化转型的日趋深入，美睫纹绣、美容美体的客单价有较为明显的下降，其中美睫纹绣客单价下降5.0%，美容美体客单价下降3.9%。

着力扩大服务消费的对策建议

如前所述，当前我国服务消费日益呈现"多、快、好、省"的鲜明特点，这主要是新消费行为习惯同数字技术优化服务供给能力两方面共同作用的结果。为此，**应把扩大服务消费摆在更加重要的位置**，并从创新技术手段、支持数字化转型、建设新型消费载体、培育多样化消费场景、打造良性服务生态、优化消费环境等方面入手，着力扩大服务消费。

一是创新技术手段，大力促进服务消费发展。加快推动线上线下融合，利用数字技术更新传统生活服务的交付模式、体验模式、运营模式，扩充服务消费内容、增大服务消费空间，大力发展线上社交、云体验、预约服务、无接触服务、到家服务等新兴服务。推动服务消费相关领域同数字技术的深度融合，支持生活服务企业运用5G、云计算、VR/AR、3D打印等最新数字技术，构建更为丰富多元的服务消费新业态、新模式、新场景。充分发挥定制、体验、智能、时尚等新型消费作为服务消费市场增长新动力的重要作用。

二是支持传统服务业数智化转型，扩大智能化商业基础设施和数字科技应用范围。**出台精准惠企政策，进一步提升生活服务业的线上化率，持续推进生活服务各行业提高数字技术应用水平。**推广软件运营服务（SaaS）、云计算、大数据等新型数字技术，大力推动人工智能+生活服务业，鼓励发展沉浸式、主动感知的生活服务大模型和服务智能体，通过流程可视化、操作自动化、决策智能化、营销定制化等多种方式不断提高服务效率。应加大社会宣传和政策引导，鼓励行业协会、平台企业提供数智化转型的指导咨询，梳理数智化转型的优秀范例，帮助中小商户明确定位及发展方向。应引导各类电商平台为服务商户提供更多普惠性的数智化转型工具，提高行业应用的供给水平。

三是建设新型服务消费载体。**在社区公共空间嵌入功能性设施和适配性服务，建设城市社区嵌入式服务设施。**鼓励传统生活服务业的商业模式创新和智能化升级，大力发展智慧零售、智慧餐厅、智慧旅游等业态,加强智能取餐柜、智能外卖柜、景区智能导览等服务终端建设。在一刻钟便民生活圈的基础上叠加"半小时线上便民生活圈"建设,帮助社区周边中小门店在线上拓展业务的同时,更好地满足居民的便利化服务需求。优化完善前置仓配送、即时配送、网订店取、自助提货等末端配送模式,丰富线下数字消费场景。考虑到高效的在线营销、交易和服务体系与线下便利化、智能化的履约体系紧密相关,建议出台支持智能配送发展的政策、标准和法规,把智能配送设施纳入新基建的范围予以大力支持,打通新型服务消费发展的最后一公里。

四是重视培育多样化服务消费场景,满足个性化、多层次、小众低频的消费需求。**对于生活服务业来说,由于服务需求差异化、特色化、定制化的特征,线下提供的小众、低频的服务需要达到一定的阈值才能实现成本补偿。**一方面,应引导生活服务业各类市场主体更加看重细分市场、个性化品类和小众服务的发展潜力。另一方面,应发挥平台连接市场、挖掘需求的功能,为众多小众、低频的新兴服务业态集聚消费者——借由平台找到垂直领域的受众,降低服务转换成本,在小众领域发现爆款大众服务,激发长尾市场。还应引导平台不断完善"过滤器"机制,为新型小众服务消费拓展更广阔的发展空间。

五是增加优质服务供给,营造健康公平的服务生态。在线评论和评级机制为消费者带来福利的同时,也因虚假评论扭曲消费者决策等问题引发了平台及监管部门的广泛担忧,因为在线服务市场生态的恶化不但将导致用户对平台上服务商的履约能力、一致性、诚实、责任、可靠性和公平性失去信心，还将影响到线下服务市场的生态。为此，应引导更多商户开通线上交易渠道，完善在线信息、重视线上评价内容的积累，提升经营信息可见度和品牌知名度，促进行业充分竞争和均衡发展。应考虑建立一个监管框架，对平台在内容审核、算法数据和定向广告等方面的行为加以规范，为在线评级和评论系统创建统一的规则。推动平台维护线上评价内容的真实性和榜单体系的公信力，加大对虚假好评、恶意差评等行为的治理力度。应以品牌打造为抓手、以标准建设为支撑，增强服务业优质供给能力，促进生活服务品质升级。

六是着力营造有利于释放服务消费潜能的政策环境。**打造宽松有序的市场环境，针对具体问题包容审慎、灵活监管，为新型服务消费的可持续发展留足空间。**如针对桨板运动面临的水域开发问题，可在加强对城市水域的规划和管理的同时，开放一批符合条件的水域发展水上运动产业。应依托"两新"政策加力扩围、服务消费券发放和减税降费等政策，更多释放居民在健康养生、休闲娱乐、文化旅游、演艺赛事、酒店民宿、闪购等领域的改善性消费和升级性服务消费。推动金融服务转型升级和科技创新，引导金融机构加大对新型服务消费行业的支持力度。持续改善消费市场信用环境，完善个人信息保护制度和消费后评价制度、企业守信激励和失信约束机制。建立健全线上线下一体化监管机制，规范网络交易市场秩序，维护消费者合法权益。加快构建服务消费质量促进体系，健全消费者维权机制、畅通投诉举报渠道、降低维权成本，完善服务质量协同处理机制。

充分挖掘释放农村消费潜力[1]

陈丽芬

国务院发展研究中心市场经济研究所研究员

随着城乡融合发展和乡村全面振兴加速推进，城市基础设施向农村延伸、公共服务向农村覆盖、资源要素向农村流动，城乡居民消费互动逐步深化。**农村呈现出与城市趋同的消费升级态势，农村消费市场也获得了产业转移催生的新消费空间以及城市居民入乡消费带来的增量。**应对当前有效需求不足、部分行业产能过剩的挑战，需更好顺应城乡居民消费结构趋同的趋势，加快挖掘、释放农村消费的空间和潜力。

开拓农村消费市场是扩大内需的重要一环。近年来，农村消费市场表现出更为显著的提质扩容潜力。从消费升级趋势看，农村与城市形成梯次消费升级的格局。2023年，农村居民人均可支配收入为21691元，比上年增长7.7%，扣除价格因素，实际增长7.6%。农村居民人均可支配收入中位数为18748元，增长5.7%，

---

[1] 本文发表于《经济日报》2024年4月18日第10版。

与城镇居民相比还有较大差距。部分农村地区耐用消费品还未饱和，农村消费升级带来的需求空间很大。从产业发展态势看，产业布局调整推动形成新的消费力量。许多行业在发展成本更低的县域市场布局，特别是数字技术的广泛应用和渗透加速了产业转移趋势，吸引更多人才返乡入乡创业就业，同时带动消费，在客观上扩大了农村消费市场的规模，形成新的消费力量，亦对农村居民产生了示范带动作用，县域以及乡村的休闲娱乐消费需求持续增加，城市消费方式加速在乡村复制。从城乡融合角度看，农村日益成为城乡居民融合互动的消费场所。乡村旅游成为全国文旅市场新热点，越来越多的消费者选择"反向旅游""体验式旅游"，乡村休闲旅游等新业态加快发展，给农村带来可观的消费增量。

虽然整体态势有利于农村消费市场快速发展，但还有一些现实瓶颈制约有待化解。**农村消费商品、服务、场景供给不足，难以满足本地居民消费和城市居民入乡消费的需求。**农村市场呈现出少、小、散的特点，许多商品配送、安装等售后服务缺位，影响农村居民的消费意愿。新型文旅体验消费产品缺乏，配套不健全，特色不明显，服务设施和水平与入乡消费者要求尚有差距。**农村消费基础设施还不健全，未完全实现内通外联。**物流信息服务平台缺乏，网点信息化程度较低，县域的冷链、配送中心等流通设施建设存在短板，从城市到农村的流通还不够顺畅。**城乡数字鸿沟制约农村数字消费发展，**在提升农村人口数字素养与技能方面尚需持续发力。此外,**农村居民消费能力不足,消费政策支持力度有待加强**,金融机构在发展农村消费信贷方面缺乏积极性,农村居民提高消费能力的渠道较为有限。

激活农村内需、畅通城乡经济循环是一项系统工程,需多方协同发力,为农村消费市场提质扩容提供坚实支撑。

一是丰富农村消费供给,重点完善县域消费网络。**建设以县城为中心、以城带乡的消费网络**,加大对县城公共基础设施建设、商业街区改造等的投资,强化县城商业综合服务能力、对农村的辐射带动能力。提高餐饮、文化娱乐、休闲康养等消费场所的质量,打造县域新型文旅商业消费聚集区。完善农村电子商务和县乡村三级快递物流配送体系,加快提升电商、快递进农村综合水平,推动电商平台和企业丰富面向农村的产品和服务供给。

二是促进农村消费升级,加大补贴支持力度。针对农村地区汽车、家电仍有增量空间的情况,可考虑将推动消费品以旧换新与新能源汽车下乡、智能家电下乡等优惠政策协同实施,强化政策效果。开展绿色产品下乡,有条件的地方可加大对农村地区绿色建材、家居消费的补贴支持力度。加快完善加油、充电、维修等配套体系建设,鼓励企业针对农村地区开发制造更多经济实惠、适销对路的产品。

三是充分激活农村数字消费,着力提高农村居民数字素养。推进农村地区数字消费基础设施建设,丰富第五代移动通信(5G)网络和千兆光网应用场景。**支持农村地区发展电子商务、**

直播经济、在线文娱等，帮助农村居民尽快适应、习惯数字消费方式。在建设数字化平台过程中需考虑其在农村的适用性，简化使用流程，降低操作难度。加强培训，提高农村居民数字技能水平。

四是加大金融支持力度，鼓励企业布局农村消费市场。引导金融机构按市场化方式，加大对住宿餐饮、文化旅游、体育健康等行业的综合金融支持力度。具体来看，需支持金融机构创新汽车金融产品和服务，加大对汽车保养、保险、维修、美容以及二手车交易的消费金融服务支持力度，加大对农村绿色智能产品和家装消费等新型和大宗消费的信贷支持。鼓励金融机构加大对入乡的商贸、文化、旅游等行业经营主体的支持力度，开发适农金融产品，加强消费信贷用途和流向监管，推动合理增加消费信贷，完善农村社会信用体系，促进农村居民消费提质扩容。

充分挖掘和释放农村消费潜力，既需下大功夫改善农村消费环境，又需千方百计增加农村居民收入。可从强化对农村居民的职业培训和创业支持入手，结合当地产业特色，分层、分类精准识别农村居民培训需求，加强直播销售、快递物流等行业的相关技能培训，使培训补贴直达企业和培训者。可考虑对农民工返乡创业给予税收减免、贷款支持、创业补贴等政策优惠，设立返乡农民工创业专项帮扶资金，成立创业指导咨询小组，为创业者提供个性化和专业化服务，提高创业成功率，从根本上将农村消费市场做大做优。

后记

马克思指出，没有生产，就没有消费，但是，没有消费，也就没有生产，因为如果这样，生产就没有目的。从这个意义上讲，消费既是社会再生产的终点，也是新一轮再生产循环的起点。习近平总书记强调："我国新型工业化、信息化、城镇化、农业现代化深入推进，消费日益成为拉动经济增长的基础性力量。"消费作为最终需求，既是经济增长的逻辑起点，也是经济增长的最终动力。

近年来，中央高度重视扩大内需问题，2024年中央经济工作会议和2025年全国两会召开以来，大力提振消费、全方位扩大内需成为党和政府重点任务之首。对此问题理论界、学术界高度关注，结合从中央到地方围绕提振消费推出的一系列政策举措，陆续发表了一批优秀研究成果。

为帮助广大读者深刻认识扩大内需的重要意义，准确把握提振消费的政策取向和实践路径，应湖南人民出版社之约，我们组织编选了本书，力求为社会各界集思广益、凝聚合力，认识大消费、读懂大消费，深入实施提振消费行动提供参考读本。全书主要收录近两年发表的代表性成果，按照"为什么""是什么""怎么办"的逻辑编排，分为上、中、下三篇，分别探讨了提振消费的战略背景、目标内涵与政策举措，基本涵盖了当前扩大内需战略的主要方面，希望能为各地区各行业扩内需、促消费提供工作思路和经验借鉴，同时为理论界、学术界以及广大读者深入思考这一问题提供思想启迪。

本书由湖南人民出版社提出策划建议和编选方案，委托中共中央党校（国家行政学院）中国式现代化研究中心主任张占斌教授组织编选工作。编选过程中有关专家提出了完善建议，并协助推荐文章，在此一并致谢。由于时间关系，个别文章的作者还在联系中，图书出版后将由出版社统一支付稿酬并寄送样书。本书的出版，特别感谢湖南人民出版社副社长黎晓慧率领团队的共同努力。

本书编辑组
2024年3月

本作品中文简体版权由湖南人民出版社所有。
未经许可,不得翻印。

图书在版编目（CIP）数据

读懂大消费 / 张占斌主编. -- 长沙 : 湖南人民出版社, 2025. 3. -- ISBN 978-7-5561-3846-3

Ⅰ. F126.1

中国国家版本馆CIP数据核字第20251SP693号

读懂大消费
DU DONG DA XIAOFEI

主　　编：张占斌
出版统筹：黎晓慧
责任编辑：潘　凯
责任校对：张命乔
封面设计：青空·阿鬼
图解设计：速溶综合研究所　鹅妹子　阿　玥

出版发行：湖南人民出版社 [http://www.hnppp.com]
地　　址：长沙市营盘东路3号　邮　编：410005　电　话：0731-82683346
印　　刷：长沙超峰印刷有限公司
版　　次：2025年3月第1版　　　　　　　印　次：2025年3月第1次印刷
开　　本：710 mm × 1000 mm　1/16　　字　数：220千字
印　　张：21　　　　　　　　　　　　　插　页：4
书　　号：ISBN 978-7-5561-3846-3
定　　价：68.00元

营销电话：0731-82683348（如发现印装质量问题请与出版社调换）